Marianne Haynold

Rente Rucksack Abenteuer

AF209025

Zu diesem Buch

Afrika! Eine Dorfschule wird gegründet – im südlichen Hochland von Tansania, abseits jeglichen Touristenrummels, bei den Ärmsten der Armen. Marianne Haynold arbeitet dort für einige Wochen mit. Sie begegnet einer Schule ohne Schulmaterial, ohne Spielgeräte, ohne Schulglocke, ohne Geld – doch mit neugierigen, lernbegeisterten, aufgeweckten Kindern. Ganz selbstverständlich wird sie von einer afrikanischen Großfamilie aufgenommen, gehört dazu und lernt deren Sitten kennen, ihren Glauben, ihre Nöte, ihre Sorgen und Freuden. Der Alltag ohne fließendes Wasser wird zur Gewohnheit, der Tag ohne Zeit bleibt eine Herausforderung und die Reisen in schrottreifen Bussen quer durchs Land lassen an Wunder glauben.

Marianne Haynold, Jahrgang 1948, lebt im Schwarzwald. Seit ihrer Pensionierung ist die ehemalige Lehrerin stetig auf der Suche nach neuen Herausforderungen. Mehrere Monate verbrachte sie seither in Süd-Ost-Asien und Afrika, wo sie in verschiedenen sozialen Projekten engagiert war.

Marianne Haynold

RENTE
RUCKSACK
ABENTEUER

Mein afrikanisches Tagebuch

Mit 57 Fotos

Bibliografische Information der Deutschen Nationalbibliothek: Die
Deutsche Nationalbibliothek verzeichnet diese Publikation in der
Deutschen Nationalbibliografie; detaillierte bibliografische Daten sind
im Internet über http://dnb.dnb.de abrufbar.

1. Auflage März 2016
© 2016 Marianne Haynold
Fotos: Marianne Haynold
Cover & Layout: Mirjam Haynold
Herstellung und Verlag: BoD – Books on Demand, Norderstedt

ISBN: 9783842337756

Für Familie Lutambi,

die mich so gastfreundlich aufnahm und durch den
chaotischen afrikanischen Alltag navigierte.

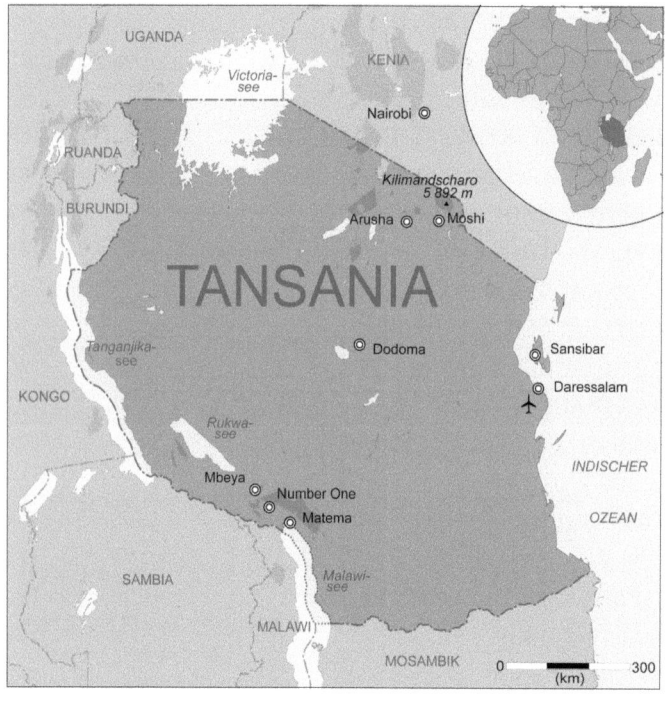

"Number One" - Heimat von Kelly'School

Inhalt

AUFBRUCH

„Es gibt keine Grenzen. Weder für Gedanken,
noch für Gefühle.
Es ist die Angst, die immer Grenzen setzt."
Ingemar Bergman

Meine Pensionierung liegt ein gutes Jahr zurück: ohne
Burn-Out oder sonstige Verschleißerscheinungen. Damals
dachte ich: Ein Geschenk, ein Glück, ein Traum? Oder doch
das Rentnerloch? Das Gefühl, nicht mehr dazuzugehören?
Ich wusste es nicht, denn ich war gerne Lehrerin.

Mit einem Sabbatical zwei Jahre zuvor testete ich den

(Un)Ruhestand, ich wollte einen Vorgeschmack, wissen, wie es sich anfühlt ohne geregelte Arbeit, ohne die Vertrautheit eines Lehrerzimmers, ohne zwingende Struktur. Zehn Monate tourte ich damals durch Südostasien und genoss die Freiheit und die Vorfreude. Dann ging es wieder zurück in den sicheren Schulalltag.

Bis der letzte Arbeitstag unaufhaltsam näher rückte. Ferien für immer! Das fühlte sich anders an. Ungewisser, so endgültig, auch Wehmut und Sorge meldeten sich gelegentlich und vermischten sich mit der Erleichterung, durchatmen zu können und frei zu sein.

> *„Und jedem Anfang wohnt ein Zauber inne,*
> *Der uns beschützt und der uns hilft, zu leben."*
> Hermann Hesse: Stufen

Dieser Zauber trug mich (beflügelt) in meinen neuen Lebensabschnitt. Ich ging auf Reisen: mit Rucksack, mit wenig Plänen, mit viel Neugier. Ich wollte in fremde Kulturen eintauchen, Menschen treffen, die anders leben, als ich es gewohnt bin, Grenzen ausloten, Ängste überwinden, Vorurteile abbauen, mehr von der Welt sehen. Und der Zufall kam mir zu Hilfe, als ich von einer Schule im südlichen Hochland von Tansania hörte.

EIN TICKET. ZWEI TELEFONNUMMERN.

Noch habe ich keine Vorstellung von meiner neuen Heimat

„Nehmen S' die." Ich bin gerade noch am Fahrkartenautomat des kleinen bayerischen Bahnhofs in die Menü-Anweisungen vertieft, da drückt mir ein junger Mann sein Tagesticket in die Hand, wünscht eine gute Reise und verschwindet Richtung Ausgang. Ein gutes Omen!

Der Zug zum Flughafen wartet bereits. Ich hieve mein Gepäck ins Innere und staune, dass ich der einzige Fahrgast bin. Bei so viel Freiraum lasse ich den Koffer im Gang stehen, die übrigen Gepäckteile lege ich auf die Sitzplätze neben mir.

Eine Dame steigt zu und entscheidet sich für den Platz direkt mir gegenüber. Warum sucht sie sich nicht eine der vielen freien Sitzgelegenheiten aus? Warum ausgerechnet diese? Ihr Blick mustert mich von Kopf bis Fuß, dann geht er zum Koffer, zum Rucksack und wieder zurück. Mehrmals. Dann traut sie sich: „Gehen Sie auf Weltreise?" Immerhin, was ich so alles mit mir schleppe, sieht nach Größerem aus. „Nach Afrika, für drei Monate", und ich kann es selbst noch kaum glauben.

Vor Wochen traf ich einen meiner früheren Kollegen. Ich erzählte Kai von meinem Unterwegssein und spontan fragte er, ob ich Lust hätte, nach Afrika zu reisen. Nach Tansania. Das klang spannend. Er hätte längere Zeit dort gelebt und vor Monaten zusammen mit einem einheimischen Freund eine Schule gegründet. Vor Kurzem sei sie eröffnet worden. „Willst du dort mitarbeiten? Solange du Lust hast. Du könntest gleich anfangen."

Jetzt, acht Wochen später, bin ich auf dem Weg und erzähle meiner unbekannten S-Bahn-Nachbarin die Story. Sie will viel wissen, und mir wird mehr und mehr bewusst, wie wenig ich weiß.

Gut, ich bin ausgerüstet mit einem Ticket nach Daressalam und mit zwei Telefonnummern: Eine gehört Mister Lutambi, Kais afrikanischem Freund, die andere einem Taxifahrer. Für den Notfall! Außerdem mit viel Optimismus, einer Riesenportion Neugier und einer Unmenge Vertrauen.

Am Flughafen will Mister Lutambi mich abholen, so hatten die beiden Männer es vereinbart. Im südlichen

Hochland, in Mbeya, ist er zu Hause, 800 Kilometer von meinem Landeort entfernt und irgendwo dort in der Nähe ist auch die Schule.

Wo ich wohnen werde? Wie ich hinkomme? Was meine Aufgaben sein werden? All das fragt mich Antje und schüttelt immer wieder den Kopf. Das würde sie sich nie zutrauen. Und ob ich keine Angst habe?

Als sie 40 Minuten später aussteigt, sie auf dem Weg in einen geruhsamen Feierabend und ich zu unbekannten Afrikaerlebnissen, umarmen wir uns, tauschen Adressen aus und versprechen uns regelmäßigen Mailkontakt. Noch ein gutes Omen!

Morgen, ungefähr um die gleiche Zeit werde ich in der größten Stadt des Landes in Ostafrika landen! Mit einem Riesenkoffer, vollgepackt mit Spielzeug und Arbeitsmaterial für die Schule, mit einer Tasche voller Werkzeug für Mister Lutambi und ein paar Klamotten und persönlichen Dingen im Rucksack.

SIE SIND DA!

Mister Lutambi und Marta erwarten mich

Am Nachmittag landen wir in Daressalam, der Drei-Millionen-Stadt. Der Flughafen ist übersichtlich, kein Glitzer und Glamour wie bei der Zwischenlandung in Dubai. Die Einreise zeitintensiv. Fingerabdrücke, Gebühren für die Einreise bezahlen, warten. Schließlich bekomme ich mein Drei-Monats-Visum.

Ich erkenne ihn sofort! Unter all den Leuten, die im Abholbereich warten. Der kleine, leicht untersetzt wirkende Herr im schwarzen kurzärmligen Baumwollhemd und der schwarzen Hose – das muss er sein: Mister Lutambi, der Freund meines Freundes. ‚Die Sinne trügen nicht', heißt es bei Goethe. Zielsicher steuere ich mit meinem Gepäckwagen auf ihn zu, blicke in ein offenes freundliches Gesicht, in strahlende Augen. Und auch für ihn ist klar: Das ist sie! Vorsichtshalber zeigt er mir noch den Zettel mit meinem Vornamen. Ja! Ich bin's! Herzliche Begrüßung! Wie bei alten Bekannten!

Mister Lutambi ist nicht allein gekommen. Hinter ihm stehen zwei Frauen, die ältere stellt er mir als Mama vor, eine jüngere, sehr schüchterne, nennt mir ganz leise und scheu ihren Namen: Marta. Mama ist eine große stattliche Dame, unglaublich dick, unglaublich schick, unglaublich liebenswürdig. Um die sechzig Jahre alt. Vor Jahren lebte sie in Mbeya und war die Nachbarin der Familie Lutambi. Nachdem der Ehemann verstorben und die Kinder das Haus verlassen hatten, siedelte sie nach Daressalam über. Heute arbeitet sie als Sekretärin, bewohnt ein großes Haus, ist Inhaberin eines Straßenkreuzers, mit dem sie zum Flughafen gekommen sind, um mich abzuholen – und Mama spricht hervorragend Englisch.

Marta nimmt mir sofort meine Handtasche ab. Nichts darf ich tragen. Gäste werden verehrt, verhätschelt, verwöhnt und jede Mühe und Anstrengung von ihnen ferngehalten. Sie unterrichtet an meiner neuen Schule, wird meine Ansprechpartnerin und fast immer an meiner Seite sein. Und ganz schnell eine enge Vertraute und Freundin werden. Doch noch wirkt Marta ängstlich, distanziert, mausgrau in ihrem dunklen biederen Sommerkostüm. Fragt nichts, lacht nicht, geht fünf Schritte hinter uns. Unterwürfig. Sie, die Jüngste, demonstriert perfekt die Hierarchie. Alter hat Vorrang.

In Mamas nobler Karosse fahren wir durch den Großstadtdschungel zu einem Hotel, hier werden wir übernachten, es gibt heute kein Weiterkommen mehr nach Mbeya.

Später treffen wir uns in Mamas Haus zum Abendessen. In ihrem geräumigen Wohnzimmer hat sie den Tisch gedeckt, fast wie zu Hause: schön bestickte Decke, Teller, Gläser, Besteck. Nebenan Sofa und Sessel und Couchtisch und Fernseher. Mama bringt ihre Köstlichkeiten: Kartoffeln, Kraut, Bohnen, Fleisch, Dessert. Fast wie zu Hause! Ich spüre eine leichte Enttäuschung, will ich doch Afrika kennenlernen und nicht Altbekanntes antreffen. Ahnungslos und vorurteilsvoll verbinde ich Afrika mit Lehmhütte, Strohmatte und „auf dem Boden sitzen".

Bevor wir zu speisen beginnen, dann doch der Unterschied: Es gibt kein fließendes Wasser. Ein Mädchen, eine Hausangestellte, bringt eine leere Schüssel und eine Kanne, gefüllt mit warmem Wasser. Während das Mädchen die Schüssel hält, lässt Mama ganz vorsichtig Tropfen für Tropfen zuerst über meine Hände, dann über die der anderen aus dem Krug rieseln. Die Zeremonie des Händewaschens ist wichtig und wird niemals übergangen, so erklären sie mir. Ich frage mich wozu: Meine Hände werden nass, doch sauber werden sie davon nicht.

Es schmeckt, Mama erzählt viel über sich und ihr Leben, ihre Familie und ihre Arbeit.

Spät nachts verabschieden wir uns. Nach Mamas fester und langer Umarmung spazieren Mister Lutambi, Marta und ich unter dem sternenklaren Himmel durch die Straßen von

Daressalam zurück zu unserem Hotel. Am nächsten Morgen wollen wir mit dem Bus nach Mbeya weiter.

BAJAJI, DALLA-DALLA UND ANDERE VEHIKEL

Meine erste Fahrt in einem Bajaji

Ich lerne die afrikanische Geduld und Gelassenheit zum ersten Mal kennen. Stunde um Stunde warten wir zusammen mit anderen geduldigen Menschen an einer Straße auf den Bus nach Mbeya. Niemand weiß, wann der nächste kommt und ob überhaupt. Die Leute reagieren weder nervös noch ungehalten. Sie hocken auf ihren Bündeln, dösen vor sich hin, blicken ab und zu auf, checken die Lage und vertreiben sich weiter die Zeit mit Nichtstun.

Fünf Stunden harren wir aus. Mister Lutambi läuft der Schweiß übers Gesicht, Marta beschäftigt sich pausenlos mit ihrem Handy, ich sitze auf meinem Rucksack und starre in die Gegend. Dann hat Mister Lutambi genug. „Let's go!" ordnet er energiegeladen an, schnappt seinen kleinen Koffer und meinen großen. Marta will unbedingt meinen Rucksack schleppen, mir bleiben die Kleinigkeiten – so trotten wir von dannen, die Fahrt nach Hause wird verschoben.

Immerhin, nach Mbeya würden wir, wenn alles klappt, zehn bis zwölf Stunden im Bus sitzen und mitten in der Nacht ankommen. Mister Lutambi findet das nicht so prickelnd und für mich, zum ersten Mal auf dem afrikanischen Kontinent, ist eine Fahrt tagsüber allemal interessanter. So wollen wir morgen, sehr früh, einen erneuten Versuch starten und Mister Lutambi meint, wenn wir am zentralen Terminal einsteigen, gäbe es keine Probleme. Alle Busse für längere Strecken starten von dort.

Nur ein paar Meter sind wir derart bepackt unterwegs, schon kommen die Taxifahrer mit ihren zwei-, drei- und vierrädrigen Vehikeln angerauscht. Haarscharf bremsen sie neben uns, jeder will uns mitnehmen, auch wenn das Fahrzeug ein Motorroller ist und für die Beförderung von drei Menschen plus Fahrer plus einem großen Koffer plus Rucksack plus mehreren Teilen Kleingepäck eher ungeeignet erscheint. Frei nach dem Motto: „Nichts ist unmöglich!" quasseln sie auf uns ein, wollen den Zuschlag.

Mister Lutambi entscheidet sich für ein bajaji, ein dreirädriges Fahrzeug. Marta wird immer zutraulicher und schüttelt sich vor Lachen, wenn ich badschadschi sage und das tuk-tuk-ähnliche Fahrzeug meine. Der Fahrer kennt – so bestätigt er mit gestikulierender Überzeugung – das Hotel in der Nähe des großen zentralen Busbahnhofs, das Mister

Lutambi ihm nennt. „Only twenty minutes", versichert er. Wir laden ein, steigen ein, es geht eng zu, wir sitzen mehr auf- als nebeneinander.

Während der Fahrt durch die Stadt fühle ich mich wie in einer Geisterbahn. Offroad pur. Von Straßen ist nichts zu sehen. Schlammwege mit tiefen Rillen, waschschüsselgroße, mit Wasser gefüllte Schlaglöcher, ein Graben nach dem anderen und Baustellenabsperrungen machen ein Durchkommen zum Balanceakt. Dazu jede Menge Autos und boda-bodas – die Motorradtaxis, deren lustiger Name von border-border, Grenze-Grenze, abgeleitet ist und die vor allem im Niemandsland zwischen den Grenzstationen verkehren –, dazu andere bajajis, Fußgänger, Hunde, verloren im Dreck kauernde Kinder, fliegende Händler, die neben uns her rennen und – hauptsächlich mir – ihren Krimskrams furchterregend nahe ans Gesicht drücken: Bildchen, geflochtene Ketten, geschnitzte Madonnen, manchmal Essbares. Unser Fahrer schlängelt sich durch und um all die Hindernisse, das Fahrzeug hängt streckenweise bedenklich schief. Das Gepäck müssen wir, damit es nicht herauskullert, festhalten, während wir gleichzeitig hin und her rutschen, um einigermaßen im Gleichgewicht zu bleiben. Über eine Stunde manövriert unser Chauffeur nun schon galant durch den chaotischen Großstadtdschungel. „Alles okay", er weiß den Weg, sogar den kürzesten. Beschwichtigend strahlt unser Bajaji-Held den allmählich skeptisch nachfragenden Mister Lutambi an, als wir zum dritten Mal an derselben Baustelle vorbeifahren. Nach mehreren Stadtrundfahrten kommen wir dann doch wohlbehalten an unserem Zielort an, alle sind glücklich: wir ebenso wie unser Mann am Steuer.

Im Hotel teile ich mit Marta ein Zimmer mit Dusche und Fernseher. Marta scheint süchtig zu sein. Noch ehe sie ihr Köfferchen abgestellt hat, schaltet sie die Glotze ein. Ein elendes Gedödel dröhnt jetzt durch den Raum, Ohrenschmerzen sind vorprogrammiert, Taubheit abzusehen. Nicht dass sie eine Sendung sehen wollte, nein, die Kiste muss einfach laufen, immer und überall und bei jedermann, wie ich in den nächsten Wochen noch zur Genüge erfahren werde. Als ich Marta vorsichtig frage, warum der Fernseher an sein muss, warum in dieser Lautstärke, schaut sie mich mit ihren großen dunklen Augen verdattert an, zuckt die Schultern und versteht die Welt und meine dumme Frage nicht. Keine Antwort ist auch eine Antwort. Der Kasten ist immer in Betrieb. Basta.

Wir fahren mit einem dalla-dalla, einem Minibus, zu einer Mall. Diese riesigen Einkaufszentren gibt es wohl überall auf der Welt, sogar in den ärmsten Gegenden. Wenig Menschen sind auf „Shopping-Tour". Touristen sind selten und den Einheimischen fehlt das Geld. Ich brauche unbedingt eine Internet-Verbindung. Das funktioniert nur mit Modem und stellt sich als schwieriges Vorhaben heraus. Wir klappern Computer- und Telefonläden ab, fündig werden wir nicht. Entweder sind die Teile viel zu teuer oder nicht vorhanden oder der Verkäufer versteht nicht, was wir wollen oder Mister Lutambi meint, er finde noch etwas Besseres. Dann endlich, außerhalb der feinen Geschäfte in einem unscheinbaren Straßenladen mit einer roten Fahne und der weißen Aufschrift „airtel tansania", klappt es. Ich bekomme mein Modem und das gute Gefühl, wieder in der Welt zu sein. Es sollte noch dauern, bis ich nach gemeinschaftlicher Anstrengung wieder „online" bin.

Marta erzählt mir aus ihrem Leben. Von ihren neun Geschwistern, den Eltern, ihrem Zuhause, das sie mit acht Jahren verließ, um in der Stadt eine Schule zu besuchen. Von ihrem Freund, der hier in Daressalam wohnt, und dass eine gemeinsame Wohnung vor der Ehe für sie nicht in Frage käme. Sie wünscht sich Kinder und ein Haus. Sie ist gerne Lehrerin, Unabhängigkeit und Einkommen sind ihr wichtig. Ich frage nach ihrem Alter und dem ihrer Geschwister. Marta kommt ins Straucheln. Zahlen, Daten und Fakten sind für sie nicht wirklich wichtig. Es zählt, über den Tag, über die Runden zu kommen. Dafür verwendet sie ihre Energie.

IM BUS DURCHS LAND

Ungewohnte Straßenverhältnisse

Afrika tickt anders. Gestern noch wunderte ich mich über die Gelassenheit und Gemütsruhe, heute Morgen über das Tempo. Um fünf Uhr klingelt der Wecker, Marta springt aus dem Bett, wechselt schnell die Klamotten, verstaut ihre Habseligkeiten und will losspurten. Uff, auf so viel Eile war ich nicht gefasst! Sie drängelt mich, schnell, schnell, ich habe keine andere Wahl als ebenso flott wie sie von der Nacht in den Tag zu starten. Keine fünf Minuten später stehen wir unten in der Hotelhalle: ich mit Strubbelhaaren,

Marta hat die ihren auf zwei Zentimeter gestutzt, kein Frühstück, die Lider noch halb geschlossen. Mister Lutambi kommt aus einer anderen Ecke, auch nicht frischer als wir. Draußen steht das Taxi – ein PKW mit vier Seitentüren und Kofferraum. Heute müssen wir den Bus nach Mbeya erreichen.

Dreihundert Meter sollen es vom Hotel zum Busterminal sein. Gefühlte dreihundert Kilometer sind wir unterwegs. Entweder steht ein Auto quer im Weg oder der Straßenabschnitt unter Wasser oder die Matschpfütze quillt vor Dreck über. Unser Taxifahrer wendet immer wieder und sucht sich neue, kaum passierbarere Wege. Die Räder drehen durch, er kurbelt am Lenkrad, reißt den Schalthebel in alle Richtungen, gibt Gas, flucht vor sich hin und versucht, die Karre irgendwie zu bewegen, egal in welche Richtung. Schlammschlacht pur, wie beim härtesten Autocross.

Der riesige Busbahnhof ist eingezäunt wie ein Gefängnishof. Nur ein schmales Tor bietet Einlass. Die Menschenmenge davor unüberschaubar, das Gedränge und Geschrei beängstigend. Nein, wir stellen uns nicht hinten an. Mister Lutambi steckt einem Wachposten diskret ein paar Scheine zu. Der Mensch geht mit uns fünfzig Schritte weiter an all den Wartenden vorbei und lässt uns durch ein noch kleineres Tor ins Innere. Unzählige Busse stehen hier kreuz und quer im Gelände, überall Kartons und Kisten und Menschen und Tiere. Ich frage mich, wie man in all dem Durcheinander den richtigen Bus finden kann. Mister Lutambi hat damit kein Problem. Er findet sich in dem für mich unglaublichen Chaos bestens zurecht.

Rucksäcke, Koffer, Säcke, Kisten, all das sperrige Zeug wird blitzschnell in den Kofferraum verladen. Wir steigen ein, suchen unsere Plätze. Als erstes bindet Marta ihre Tasche an ihrem Sitz fest. Unmissverständlich fordert sie mich auf, es ihr gleichzutun. Nichts, gar nichts sei sicher. Auf die Idee, dass mir einer so schnell mein Zeug klauen könnte, bin ich nicht gekommen. Ja, an meiner Gutgläubigkeit habe ich hier in Afrika noch hart zu arbeiten.

Nun sitzen wir im Bus: ich am Fenster, Marta neben mir, Mister Lutambi eine Reihe vor uns. Wir warten. Und mit uns ungefähr sechzig andere Fahrgäste. Auf wen? Auf was? Weshalb? Warum? Keiner fragt, keiner regt sich auf, Zeit scheint wieder unendlich viel zur Verfügung zu sein und ändern lässt sich sowieso nichts. Eine Stunde lang geht das so, eine perfekte Lektion, um Gelassenheit und Geduld zu üben. Dann springt der Fahrer plötzlich ins Innere, landet punktgenau auf seinem Sitz, zwei Begleiter hinterher, los geht's. Kaum aus der Stadt draußen, zeigt er seine Freude am Busfahren. Er gibt Gas. Das alte Vehikel, bei uns garantiert ohne jegliche Zulassungschancen, rattert über die einzig asphaltierte Straße ins Landesinnere. Fernsehapparate, unterm Dach montiert, unterhalten in einer nur für Gehörlose erträglichen Lautstärke die Fahrgäste mit Porno-, Sex- und Totschlagfilmen. Erneut frage ich mich nach dem Sinn. Soll es Betäubung, Bestrafung oder doch Unterhaltung sein? Und kann mich nur wundern, denn außer mir schläft – so scheint es zumindest – der Rest der Truppe. Außerdem ist das ganze Geschrei in Englisch, also vermutlich unverständlich für die allermeisten.

Ich kann und will weder schlafen noch glotzen, ich will Afrika in mir aufnehmen. Durch die dreckige Fensterscheibe spähe ich nach draußen. An Kreuzungen, wenn der Fahrer abbremsen muss, rasen blitzschnell Horden von Straßenverkäufer auf den Bus zu, pochen an die

Fenster, animieren zum Öffnen, fuchteln aufgeregt mit ihren Schätzen durch die Luft und hoffen, dass irgendwo eine Luke aufgeht und irgendeiner etwas kauft. Meine Mitfahrer reagieren nicht, ich bin wohl die Einzige, die die eifrigen Anbieter überhaupt wahrnimmt, und so schubsen sie sich gegenseitig vor meinem Fenster hin und her. Umsonst – ich öffne nicht! Auch nicht für das flehentlichste Bitten und Betteln, nicht für das charmanteste Grinsen und nicht für lautstarke Worte, die ich – glücklicherweise – nicht verstehe.

Stunde um Stunde fahren wir durch die tansanische Landschaft – ohne Stopp! Muss hier keiner aufs Klo? Jedenfalls meldet sich niemand, und eine Toilette gibt es in diesem Bus nicht. Wenn es an einer der Straßenschikanen ordentlich rumpelt, wird der eine oder andere kurz munter, positioniert seine Gliedmaßen neu und döst sofort weiter.

Ein großes Schild kündigt einen Nationalpark an. Jetzt drücke ich die Nase platt ans Fenster. Elefanten, Giraffen, Antilopen grasen friedlich ganz nah an der Straße. Die Landschaft hier ist wunderbar grün, der Himmel herrlich blau, in der Ferne sind die Berge zu sehen.

Nach fünf Stunden genehmigt der Busfahrer sich und uns die erste Pause: zehn Minuten! Toilette, Essen kaufen, Füße vertreten, Luft schnappen. Kurz wünschte ich, ich wäre ein Mann! Dieses ewig-lange Anstellen bei der Damentoilette! Und dann das! Ein Loch hinter einem Bretterverschlag! Bevor ich endlich an Ort und Stelle „mein Geschäft" erledigen darf, ist geschicktes Balancieren durch die Ausscheidungen unzähliger Vorgängerinnen erforderlich. Doch ich habe keine Wahl und nehme die Herausforderung trotz allem dankbar an.

Zehn Minuten sind zehn Minuten sind zehn Minuten! Hupe! Noch dreißig Sekunden, so sagt mir Marta, dann fährt der Bus los – ohne Wenn und Aber, ohne Pardon! Die Leute rennen: vom Essen weg, von der Toilette weg, halb angezogen, um die Weiterfahrt, um ihr Leben. Wir sitzen noch nicht wieder, als der Bus den Parkplatz verlässt. Keiner überprüft, ob alle da sind, keiner zählt nach, keiner meldet Vermisste. Mister Lutambi hat Hot Dogs, Getränke und eine Zeitung besorgt. Mit essen, lesen, quasseln und zwischendurch einem Nickerchen vertreiben wir uns die nächsten sechs Stunden. Ein Blick nach vorne und einer nach hinten bestätigt mir: Alle Plätze sind belegt. Alle sind, so sieht es zumindest aus, wieder im Bus! Verrückt – schießt es mir durch den Kopf. Da warten wir stundenlang oder sogar einen ganzen Tag lang auf einen Bus und plötzlich geht es um Sekunden. Ich suche bei Marta nach einer Erklärung – und die ist einfach. „It's normal", sagt sie ganz entspannt und zuckt nur die Schultern über meine Philosophiererei.

Als wir am Abend in Mbeya ankommen, erwartet uns ein Teil meiner neuen afrikanischen Großfamilie an der Haltestelle in Sae, einem Vorort von Mbeya. Cecilia, Mister Lutambis Ehefrau, ist mit Karoline, dem zwei Monate alten Baby, und den Töchtern Kelly und Karen, fünf und sieben Jahre alt, gekommen. Auch eine der älteren Töchter ist dabei und Kristofer, der Adoptivsohn. Schick angezogen stehen sie hier: die Mädchen in bunten Sommerkleidchen, die Mutter und die ältere Tochter Irene im Look der Fünfziger-Jahre: Kostüm, wadenlanger enger Rock, Jacke, dezente Farben. Kristofer in Hemd und guter Hose.

Es ist, als ob wir uns schon ewig kennen würden. Kelly springt mir sofort in die Arme, herzliche und innige Umarmungen mit allen ohne Scheu, ohne Fremdeln. Alle Anspannung ist gewichen. Meine Augen füllen sich, hier am Parkplatz meines neuen Zuhauses, mit Tränen. Ich bin angekommen und angenommen – von der ersten Minute an.

In Mister Lutambis Auto fahren wir die ungefähr zwei Kilometer zum Haus der Familie. Dort hat Krister, eine andere Tochter, in der Zwischenzeit ein herrliches afrikanisches Essen zubereitet. Mit allem, was die Region bietet: Ugali, Gemüse, Avocado, Bananen, Ananas. Mister und Mrs. Lutambi sprechen Englisch, die Kinder auch, und so wurde gleich aus dem ersten Abend eine lange Nacht. Ja, hier bin ich daheim – für die nächsten Wochen auf jeden Fall.

MEINE AFRIKANISCHE GROßFAMILIE

Von links nach rechts: Irene mit Baby Karoline, Krister und davor Karen, Mister Lutambi, ich, Mama K mit Kelly

Ich möchte meine neue Familie auf Zeit vorstellen. Ohne jegliche Garantie für Name, Alter, Familienverhältnis, Job, Zukunftspläne, Sonstiges. Heute ist es so – oder sie sagen es so – und morgen sieht alles ganz anders aus.

Hier im Haus ist Mister Kennedy Lutambi der Boss. Nie habe ich Widerworte gegen ihn gehört, nie ein Aufbegehren erlebt. Sein Wort gilt, für alle. Und jeder, auch seine Ehefrau und die Töchter, nennen ihn, den 42-Jährigen, Mister

Lutambi. Er, das Oberhaupt, der Ehemann, der Vater, der Verdiener, steht über allem und allen.

Cecilia, seine Gemahlin und nach eigenen Angaben 34 Jahre alt, wird Mama K gerufen. Denn mit K beginnen die Vornamen der sechs Töchter. Stimmt nicht ganz – aber fast! Madame K befindet sich im Mutterschutz, bis Karoline drei Monate alt ist, dann wird sie wieder frühmorgens zu ihrer Arbeitsstelle, einem Büro ungefähr sechzig Kilometer entfernt, fahren.

Kaferine, 18, die älteste der Geschwister, besucht zurzeit ein Internat im Norden des Landes, 1300 Kilometer entfernt. Sie kommt nur zweimal im Jahr, an Weihnachten und zu den langen Ferien im Juni, nach Hause. Sie lerne ich leider nicht persönlich kennen.

Krister und Irene sind Zwillinge! Wirklich? Mama K behauptet es, Irene sagt, sie sei 17, kurze Zeit später spricht der Vater von 15 und Krister erklärt mir, dass sie 16 Jahre alt sei. Und nun? Ich bin leicht verwirrt und kapiere schnell, dass es doch völlig egal ist, ob 15, 16 oder 17 Jahre, ob Zwilling oder nicht. Die Mädchen sind überaus sympathisch, verbringen zurzeit ihre Ferien daheim und warten auf einen Platz in einer „Boarding School", einem Internat. Da sie vorbildliche Schülerinnen und in der Rangliste ihrer bisherigen Schule ganz oben zu finden sind, haben sie die Chance, ein Stipendium zu bekommen. Krister möchte später Pharmazie studieren und Irene als Ärztin arbeiten. Irene, wo ist das K? „No problem", sagt Mama K, mit zweitem Namen heißt sie Klara!

Karen und Kelly, sieben und fünf, verbringen die meiste Zeit zusammen. Beide besuchen eine private Schule in der Nähe, gehen morgens gemeinsam aus dem Haus und kommen am späten Nachmittag zurück.

Und natürlich Karoline, das Baby. Zwei Monate alt und aller Liebling. Sie wird geknuddelt und liebkost, ist immer mit dabei, wenn Mama K weggeht, und daheim ist ihr Platz in ein Tuch gebunden auf irgendjemandes Rücken. Niemals lasse man so kleine Kinder ohne Körperkontakt, nicht tagsüber und nicht nachts. Bis zu einem Alter von eineinhalb Jahren schlafen sie im Bett bei einem Erwachsenen, so sagt mir Mama K.

Sie alle bilden die Kernfamilie, tragen zu ihren Vornamen den Familiennamen Lutambi. Dennoch wird jeder, der im Haus weilt – und sei es auch nur für eine Nacht – zur Familie gezählt und gehört dazu. Die Großfamilie besteht folglich aus deutlich mehr Mitgliedern als den Eltern und leiblichen Kindern, wobei die Zusammensetzung sich immer wieder verändert.

Kristofer, 16, gehört zum engsten Familienkreis und doch hat er einen anderen Status als die Töchter. Er, der Sohn von Mister Lutambis jüngster Schwester, verlor früh den Vater. Als er zehn Jahre alt war, starb die Mutter. Sind Kinder ohne Eltern, so werden sie in der Regel von Verwandten adoptiert. Von Montag bis Freitag besucht der immer freundliche Kristofer eine Tagesschule in der Nähe, zu Hause ist er zuständig für Hof und Garten. Leider sehe ich ihn nur wenig. Selten kommt er in den gemeinsamen Wohnraum, nie ist er bei den Mahlzeiten oder bei Familiengesprächen dabei und ich weiß nicht, wo und ob er ein Zimmer hat.

Seit Karolines Geburt bereichert Sessi, als Kindermädchen für Karoline engagiert, die Familie. Hier ist ihr neues Zuhause. Die 18-Jährige kommt aus einem sehr armen Elternhaus. In ihrem entlegenen Heimatdorf hatte sie keine Möglichkeit, eine Schule zu besuchen und ist froh, eine Arbeitsstelle, ein Dach überm Kopf und Menschen, die sie mögen, um sich zu haben.

Zwei 15-jährige Jungen, wie Sessi aus sehr armen und kinderreichen Familien im Hochland, weit weg von jeglicher Zivilisation, ohne Schulbildung und zu Hause ohne jede Chance, kümmern sich um die Tiere.

Dorin, eine stämmige, immer gutgelaunte, zu Späßen aufgelegte 22-Jährige, treibt Mister Lutambis Laden vor dem Haus um, verkauft Getränke, Chips, Seife, Bonbons und sonstigen Kleinkram. Ein paar Hocker und ein Tisch stehen vor dem Geschäft, oft kommen Leute aus der Umgebung vorbei, setzen sich für eine Weile zusammen, plaudern, diskutieren, schimpfen, lachen, verschönern sich den Alltag.

Paul, der Wachmann, behält Haus, Hof und Eingangstor im Auge. Fremde kommen nicht an ihm vorüber. Einbrüche und Diebstähle gehören zum täglichen Leben, sind nicht ungewöhnlicher als Stromausfall oder ein paar Ziegen mitten auf der Straße und für die Einheimischen nicht besorgniserregend. Man muss eben Vorkehrungen treffen, sagt Mister Lutambi. Auch sein Anwesen ist durch mannshohe Mauern geschützt, das Eisentor am Eingang gut gesichert.

Alle wohnen, schlafen, essen und arbeiten hier. Sie bilden die Großfamilie. Und jetzt bin ich noch dazugekommen in das wahrlich nicht übergroße Haus.

Mit Mister Lutambi und Mama K fahre ich am späten Vormittag ins Zentrum von Mbeya. Mbeya wurde 1927 gegründet, um die Goldgräber in der Gegend zu versorgen. Der wichtigste Ort der Region liegt 1700 Meter hoch. Die Eisenbahnlinie und Straßen aus verschiedenen Richtungen führen vorbei, die Verbindung zu Sambia und Malawi ist günstig. Das angenehme Klima, die grandiose Landschaft mit über 3000 Meter hohen Bergen, purer Wildnis und nahegelegenen Nationalparks entschädigen für die eher langweilige Ansiedlung.

Wir schlendern durch die Straßen und Gassen, die für mich alle gleich aussehen. Überall kleine Geschäfte und vor den Geschäften am Straßenrand Stände mit Essbarem, Zeitungen, einem Sammelsurium an Büchern, Elektronikzeug, Schnüren und Haken, Telefonkarten: ein wildes Tohuwabohu. Vor den Ständen, am Straßenrand entlang auf dem Boden ausgebreitet, nochmals Unmengen von Krimskrams jeglicher Art. Ausgemusterte Teile aus den westlichen Ländern liegen herum, all das, was einst in den Kleidersammlungen so großzügig gespendet wurde, verticken sie hier wieder. Wie ein langer Teppich breiten sich T-Shirts, Pullis, Hosen, Jacken, Taschen, Plüschtiere, ausgelatschte Turnschuhe und Wintermäntel aus, und ihre Verkäufer haben mit dem vielen Zeug und den wenigen Kunden gar keine andere Wahl, als über jeden, besonders über Fremde, herzufallen.

Nächste Woche wird meine Arbeit in der Schule beginnen. Ich möchte nicht mit leeren Händen kommen und suche ein Geschenk, an dem möglichst viele Kinder Freude haben. Einen Ball möchte ich mitbringen, einen richtigen Fußball. Nur wo finden? Es gibt keine Spezialgeschäfte, überall findet man vieles und meist nicht das, was man gerade braucht. Doch irgendwann sehe ich in einem Straßenladen Bälle in Netzen an der Tür hängen, sogar Fußbälle sind dabei. Ich kaufe einen Lederball samt Luftpumpe und einen leichten Plastikball gleich dazu.

Mit Mama K gehe ich zum Markt. Die frischen, kunstvoll drapierten Früchte und Gemüsesorten sehen verlockend aus. Pyramidenartig sind Äpfel, Tomaten und Avocados aufgebaut, dazwischen geflochtene Körbe und Taschen und eine Marktfrau, die in aller Ruhe den Kopf auf die verschränkten Arme gelegt hat und in der prallen Sonne auf Kundschaft wartet.

Kelly und Karen sind von der Schule zurück. Sie wollen mit mir spielen. So hole ich aus meinem mitgeschleppten Materialkoffer „Mensch ärgere dich nicht" heraus, ein uraltes Gesellschaftsspiel für jedes Alter. Schon ich habe mir als Kind damit die Zeit vertrieben. Doch hier kennen sie es nicht, weder die Kleinen noch die Erwachsenen. Es gibt keine Spielsachen. Und ich sehe die überquellenden Kinderzimmer der deutschen Kinder vor mir – und die Kinder, die sich in all dem Überfluss trotzdem langweilen.

Nach kurzer Zeit hat sich die halbe Großfamilie um den Tisch versammelt, würfelt, zählt, bringt die Figuren erfolgreich nach Hause oder ärgert, wie das Spiel sagt, die anderen Mitspieler. Lautstark und engagiert kämpfen sie – fast wie im richtigen Leben.

Nebenbei hören und sehen wir die Nachrichten. In Daressalem, gestern waren wir noch dort, haben heute heftige Regengüsse die Straßen komplett überschwemmt, der Verkehr ist zusammengebrochen, das Wasser steht in den Häusern. Vermutlich wären wir einen Tag später nicht weggekommen.

DRAMA UM DIE KUH

Karen und Kelly führen mich stolz durch ihre Schule

Heute Morgen geht es laut und lebhaft zu. Keine Schule! Karen und Kelly rennen ausgelassen durchs Haus. Baby Karoline ist auch schon munter und wird von Sessi bespaßt, Krister und Irene schrubben Wohnzimmer und Flur. Mutter und Vater sind nicht zu sehen. Aus dem Fernseher dröhnt lautstark Musik, unterbrochen von Werbeblocks und schrillen Stimmen hysterischer Jugendlicher. Niemand nimmt Notiz davon, niemand sitzt und schaut, niemand scheint der Krach zu stören und niemals werde ich begreifen, warum die Kiste immer, ja, immer, vom Aufstehen der ersten Person bis zum Zubettgehen der letzten in Betrieb ist.

Ich ziehe mich wieder in mein Zimmer zurück. Ein großes Holzbett, von einem Moskitonetz eingehüllt, steht mit der Stirnseite an einer Wand und füllt den Raum fast komplett aus. Eine kleine Kommode daneben – das war's. Sparsam eingerichtete Räume mag ich, lieber zu wenig als zu viel. Hier passt alles. Meine wenigen Kleidungsstücke haben in dem Schränkchen Platz, der Rest bleibt im Rucksack in der Ecke. Bücher und Schreibzeug stapele ich auf dem Boden neben dem Bett. Tisch und Stuhl brauche ich nicht. Will ich schreiben oder lesen, so setze ich mich auf den Boden, lehne mich an der Bettkante an, das genügt.

Zwei Fenster hat das Zimmer. Das eine vergittert, mit dicker, milchiger Glasscheibe und einem mächtigen bodenlangen, grauen Vorhang. Das zweite Fenster an der anderen Wand hat einen ebenso dichten Vorhang, Eisengitter und keine Scheibe mehr. Feinmaschiger Draht schützt vor den Moskitos, Karton vor der Kälte, ein freies Stück lässt morgens die ersten Sonnenstrahlen in mein Zimmer und meinen neugierigen Blick nach draußen in den Hinterhof dringen. Durch eine winzige Tür an der Wand neben dem Kopfende des Bettes gelange ich in den „bathroom", das Badezimmer. Ein kleines Waschbecken ohne fließendes Wasser, eine Hocktoilette – wie im Land üblich – und ein Kübel Wasser für Klospülung und Körperpflege stehen zur Verfügung. Ich habe mein eigenes kleines Reich, der pure Luxus, die schiere Gastfreundschaft. Im gegenüberliegenden, gewiss nicht größeren Zimmer und Bett schlafen die Töchter und Sessi – sowie Marta, wenn sie hier übernachtet. Fünf oder sechs Personen. Für mich rutschen sie eng zusammen, geben mir eines ihrer beiden Zimmer.

Kelly und Karen wollen mir ihre Schule zeigen. Links und rechts ein Kind an meiner Hand, so marschieren wir zu dritt los. Der Weg ist weit durch die Gässchen, die alle gleich aussehen: erdige Wege, Felder, Hütten, die oft zurückgesetzt liegen, oft nur halbfertig. Das Geld ging aus. Und überall Kinder. Tansania ist ein kinderreiches Land, 44 Prozent der Menschen sind jünger als 15 Jahre.

Das weitläufige Schulgelände ist von Zäunen und Mauern umgeben, ein Eingangstor offen. Die beiden trauen sich nicht weiterzugehen. Heute ist Samstag und schulfrei, es ist nicht erlaubt einzutreten. Ein Grüppchen kommt uns entgegen, zwei Frauen in typischer Eingeborenenkleidung, die bunten Tücher um den Körper drapiert, mehrere Kinder im Schlepptau. Die beiden Damen wirken resolut, streng, kein Wunder, dass meine beiden kleinen Begleiterinnen keinen Fehler machen wollen. Doch nach der ersten distanzierten Begrüßung tauen sie auf. Eine der Frauen ist Kellys Lehrerin. Sie fragt, wer ich sei und was wir hier machen. Und die Fünfjährige, kess und schlagfertig, stellt mich als ihre Tante aus Deutschland vor und dass ich bei ihnen wohne und das für lange Zeit und sie mir ihre Schule zeigen wolle. Die Frau Lehrerin ist begeistert, neugierig und nun eine perfekte Repräsentantin der Bildungsanstalt. Sie führt mich durch sämtliche Räume und durchs Gelände und erklärt jedem, dem wir begegnen, ausführlichst, wer ich bin. Ja, sie trommelt sogar die Kinder, die übers Wochenende in der Schule bleiben, zusammen. Sie singen ein paar Lieder und antworten bereitwillig auf meine Fragen.

Viele der noch so jungen Kinder, die meisten im Grundschulalter, gehen selten nach Hause zu Eltern und Geschwistern. Das ist nicht außergewöhnlich, wie mir Mama K später sagen wird. Die Familien sind groß, der Platz in der Hütte knapp, eine Schule nicht vor Ort oder dermaßen überfüllt – bis zu 150! Kinder pro Klasse –, dazu ein einziger Lehrer. Wer Bildung für seine Kinder anstrebt, schickt sie, wenn möglich, in eine private Schule. Und wer bezahlt das? Schulterzucken. Genau das sei das ungelöste Problem.

Wir fotografieren und ich verspreche, demnächst wiederzukommen. Kelly und Karen sind glücklich, sie mögen ihre Schule, sind motiviert, wissbegierig, wollen lernen. Mein kurzer Schulbesuch ermöglicht mir einen ersten und doch tiefgehenden Eindruck.

Am Abend kommen Karen und Kelly auf die Idee, mir die Haustiere zu zeigen. Ich spaziere mit den beiden kleinen Mädels über den Hof hinter dem Wohnhaus. Dort sind die Ställe. Wir gehen den schmalen Weg zwischen Haus und Zaun direkt auf den Kuhstall zu, dessen obere Hälfte frei ist, die Tiere können nach draußen schauen. Eine schwarz-weiß gefleckte Kuh blickt uns treuselig entgegen, zwei kleinere stehen desinteressiert daneben. Wir sind vielleicht noch zehn Schritte vom Stall entfernt, da geht die große Kuh plötzlich in die Knie, starrt uns mit riesigen Augen an, fällt um und bleibt liegen. Einfach so. Steht nicht mehr auf. Wir erschrecken gleichermaßen. Karen fasst sich am schnellsten, rennt ins Haus, sagt Bescheid und die beiden Buben, zuständig für die Versorgung der Tiere, kommen angespurtet. Das Rind kommt auch mit deren Hilfe nicht auf die Füße. Sie holen Wasser, schütten es auf seine Stirn.

Dann flößen sie ihm Salz ein. Nichts geschieht. Die Kuh bleibt mit weit aufgerissenen Augen liegen. Mama K kommt dazu, der Wachmann, Leute, die zufällig im Laden sind. Trotz aller Versuche, sie bekommen das Tier nicht auf die Beine. Mama K ruft ihren Bruder, den Veterinär, und ein paar Minuten später ist er zur Stelle. Er spritzt Vitamine. Keine Reaktion. Dann kippen die beiden kleineren Tiere um. Entsetzen. Vermutungen – was könnte die Ursache sein? Gift vielleicht? Alle sind nun hektisch beschäftigt, kämpfen um das Leben der drei Tiere. Die beiden jungen Kühe können gerettet werden, für die ältere gibt es keine Hilfe. Zwanzig Minuten später ist sie tot. Ein gutes Dutzend Menschen ist nun anwesend, fragend und entsetzt und hilflos stehen sie beieinander.

Der Tierarzt hantiert mit einem scharfen Messer am Hals des Kadavers. Wir schauen zu, auch die Kinder, auch ich. Jeder ist betroffen, jedoch ohne wehleidiges, mitleidiges Getue. Der Verlust ist für die Familie enorm. Die Kuh war Milchlieferant, in den Geschäften ist der Milchpreis unbezahlbar. Eine Kuh zeigt den Status der Familie. Heiratet eine Tochter aus besserem Hause, so ist das Hochzeitsgeschenk der Brauteltern eine Kuh – sofern sie es sich leisten können.

In den nächsten Stunden treffen immer mehr Menschen im Haus Lutambi ein. Das Malheur verbreitet sich schnell. Gemeinsam lässt sich Unglück und Schmerz leichter ertragen, schneller überwinden. Verwandte kommen. Brüder, Schwestern, längst nicht alle blutsverwandt. Als Bruder und Schwester werden auch gute Freunde bezeichnet. Dazu Schwager und Schwägerin, Neffen und Nichten, Nachbarn.

Neben dem Drama um die Kuh wollen sie viel von mir wissen, über meine Heimat, über mich. Urplötzlich ist das große Wohnzimmer voll mit Menschen. Sie machen es sich auf dem schweren samtbezogenen Sofa und den Sesseln bequem, manche hocken auf dem Boden, Bier und Chips werden schnell aus dem Frontladen geholt, ein gemütlicher Abend trotz der Trauer um die Kuh ist gesichert.

GOTTESDIENST

Die Kirche ist Treffpunkt für die Einheimischen

„Let it be. It is like it is", sagt Mister Lutambi am Morgen. Der Verlust der Kuh ist ein herber Schlag für ihn und seine Frau. Sie haben sie großgezogen, sie war ihr Milchlieferant, sie sollte Nachwuchs bringen. Trotz des Verlustes und der Sorgen, sie jammern nicht, schauen vorwärts, es gibt Schlimmeres und Schicksalsschläge sind die Menschen in dieser Weltgegend gewohnt.

Warum kollabierte die Kuh direkt vor meinen Augen? Warum just in dem Moment, als ich mich ihr zum ersten

Mal näherte? In meinem Hirn rasen die Gedanken hin und her: Zufall? Höhere Macht? Synapsenmüll? Warum? Ein Erklärungsversuch jagt den nächsten. Ob ich mit dem wirklichen Leben – und Sterben – konfrontiert werden soll? Dass ich endlich mit unangenehmen Dingen umzugehen lerne und nicht vor allem Endgültigen davonrenne? Dass ich meine Pingeligkeit überwinde? Dass ich Mitgefühl übe – es betrifft die Existenz einer Familie? Dass ich sehe, wie gelassen und ergeben sich die Menschen fügen – in etwas, das nicht zu verhindern und nicht zu ändern ist? Dass wir Menschen doch nicht alles in der Hand haben oder dass es nicht immer eine Antwort gibt? Dass es ist wie es ist, wie Mister Lutambi sagt.

Wir besuchen den Gottesdienst. Heute römisch-katholisch. Für die Familie gehört der Kirchgang zum Sonntagsritual: mal evangelisch, mal katholisch. Mama K wurde evangelisch getauft, ihr Ehemann römisch-katholisch. Sie sind gläubig, jedoch nicht verbissen, auch nicht missionarisch. Jeder soll nach seinem Gutdünken glücklich werden. Wenn ich mitkomme, würden sie sich freuen, so lassen sie mich wissen. Doch sie drängeln mich nicht. Gestern Abend sollte ich das Tischgebet sprechen. Ich konnte nicht. Ein Standardspruch fiel mir nicht ein – nicht einmal in meiner Muttersprache – und irgendetwas faseln wollte ich nicht. Kelly, die Fünfjährige, kam mir flink zu Hilfe. Ohne zu zögern übernahm sie den Job.

Die komplette Familie erscheint herausgeputzt im Wohnzimmer. Sonntagsstaat. Die Mutter und die älteren Mädchen in Rock und Bluse, die Jungen in Bügelfaltenhose und Hemd – nur ich habe nichts Feines dabei, schon gar keinen Rock. Wohl oder übel muss ich wie jeden Tag in meinen Jeans gehen.

Erinnerungen an meine Kindheit werden wach. Selbstverständlich hatten wir Sonntagskleider. Alle. Damals, in den Fünfzigerjahren, war der Sonntag noch ein besonderer Tag, die Unterbrechung des Alltags. Mit extra-schönen Kleidern, besonderem Essen, ohne Arbeit, Familientag. Man zelebrierte den Sonntag, fast genauso wie heute hier in Afrika. Diese Zurückschau berührt mich. Vergangenheit ist Vergangenheit, nicht zurückholbar, nicht festzuhalten und doch taucht sie immer wieder auf. Kindheit prägt. Einer meiner Lieblingssongs fällt mir ein. Konstantin Wecker sagt da:

„Jeder Augenblick ist ewig, wenn du ihn zu nehmen weißt – ist ein Vers, der unaufhörlich Leben, Welt und Dasein preist."

Ich bin glücklich und berührt. Ein Auge lacht, das andere weint. Mit dem Herzen bin ich hier und gleichzeitig weit weg in meinen Kindertagen.

Die Kirche ist groß und voll. Vielleicht 300 Menschen sind versammelt: Frauen, Männer, Alte, Kinder. Es ist absolut still, obwohl das Eingangsportal offen ist und immer wieder Leute ein- und ausgehen. Die Anwesenden lauschen den Worten des Pfarrers. Ich verstehe nichts, er redet in Suaheli, trotzdem ist mir nicht langweilig. Ich schaue mir die Kirchenbesucher an – und fühle mich wie in einer Modenschau. Besonders die Frauen und Mädchen sind adrett gekleidet, die Haare oft mit Haarteilen zu kunst- und phantasievollen Frisuren gesteckt. Dann Abendmahl. Ich gehe wie alle anderen nach vorne. Nach vielen Jahren wieder. Eine Nonne in weißem Kleid legt mir eine Oblate in die Hände, ein Chor begleitet die Zeremonie mit lautem und fröhlichem Gesang. Nichts fühlt sich gezwungen an, Leichtigkeit ist zu spüren, locker und beschwingt gehen die Leute auf ihre Plätze zurück. Händeschütteln mit allen, die in der Nähe sitzen, gute Wünsche werden weitergegeben, an Wildfremde. Das verbindet, zumindest für den Augenblick.

MEIN ERSTER SCHULTAG

Die Kinder von Kelly's School begrüßen mich herzlich

Heute beginnt die Schule – für mich. Seit Tagen erzählen mir Mama K und Mister Lutambi, wie neugierig sie dort oben in „Number One", in Kelly's School, auf mich seien, wie sie meine Ankunft kaum erwarten können. Und ich bin gewiss nicht weniger gespannt.

Ein Großteil der Familie begleitet mich: Mister Lutambi, der Manager der Schule, seine Ehefrau, Krister, Irene und

Baby Karoline sind an diesem, meinem ersten Schultag an meiner Seite. Bei allen wichtigen Ereignissen ist die Familie dabei: Allein sein, allein leben, allein weggehen – das ist nicht die Mentalität der Menschen hier. Und ich gehöre dazu, bin Familienmitglied und werde von möglichst vielen eskortiert. Das ist klar, ohne jede Diskussion – und es ist schön.

„Wann fahren wir los?" „Wann ist Schulbeginn?" Ich will an diesem wichtigen Tag keine Fehler machen, nicht zu spät kommen, meine Begleitmannschaft nicht in Stress und den Ablauf in der Schule nicht durcheinander bringen. „Nach dem Tee", sagt Mister Lutambi. Mein hilfloser Blick irritiert ihn. Meine Frage nach einer genauen Abfahrtszeit wohl ebenso. Als ich penetrant nachhake, kommt die verblüffende Antwort: Wir gehen, wann immer ich wolle! Ich bin perplex, meine Verwirrung unübersehbar. Richtet sich der Stundenplan nach mir? Ich will zur rechten Zeit dort sein. Sonst nichts. Also überlegt Mister Lutambi hin und her und meint schließlich, zehn Uhr wäre ganz passend. Okay, wenn er es sagt, gebe ich mich damit zufrieden.

Im Wohnzimmer unterhalte ich mich in der Zwischenzeit mit Krister. Ich habe ein deutsches Buch dabei, eine Reisebeschreibung, eine Geschichte, in der der Autor durch Europa gewandert ist, ohne Geld, sich mit Betteln durchgeschlagen und über seine Erfahrungen geschrieben hat. Krister sieht das Coverbild, ich soll ihr mehr berichten, und fast wehmütig erzählt sie von sich: Von der Enge in der Familie, im Dorf, im Land. Von den Erwartungen, die die Erwachsenen an die Jugendlichen haben, vom System, das stillschweigend anerkannt wird und ein Ausbrechen fast unmöglich macht. Ich spüre ihre Sehnsucht nach Freiheit. Doch die Kinder der Familie Lutambi haben trotz allem

Glück. Ihre Eltern gehören zu den Wohlhabenderen, gute Ausbildung und Studium für den Nachwuchs – ohne Unterschied, ob Junge oder Mädchen – ist ihnen enorm wichtig.

Pünktlich um zehn Uhr starten wir mit Mister Lutambis Geländewagen, einem forbaifor. Ja, so heißen diese Fahrzeuge. Der Name gefällt mir, die Schreibweise auch, das Auto ebenfalls.

Bevor er den Motor anlässt, spricht er ein Gebet. Er bittet um Beistand für die 35 Kilometer lange Fahrt hoch in die Berge nach „Number One" und für einen gelingenden schönen Tag in der Schule. Meine allererste Fahrt zu meinem neuen Arbeitsplatz. Nach einer kurzen Rumpeltour ohne jegliche Straßen und Wege, das Auto hängt streckenweise bedenklich schief, fahren wir nach Uyole, einem Marktflecken und dem Ausgangspunkt für alle Fahrten in die Berge. Sämtliche Busse und dalla-dallas stoppen hier und befördern die Fahrgäste auf der einzigen asphaltierten Straße, die nach oben in die entlegenen Dörfer und Kleinstädte wie Tukuyu und weiter nach Malawi und zum Malawi-See führt.

Ich schaue pausenlos aus dem Fenster, links und rechts der Straße sind die Felder der Kleinbauern zu sehen, dazwischen ihre Hütten, manchmal auch mehrere dicht beieinander.

Frauen bearbeiten mit einfachen Hacken ihre Äcker, kleine Kinder warten geduldig am Rand. Junge Burschen verkaufen direkt neben der Straße Obst und Gemüse, das, was in der jeweiligen Höhenlage gut wächst. So gibt es an einem Platz jede Menge Tomaten, weiter oben sind dann die Krautverkäufer zur Stelle und an einem anderen Flecken stehen kübelweise Kartoffeln. Langsam fahren wir daran vorbei, heute kaufen wir nichts, und trotz aller eindeutiger Ablehnung springen die eifrigen Anbieter fast aufs Auto. Die Einheimischen sind das gewohnt, niemand ist irritiert. Das ist immer so, die Ware will, muss verkauft werden und dafür muss man kämpfen.

Wir erreichen „Number One", fahren langsam an den Hütten vorbei. Das Dorf heißt so – und doch nicht! Jeder hier kennt den Ort unter diesem Namen, doch er taucht in keinem Fremdenführer, keiner Landkarte auf. Er hat keinen Namen – und genau deshalb gaben ihm die Bewohner einen: NUMBER ONE! Mir gefällt die Story, sagt sie doch einiges aus über den Humor und die Ironie der Menschen, die hier leben. Der Flecken gehört administrativ zu Mbeya, obwohl er fast 40 Kilometer entfernt liegt, gefühlt sogar am anderen Ende der Welt. Die Gegensätze zwischen „unten", der Stadt, und „oben", den Bergdörfern, könnten größer kaum sein.

Auf der Durchfahrt zeigt mir Mister Lutambi seinen zweiten Laden. Neben der Bushaltestelle lässt er hauptsächlich Bier und Cola verkaufen. Man braucht mehrere Standbeine, sagt er, und trotzdem ist das Geld knapp.

Niemand weiß, wie viele Menschen links und rechts der großen Straße leben. Es existieren keine Seitenstraßen, die lehmigen Dreckwege abseits ändern sich immer wieder, je nachdem, wie viel und wie lange es regnet – und es gibt ganz sicher keine Volkszählung. Meine Schätzung ist äußerst vage, vielleicht hundert Häuser und Hütten, vielleicht auch dreihundert. Niemand weiß es.

Ungefähr einen halben Kilometer nach dem Ortsende sehe ich eine Menschenmenge an der Straße stehen. Mister

Lutambi bremst, fährt ganz langsam näher heran – und jetzt erkenne ich: Kinder haben sich hier versammelt, ordentlich in Reih' und Glied stehen sie um das große weiße Schild mit der blauen Aufschrift „Kelly's School". Die Drei- bis Zehnjährigen empfangen uns händeklatschend. In ihren schönen Schuluniformen, dunkel- oder hellblaue Faltenröcke die Mädchen, Bügelfaltenhosen die Jungen, dazu einen dunkelblauen Pullover mit V-Ausschnitt, die blütenweiße Bluse oder das Hemd darunter, den Kragen sauber nach außen gelegt. Und sie sind nicht allein. Alle, die irgendetwas mit der Schule zu tun haben, warten auf uns mit schwingenden Fahnen und Blumen: die Lehrer, die Köchin, die Schulbusfahrer und der Security-Mann, der die Schule Tag und Nacht bewacht, steht stramm in Uniform und mit Schlagstock. Alle in ihren feinsten Kleidern. Ein Empfang wie für einen hohen Gast. Nein, sagt Mama K, das ist doch ganz normal und kann mein Erstaunen kaum fassen. Mit so viel Aufhebens habe ich wirklich nicht gerechnet und würde mich am liebsten ganz klein machen.

Als ich die Autotür öffne und aussteige, stimmen sie Lieder an, laut und fröhlich schallt es durch die Gegend. Dann fallen sie mir um den Hals: Alte und Kinder, Männer und Frauen. Es gibt keine Berührungsängste, obwohl etliche, wie ich später erfahre, noch niemals einen weißen Menschen gesehen haben. Viele Fotos, viel Lachen, viele Emotionen.

Der Tross setzt sich in Richtung Schule in Bewegung. Zweihundert Meter abseits der Straße befindet sich das üppige Schulgelände mit dem langgestreckten Haus. Mister Lutambi, zuständig für Organisation und Finanzen sowie ein älterer Herr, der Headmaster der Schule und verantwortlich für den Unterricht, führen mich durch das Gebäude.

Am linken Ende des Blockes befindet sich die „Küche". Ein dunkles verrußtes Loch ohne Fenster und ohne Sonnenlicht, große Töpfe schmoren auf den drei offenen Feuern, Brennholz zum Nachschüren liegt an der Seite. Dass hier noch niemand eine Rauchvergiftung davongetragen hat? Obwohl, ich weiß es nicht und die Menschen kümmern sich darum wohl weniger. Was sollten sie auch tun? Alle wollen essen!

Vor der Küche türmen sich an einem steinernen Wassertrog die Teller und Tassen der Kinder. Immerhin, ein Wasserhahn spendet fließendes Wasser.

Wir gehen weiter zu Mister Lutambis modern eingerichtetem Büro. Zwei Schreibtische mit Computer gibt es – einen für ihn und einen für Mary, die Sekretärin. Und ein kleines Sofa für Gäste.

Im angrenzenden Klassenzimmer warten schon die Kinder, alle aufgestellt zu einem großen Kreis. Die selbst zusammengeschreinerten schiefen Tische wurden an die Wand geschoben. Mit zwei Querlatten ist jeweils der Stuhl dran genagelt. Und nun tanzen und singen sie wieder, präsentieren stolz, was sie in den zehn Wochen, seit sie hier zur Schule gehen, gelernt haben. Nicht lange darf ich nur Zuschauer sein, schnell ziehen sie mich in ihre Mitte, nehmen mich an der Hand – ich muss mit hüpfen.

Ein rascher kurzer Blick durchs Klassenzimmer zeigt die einfache, bescheidene Einrichtung. Es gibt außer den Schülertischen noch einen extra Lehrertisch, auf dem sich undefinierbares Zeug stapelt. Sonst nichts! Eine schwarz angestrichene Fläche dient als Wandtafel, bunte, selbstgemalte Motive wie Bäume, Häuser, Tiere zieren eine andere Wand. Aber es gibt Fenster, es ist hell.

Nun kommen wir zu Martas Zimmer. Sie als „Second Mistress", also so etwas ähnliches wie Vize-Chef, hat ebenfalls das Privileg eines Arbeitszimmers. Und es ist für meine Zeit auch mein Platz. Schreibtisch, Schrank und Tisch mit Sofa und zwei Sesseln füllen den Raum bis auf den letzten Zentimeter aus. Hierher werden Besucher geführt, hier trifft sich das Personal zu den Mahlzeiten, hier wird geredet und auch mal nichts getan.

Headmasters Büro schließt sich an, davor ein kleines Räumchen für seine Sekretärin. Mit einem weiteren großen Raum, dem Klassenzimmer für die älteren Kinder am rechten äußeren Ende des Hauses, ist der Komplex recht überschaubar.

Pause. In dem großen freien Gelände um das Schulhaus herum können die Kinder sich austoben. Die Jungen spielen Fußball. Zusammengeknüllte Plastiktüten, mit Schnüren umwickelt, das ist ihr Ball. Es stört sie nicht, dass er nicht rollt, schlecht durch die Luft fliegt und außerdem ziemlich hart ist. Sie rennen dem Ungetüm hinterher und haben offensichtlich Freude am Spiel – wie wohl die meisten Jungen dieser Welt. Und die Mädchen? Sie stehen in Grüppchen zusammen, tuscheln und kichern – vermutlich über die neue Lehrerin – und wagen sich dann doch zu mir heran. Nehmen meine Hand, inspizieren meine Armbanduhr, wollen meine so anderen Haare anfassen. All das ist neu, fremd und interessant für sie. Ihre Scheu nimmt zusehends ab und ich muss aufpassen, dass sie mich nicht mit Haut und Haaren absorbieren.

Mama K, Mister Lutambi und der Headmaster befreien mich. Wir gehen zum Auto, fahren gemeinsam ins Dorf zur „registration". Ich weiß nicht, was sie vorhaben, kann mir nichts darunter vorstellen. Über Holper- und Stolperwege steuert Mister Lutambi zwischen den Hütten durch. Männer, Frauen und Kinder, selbst Kühe und Ziegen, so bilde ich mir ein, schauen uns fragend durch die Autoscheiben an. Vor einem Haus, nach unseren Vorstellungen könnte es auch ein Stall sein, immerhin aus Stein, halten wir. Aussteigen. Ich sehe Plakate an der Eingangstüre, Ankündigungen, Verbote, Informationen. Die Türe steht offen, wir treten ein und befinden uns im „Rathaus" von „Number One". Ein sehr freundlicher Angestellter in modernem Jackett sitzt an einem Schreibtisch, die tansanische Flagge vor sich, diverse Fotos an den Wänden. Der Mann ist informiert, weiß von unserem Kommen und holt ein dickes, riesengroßes Buch herbei – DIN A2 mindestens. Wir setzen uns, er redet, ich verstehe nichts, Mama K versucht zu übersetzen. Und allmählich kapiere ich: Ab jetzt bin ich Mitglied der Dorfgemeinschaft von „Number One" und das ist nicht selbstverständlich. Man kommt nicht einfach so unter, man muss ordentlich angemeldet sein. Ich schaue wohl ziemlich verwirrt und ungläubig drein. Sind sie hier, im hintersten Winkel von Afrika, noch bürokratischer als bei uns in Deutschland? Das kann doch nicht wahr sein! Hier, wo niemand eine Adresse hat, wo längst nicht jeder lesen und schreiben kann, wo nichts nach Ordnung und Reglement aussieht. Folgsam trage ich meinen Namen in das ominöse Buch ein. Wird schon alles seine Richtigkeit haben! Als wir uns freundlichst verabschiedet und bedankt haben, frage ich nach dem Sinn und Zweck der Aktion. Und bin baff! Nein, es hat nichts mit Kontrolle zu tun, nichts mit Bürokratie und Pingeligkeit, sagt Mama K. Es ist ein Akt der Freundlichkeit. Sie, die Menschen, die hier leben, sollen wissen, dass ich hier bin und was ich hier mache. Und dass ich ab sofort zu ihnen gehöre. Heute Abend wird die Buschtrommel losgehen, dann wird jeder im Dorf von meinem Aufenthalt erfahren, jeder wird darauf hingewiesen, mir stets behilflich zu sein, mir freundlich zu begegnen, mich in keinster Weise zu belästigen und auf mich aufzupassen. Ich bin aller Gast!

Ich verstehe und bin gerührt. So viel Fürsorge. Und ich werde dankbar sein für die Gastfreundschaft und Hilfsbereitschaft.

Wir fahren zurück zur Schule. Das Mittagessen steht bereit: Ugali, Kraut und Bohnen. Das wird jeden Tag so sein. Mir schmeckt es, mit den Fingern zu essen macht mir nichts aus, schließlich will ich leben wie die Menschen hier, eine von ihnen sein.

Nach Schulschluss fahre ich mit dem Schulbus zu den Dörfern und Hütten der Kinder. Jeden Vormittag werden sie abgeholt und nachmittags zurückgebracht. Die Eltern möchten mich sehen, sagt Mister Lutambi, und die Kinder freuen sich. Ich sitze vorne neben Franzi, dem Fahrer, und Manka – mit ihren zweieinhalb Jahren die jüngste – schläft nach fünf Minuten auf meinem Schoß ein. Immer wieder verlässt der Bus die Straße und biegt in die krummen, mit tiefen Rillen versehenen Wege ab, um irgendwo ein Kind aussteigen zu lassen. Manchmal stehen Erwachsene bereit, um es abzuholen, manchmal tippeln sie allein weiter und manchmal nimmt ein größeres Kind ein kleineres einfach auf den Rücken, um so gemeinsam durch den Dreck zu waten. Neunzig Minuten sind wir unterwegs, der Regen ist inzwischen so heftig, dass wir vier Kinder wieder zurück zur Schule nehmen – ein Durchkommen zu ihren Dörfern ist mit dem Bus nicht möglich. Wir bringen sie später mit Mister Lutambis forbaifor nach Hause.

Spät am Nachmittag fahre ich mit der Familie zurück ins Haus nach Mbeya. Ein anstrengender Tag: so viel Neues, Unerwartetes, Anderes. Ich bin neugierig und freue mich auf meine Zeit hier in Kelly's School – im Dorf „Number One"!

> *„Das Leben eines Menschen ist das, was seine Gedanken daraus machen."*
> Marc Aurel

Dieser Satz beschäftigt mich an diesem Abend. Was ich heute gesehen und erlebt habe, zieht immer wieder wie ein Film durch meinen Kopf. Der Empfang, die Gastfreundschaft, die erstaunten Gesichter, die Ärmlichkeit, die Würde – Marta will mir ihr bestes Kleid schenken. Heute – extra für dieses Ereignis – hat sie es getragen. Ein türkis-gelb-gold-farbenes bodenlanges Kleid. Ein Kindergarten ohne jedes Spielzeug, Kinder und Lehrer, fast ohne Schulmaterial. Und wieder sehe ich die heimischen Kinderzimmer vor mir, vollgepfropft mit Unterhaltungs- und Beschäftigungskram, mit Büchern, die oft nicht gelesen werden, mit Autorennbahn und Plüschtieren, Puppen und Playstation und und und. Ob die afrikanischen Kinder wirklich ärmer sind? Es ist, was die Gedanken daraus machen – und arm und reich und viel und wenig eine relative Angelegenheit.

DER BUS FÄHRT, WENN ER VOLL IST

Marktstände säumen die Straßen

Noch immer habe ich nicht herausgefunden, wann Schulbeginn ist und wann wir losfahren müssen, um pünktlich an Ort und Stelle zu sein. Ich weiß weder, wann ich aufstehen muss und schon gar nichts über den Tagesablauf.

Vor meinem glaslosen Fenster befindet sich das Wasserloch. Jemand werkelt hier, schiebt das darüber liegende Blech unsanft zur Seite, das Krächzen geht durch Mark und Bein, ungefähr so, als fahre jemand mit dem Fingernagel auf einer Schiefertafel entlang. Ich schiele nach draußen, sehe die aufgehende Sonne und eine unbekannte Frau, die einen Eimer an einem dicken Seil in die Tiefe lässt und kurz danach wieder nach oben zieht. Behände setzt sie den gefüllten Wassereimer auf dem Kopf ab und hüpft leichtfüßig davon. Es ist die einzige Möglichkeit, hier an Wasser zu kommen – und eine relativ komfortable. Längst nicht jedes Haus hat eine derartige Quelle. Oft müssen die Menschen große Strecken zurücklegen, um das Wasser an einem Brunnen zu holen. Ein Job, den meist Kinder und Frauen übernehmen. Ich erinnere mich an mein komfortables Badezimmer zu Hause, jederzeit und immer steht Wasser zur Verfügung. Ohne groß darüber nachzudenken, drehen wir den Wasserhahn auf und lassen uns, oft mehrmals am Tag, beliebig lange mit Wasser in jeder gewünschten Temperatur berieseln. Krasser könnte der Gegensatz für mich an diesem Morgen nicht sein.

Die Mädchen, Krister und Irene, putzen wie jeden Morgen das Haus. Mit Lappen und Putzeimer ausgerüstet wischen sie kniend den Boden. Sie benötigen keine Hilfsgeräte, weder Schrubber noch Besen, schon gar keinen Staubsauger. Ich sitze auf dem Sofa, warte, schaue. Nicht denkbar, dass ich auch nur irgendetwas arbeiten dürfte und solch „niedrige" Arbeiten wie Hausarbeit kommen nicht in Frage. Auch die Eltern habe ich nie in Aktion gesehen: Für die einfache alltägliche Arbeit hat man Personal – oder Kinder. Die Hierarchie wird ohne Widerrede akzeptiert.

Endlich kommt Mister Lutambi aus seinem Schlafgemach gekrochen. Er sagt, dass wir beide heute mit dem öffentlichen Bus nach „Number One" fahren werden. Das wäre billiger. Mir ist es recht, schließlich möchte ich allmählich unabhängig und nicht ständig auf Auto und Chauffeur angewiesen sein. Aber es wird dauern, noch steckt er im Schlafanzug!

Direkt vor dem Anwesen der Familie Lutambi verläuft der Bahndamm, der Daressalam über Mbeya mit Sambia verbindet. Eingleisig! Das Timing der Züge in die jeweilige Richtung muss ausgeklügelt sein, ausweichen ist nicht möglich. Diese Bahntrasse, eine von zwei Bahnlinien im ganzen Land, gleicht dem Pfad einer Gehmeditation und ist Treffpunkt für Männergespräche, Frauenmeetings, Kinderspielplatz. Sie lädt ein zum Sitzen, Schauen, Ruhen, Schimpfen, Spazierengehen. Auf den Holzschwellen mit Abständen zwischen 60 bis 80 Zentimetern schweben wir fast, Mister Lutambi und ich, zur Hauptstraße vor, zur Bushaltestelle. Er kennt die Abstände, auch die Unregelmäßigkeiten, macht automatisch und vollkommen sicher größere und kleinere Schritte. Ich muss nach unten schauen und konzentriert einen Schritt nach dem anderen setzen. Eine gute Übung!

Wir verlassen die Schienen und marschieren weiter die Straße entlang, ungefähr zwei Kilometer. Dalla-dallas und boda-bodas fahren immer wieder ganz dicht an uns heran, wollen uns mitnehmen. Doch Mister Lutambi winkt ab, wir brauchen den Bus.

Die Haltestelle mit Sitzgelegenheit und einer Überdachung liegt direkt an dem kleinen Markt. Die Buden und Stände sind bereits aufgebaut, das Geschäft im Gange. Ein Bus nach dem anderen kommt angefahren, hält, ein Busbegleiter springt heraus und animiert uns zum Einsteigen. Mindestens zehn Busse ignorieren wir. Entweder stimmt die Richtung nicht oder der Bus ist zu leer. Ganz genau schaut Mister Lutambi, wie viele Menschen in dem Bus sitzen. Sind es nur wenige, so steigen wir nicht ein, denn dann sind lange Wartezeiten in Uyole vorprogrammiert. Abfahrtszeiten gibt es keine. Ein Bus fährt erst dann nach oben in die Berge, wenn er voll besetzt ist. Das ist das einzige und entscheidende und verlässliche! Kriterium.

Es will kein nahezu vollbesetzter Bus kommen. Schließlich entscheidet sich mein Begleiter für einen halbvollen – und es kam, wie es kommen musste. In Uyole, dem nächsten Halt, stehen wir eine Stunde, gefühlt jedoch zehn Stunden lang. Niemand steigt zu. „Wir sind zu spät", sagt Mister Lutambi, „die Leute sind alle früher gefahren." Na klar, inzwischen ist es Mittag. Statt der Fahrgäste umschwirren jede Menge Verkäufer unseren Bus, klopfen und zerren auch hier an den Fenstern, brüllen, fuchteln mit Händen und Füßen und wollen ihren Klimbim loswerden. Immer dasselbe: Telefonkarte, Nüsse, Bananen, Getränke, Handtäschchen, Zahnbürste, Mütze, überall, jeden Tag. Hat einer begriffen, dass kein Geschäft zu machen ist und zieht enttäuscht ab, stehen mindestens fünf andere da. Ebenso aufdringlich, genauso hoffend.

Endlich, nach einer Stunde, ist der Bus voll besetzt. Und ab jetzt weiß ich, was das heißt. Voll besetzt bedeutet, dass kein Zentimeter des Fußbodens mehr sichtbar ist, dass auf einem Sitzplatz mindestens drei Leute kauern, dass unzählige Menschen eng an eng stehen. Dass voll gnadenlos überfüllt bedeutet.

An der Straße zur Schule, dort, wo gestern die gesammelte Mannschaft uns empfing, steigen wir aus. Es ist keine offizielle Haltestelle, doch das macht nichts. Redet man freundlich mit dem Begleiter – jeder Bus und jedes dalla-dalla hat einen solchen Freund und Helfer, so gibt dieser dem Fahrer ein Zeichen. Wann immer es möglich oder er in der entsprechenden Laune ist, stoppt er. So wie heute!

Wir gehen einen Trampelpfad entlang, durch hohe Maisfelder und an einzelnen abgelegenen, ärmlichsten Hütten vorbei. Alle ohne Fenster, winzig. Kinder rennen herum, Frauen waschen die Kleider, Männer hantieren mit einem sichel-ähnlichen Gerät und kämpfen mit dem hohen Gras. Hier wohnen diejenigen, die noch weniger haben als jene im Dorf. Wir begegnen einem Alten. Er begrüßt uns mit Handschlag – auch mich, frei und kein bisschen erstaunt. Er weiß, wer ich bin und genau deshalb waren wir gestern auf dem Amt. Und wie er wüssten alle Bescheid, sagt Mister Lutambi.

Als wir endlich in der Schule eintreffen, steht noch immer unser Frühstück bereit. So genehmigen wir uns einen Kaffee und die selbstgemachten Wecken, ähnlich unseren Fastnachtskrapfen: In flüssigem Fett gebackene unförmige Gebilde. Aber lecker! Gleich anschließend gehen wir zum Mittagsmahl über. Das kenne ich schon: Ugali und Kraut.

Meine Arbeit besteht heute darin, den mitgebrachten Koffer mit den Spielen auszuräumen. Marta und Mister Lutambi staunen. Sie haben noch nie Marionetten gesehen, keine Fingerpuppen, kennen keine Gesellschaftsspiele. Ich erkläre ihnen Memory, ein Merk- und Gedächtnisspiel mit Karten für jedes Alter. Und nun sitzen sie und spielen und vergessen jegliche Arbeit und zeigen Begeisterung, die dem Spiel von Kindern in nichts nachsteht. Stundenlang. Hier das kindliche Spiel der Großen, und von nebenan dröhnt der Drill, dem die Kleinen ausgesetzt sind. Lernen bedeutet in Tansanias Schulen pauken, hat mir Kai, der lange hier gelebt hat, erzählt. Ja, so spüre ich es in diesem Moment. Kasernenhofton!

Irgendwann hole ich den neuen Fußball. Und meine Kollegen hält nichts mehr. Sie stürmen nach draußen und kicken. Der Headmaster und Mister Lutambi und Marta. Die beiden Schulbusfahrer kommen hinzu, der Security-Mann, alle. Begeistert und geschickt und hochmotiviert kämpfen sie, als ob es um die Qualifikation zur Weltmeisterschaft ginge. Dabei hatten sie noch nie einen richtigen Ball in der Hand. Morgen sind die Kinder an der Reihe, dann gehört der Ball ihnen. Jetzt begleite ich sie wieder mit dem Schulbus nach Hause, wieder schläft Manka auf meinem Schoß – nur regnet es heute nicht.

KLIRRRR – EIN AST IM BUS

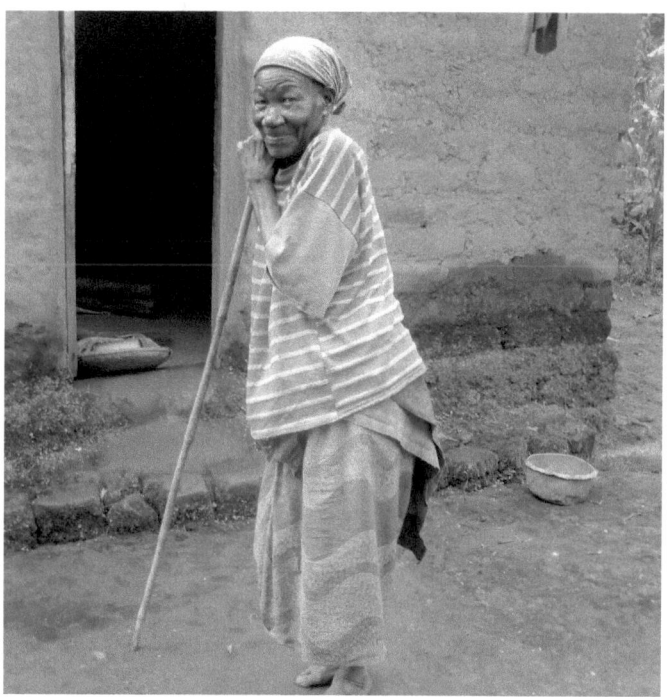

*Große und kleine Dorfbewohner freuen sich über den
exotischen Besuch*

Die Matratze in meinem Bett hat eine tiefe Rinne, in der
Mitte ist ein Loch, noch ein bisschen abgesackter.
Offensichtlich hat sie schon einige Jahre und vermutlich
schwergewichtige Schläfer hinter sich. Mein Rücken, die
Schultern, der Nacken melden sich unmissverständlich mit
Schmerzen, Steifheit, Beleidigt-sein. Mühsam bringe ich
mich in die Senkrechte, Yogaübungen werden Wirbel und
Bandscheiben schon wieder in die richtige Position bringen.
Und so turne ich fortan jeden Morgen auf dem winzigen

freien Platz neben dem Bett: Rückwärts-, Vorwärts- und Seitbeugen, Drehsitz und fünf Sonnengrüße stehen ab sofort auf meiner To-Do-Liste, gleich nach dem Aufstehen. Danach fühle ich mich einigermaßen im Lot.

Als ich um sieben Uhr am Abend wieder zu Hause eintreffe, bin ich rechtschaffen müde. Und reflektiere: Was habe ich heute den ganzen Tag gemacht? Was war da so anstrengend?

Noch immer staune, lache, wundere ich mich und erzähle Mama K die Story: Wie die Tage zuvor sitze ich nach Schulschluss im schrottreifen Schulbus, um die Kinder nach Hause zu begleiten. Wie immer vorne neben Franzi, dem Fahrer. Heute teilen wir uns die zerlumpte Sitzgelegenheit zu viert: die kleine Manka auf meinem Schoß, dieses Privileg verteidigt sie vehement, die zehnjährige Blenda drückt sich neben mich, und Anita, eine Vierjährige quetscht sich auch noch dazwischen. Klaustrophobie kennen sie nicht! Die anderen Kinder haben sich hinter uns verteilt. Manche sitzen einzeln, andere zu dritt auf einem Platz, manche stehen, manche lehnen irgendwo dagegen. Von wegen anschnallen, von wegen sitzen, von wegen einzeln auf einem Platz! Hauptsache, wir haben alle dabei!

Franzi will losfahren, startet den Motor, legt den Rückwärtsgang ein, gibt Gas – ein lauter Kracher! Die Kinder hinter mir springen zur Seite, Glasscherben fliegen an meinem Kopf vorbei ins Innere, und wo eben noch die Fensterscheibe war, ist jetzt ein großes Loch, durch das der Ast eines Baumes mitten in den Bus ragt. Schrecksekunde, dann durchatmen, dann ein breites Grinsen auf den

Gesichtern. Nichts passiert! Jedenfalls nicht den Businsassen – und nur das zählt. Was war geschehen?

Franzi hat beim Rückwärts-Ausparken schlicht und einfach einen Baum übersehen. Ein dicker Ast drückte gegen die Scheibe, zertrümmerte sie und verbindet jetzt durch das glaslose Fenster den Bus mit dem Baum. Weiterfahrt unmöglich! Franzi schaut für einen Moment ziemlich verdutzt, realisiert die Situation blitzschnell, springt vom Fahrersitz, rennt los, kommt mit einer gefährlich aussehenden Waffe – einer Art Axt – zurück und haut den Ast, der sich im Businneren befindet und die Weiterfahrt blockiert, mit kräftigen Hieben nahe des Stammes ab. Lachend zieht er das Gewächs nach draußen, wir haben freie Fahrt!

Ich bin erschrocken und sprachlos! Erschrocken durch den Rempler, und als ich feststelle, dass nur mir der Schreck in die Glieder gefahren ist, verschlägt es mir die Sprache. Niemand, nicht die Kinder, nicht Franzi, nicht die anderen Erwachsenen, die sich nach und nach dazu gesellen, zeigen wegen solch einer Kleinigkeit irgendeine Regung, machen kein Aufhebens, reden nicht einmal darüber, grinsen und amüsieren sich. Über die Abwechslung, über Franzi, über so viel Glück. Derartige Banalitäten wie eine zersprungene Fensterscheibe und ein Ast im Bus sind wahrlich kein Grund für schlechte Gefühle.

Wir nehmen einen anderen Weg als die Tage davor. Franzi fährt in ein völlig abgelegenes Dorf. Frauen und Kinder umlagern den Bus, vermutlich erreicht nur selten ein solches Gefährt mit fremden Menschen ihre Gegend. Wegfahren oder gar weitere Reisen sind Utopie. Und so haben die meisten hier im Dorf noch nie von menschlichen Wesen gehört, die anders aussehen als sie, geschweige denn welche gesehen. Neugierig und verlegen, ängstlich und scheu hüpfen sie um den knallgelben Bus herum, halten sich aneinander fest, kichern, stecken die Köpfe zusammen. Ich sehe ihre Verwunderung. Was ist das für ein komisches Gesicht da in dem Fahrzeug? Zum Glück habe ich meine Kleinen. Lässig, locker und vertraut gehen wir miteinander um. Sie brechen das Eis, winken den Kindern draußen zu, sagen ihnen meinen Namen, demonstrieren ganz selbstverständlich ihre Nähe zu mir. Allmählich verlieren die fremden Kinder die Scheu, winken zurück und von den ganz Mutigen erfahre ich sogar, wie sie heißen.

In der Zwischenzeit schleppten einige Männer des Dorfes schwere Maissäcke herbei und hieven sie nun ins Businnere. Jetzt weiß ich, weshalb wir hier sind! Maisvorräte einkaufen!

Noch immer liegen die Glasscherben auf dem Boden unseres Vehikels. Als der erste schwere Maissack mühsam herein gehoben ist und im Mittelgang liegt, macht sich ein seltsames Geräusch bemerkbar. Die Maiskörner! Sie kullern gnadenlos unter die Sitze, von vorne nach hinten. Glassplitter haben den Sack aufgeschlitzt. Schnell packen zwei Unerschrockene zu und zerren ihn wieder ins Freie. Jetzt beginnt die Putzaktion im Bus. Die Männer, die soeben die schwere Last hergeschafft haben, eilen mit Wedeln – feine Äste mit Blättern dran – herbei, legen eine Plane vor die Bustür, fegen Glasscherben und Maiskörner und den anderen Dreck gleich mit in Richtung Tür und von dort nach draußen auf die Plastikunterlage. Die „Kelly's School Kids" sitzen inzwischen alle mit angezogenen Beinen auf Sitzen oder Lehnen und begleiten, wie die andere Kinderschar draußen, die Aktion mit neugierigen Blicken. In

Blitzgeschwindigkeit wird wieder eingeladen. Ich wurde zur Nebensache – oder schon zur Gewohnheit.

Faszinierend, wie galant ein Missgeschick angenommen und gelöst wird und irgendwann klappt alles: Wir haben Maisvorräte für die nächsten Wochen, kaufen noch Gras und Bambus ein, die Glassplitter sind beseitigt, die Schulkinder hatten ein Erlebnis, die Eingeborenen hier im Niemandsland auch und ich ganz gewiss!

Spät bringen wir die Kinder nach Hause in ihre Dörfer, auch für sie war es ein langer Tag. Ob sich die Eltern keine Sorgen machen, wenn ihre Kinder nicht pünktlich zu Hause ankommen, frage ich Mister Lutambi, als wir mit dem Schulbus zurück nach Mbeya fahren. Er braucht das Gras, den Mais und den Bambus zu Hause und außerdem muss der Bus ja in die Werkstatt. Meine Frage versteht er nicht. Sorgen machen – wozu? Wer kann schon immer alles vorhersagen? Man weiß doch nie, was dazwischen kommt. Und die Uhrzeit ist sowieso unwichtig, man macht, was zu tun ist. Nein, Sorgen würden sich die Menschen deshalb nicht machen. Zahlen sind Zahlen und nicht so wichtig. Ob es die Uhrzeit, das Alter, Geburtstage oder andere so triviale Fakten sind, es werden nicht allzu viele Gedanken daran verschwendet. Malaria und HIV und eingestürzte Hütten und zehn hungrige Kinder und wenig Einkommen belasten ausreichend. So sagt mir Mister Lutambi, dass er leider siebzehn Kinder von der Schule weisen muss – ihre Eltern wären nicht in der Lage gewesen, das Schulgeld, 30 Euro pro Monat, für das letzte Vierteljahr aufzubringen. Nun hat er ihnen gekündigt, noch sieht er es mehr als Drohung und hofft, dass, wenn der Druck groß genug ist, die Eltern sich doch noch aufraffen und für ihre Kinder bezahlen würden. Er kennt seine Landsleute, auch sie suchen den Weg des geringsten Widerstands! Wie wir Menschenkinder uns doch ähneln.

KRISTER, MEIN VORBILD

Lernen macht müde

Mister Lutambi möchte heute sehr früh und pünktlich zur Schule, so hat er es gestern Abend angekündigt. Der demolierte Bus steht hier im Hof und er muss ihn zeitig nach Number One bringen, denn die Kinder müssen wie jeden Tag von ihren Hütten abgeholt werden. Und was ist mit dem anderen Schulbus? Ja, der sei zurzeit auch nicht verkehrstauglich, meint mein Boss. Als mein Wecker um sechs Uhr klingelt, entschließe ich mich, mir Zeit zu lassen und mit dem öffentlichen Bus – haben wir ja vor zwei Tagen geübt – nachzukommen.

Statt aufzustehen, verweile ich in meinem Zimmer in meinem ungemütlichen Bett auf meiner schiefen Matratze und lese Mark Twains Reisebericht. Mein ganz besonderes Interesse gilt den Empfehlungen, die er, sollte einen Verlangen oder gierige Lust – gleichgültig wo und wann – überkommen, gibt. Er meint, dass das Verlangen immer vor der Tat stünde und die Aufmerksamkeit auf das Verlangen zu richten wäre. Danach käme die Disziplin: Verbiete dir das Verlangen, denn sonst wird es dich beherrschen. Halte es zurück und es zieht sich zurück. Diese Methode funktioniere immer, ob es sich um Trunksucht, die Lust nach einer Zigarette oder – eine unbequeme Matratze! – handle. Ist das Verlangen getötet, dann bist du frei. Der Text fesselt mich, spornt mich an, motiviert mich. Und die durchgelegene Matratze soll mich ab sofort nicht mehr stören! Ich will mich nicht durch all die alten eingefleischten Bequemlichkeiten und Wünsche und Vorurteile ausbremsen lassen.

Krister muss mich im Bus nach Number One begleiten! Mama K besteht darauf. Offensichtlich traut sie mir eine Busfahrt allein nicht zu. Oder sie vertraut ihren Landsleuten nicht! Jedenfalls sorgt sie sich um meine Sicherheit, wenn ich schutzlos unterwegs bin.

Wir beide, Krister und ich, marschieren nach Sae zur Bushaltestelle. Krister wählt einen anderen Weg als ihr Vater vor zwei Tagen. Nachdem wir das Bahngleis verlassen haben, gehen wir die Straße entlang. Ununterbrochen fahren die verschiedensten Fahrzeuge an uns heran, bieten Mitfahrgelegenheit an, wollen uns zum Einsteigen überreden. Krister reagiert entweder überhaupt nicht oder winkt, ohne ein Wort zu sagen, entschieden ab. Kurz, knapp, eindeutig. Das muss ich mir merken und üben. Diese ausdrucksstarke Interesselosigkeit. Sich niemals in ein Gespräch verwickeln lassen. Niemals ein Zögern zeigen. Auch als die Menge der Straßenverkäufer den Bus stürmt, bleibt Krister regungslos. Sie wendet ihnen keinen Blick zu, gönnt ihnen kein Wort, wie eine Statue bleibt sie bei sich. Wohl nur so hat sie ihre Ruhe, die außergewöhnlich kluge und hübsche junge Frau.

Wir verlassen den Bus an der Haltestelle in Number One, direkt vor Mister Lutambis Laden. Ich möchte gerne die zwei Kilometer bis zur Schule an der Straße entlang gehen. „No", sagt Krister. Und schon winkt sie einen boda-boda-Fahrer heran. Ich nehme auf dem Rücksitz Platz, sie handelt noch schnell den Preis aus und wir brausen davon. Krister wechselt die Straßenseite und wartet auf einen Bus, der sie zurück nach Mbeya bringt.

Mein Chauffeur fährt mich durch das dschungelgleiche Gelände. Flott. Ich halte mich an seinen Schultern fest. Direkt vor der Schultüre stoppt er. Keinen einzigen Schritt mutet er mir zu. Mister Lutambi und der Headmaster stehen, ins Gespräch vertieft, am Eingang und empfangen mich mit großem Hallo. Jetzt kommen die Kinder aus ihren Zimmern gerannt. Hui, die neue Lehrerin ist mit Roller und einem Einheimischen unterwegs. Genau wie sie. Jedes Kind wird, so scheint es, von seinem ersten Lebenstag an mit dem Motorroller befördert. Dementsprechend geschickt sitzen und stehen sie auf dem Fahrzeug, oft viele Kinder auf einem einzigen: vor dem Fahrer, auf dem Rücksitz, sogar auf dem Lenker. Ein Motorroller ist die Familienkutsche und die Familie in den meisten Fällen zahlreich.

Nächste Woche gibt es Zeugnisse in Kelly's School. Und deshalb ist heute Prüfungstag! Die Lehrer bereiteten Aufgaben vor: Für die Fächer Englisch, Rechnen, Suaheli. Schrieben sie auf Blätter, kopierten diese – und nun hocken die armen Kleinen davor und wissen beim besten Willen nicht, was zu tun ist. Sie lösen das Problem auf ihre Weise und legen den Kopf auf den krummen Tisch, machen ein Nickerchen, lassen Aufgaben Aufgaben sein.

Die Hilflosigkeit der Erwachsenen, der Lehrer, ist für mich mindestens ebenso erschreckend wie die der Kinder. Sie müssen die Schüler beurteilen, ihre Lernfortschritte dokumentieren und haben keine andere Idee, als dies in Form lächerlicher schriftlicher Tests zu tun. Die Kinder sind zwischen fünf und zehn Jahre alt, besuchen noch keine drei Monate Kelly's School, die meisten waren zuvor in keiner anderen Schule und wenn, dann in einer der maßlos überfüllten staatlichen Dorfschulen. Zweifellos, die Kleinen haben viel gelernt in den drei Monaten, sind wissbegierig, neugierig, lernbereit. Aber mit solch einer Prüfung absolut überfordert, frustriert und irritiert. Ich will den Lehrern keinen Vorwurf machen, sie geben weiter, wie und was sie gelernt haben – und Lernen bedeutet für sie Pauken. Unterricht heißt: vormachen und nachmachen, vorplappern und nachplappern, Fakten eintrichtern und ausspucken, abfragen, nachahmen, Tests.

Nein, ich mische mich nicht allzu sehr ein. Sie sehen selbst, dass es nicht läuft und sind wohl nicht weniger enttäuscht als die Kinder. Noch haben wir viel Zeit, über Schule und Pädagogik zu diskutieren und voneinander zu lernen.

KELLY'S SCHOOL

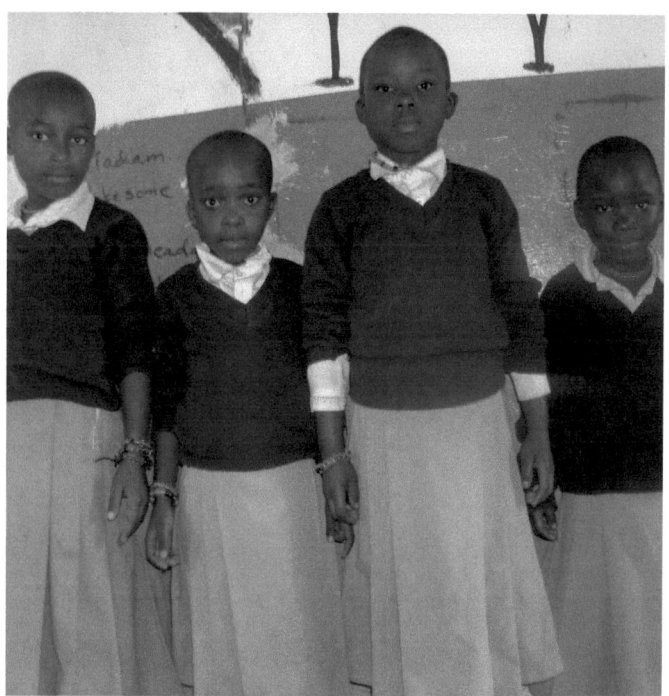

Selbstbewusst präsentieren sich die Mädchen in ihrer Schuluniform

Habari za asubuhi! Guten Morgen! Die ersten, oft gebrauchten Wörter in Suaheli prägen sich mir ein. Suaheli ist, neben den 127 anderen, voneinander oft komplett unterschiedlichen Dialekten und Stammessprachen, die offizielle Sprache Tansanias. Die Amtssprache. Sie wird in der Grundschule gelehrt. Später, in den höheren Schulen, kommt Englisch hinzu. In manchen Grundschulen, so auch in Kelly's School, lernen die Kinder vom ersten Tag an

Englisch, sie hat hinter ihrem Namen den Zusatz „Pre & Primary English Medium School".

Mister Lutambi hat es eilig. Der Grund bleibt mir verschlossen. Doch wenn der Vater ruft, so wie heute Morgen, rennen alle: die Frau, die Kinder, die Angestellten erst recht. Der Respekt gegenüber dem Familienoberhaupt ist nicht zu übersehen, wirkt fast schon übertrieben. Und das, obwohl Mama K und Krister und auch Mister Lutambi kränkeln: erkältet, Husten, Halsweh. Das nehmen sie nicht auf die leichte Schulter. Malaria ist Todesursache Nummer eins in Tansania und beginnt mit denselben Anzeichen wie ein grippaler Infekt. Doch noch sind sie nicht in Panik. Schließlich ist längst nicht jede Erkältung Malaria. Auch das wissen sie.

Mister Lutambi und ich nehmen heute den öffentlichen Bus. An der Haltestelle gehen wir in ein kleines Geschäft, ein typisches „Tante Emma-Lädchen", mit Getränken, Rasierklingen, Keksen, Kabeln, Messer, eben das, was der Mensch hier braucht. „My sister", so stellt mir Mister Lutambi die Verkäuferin, die uns gleich sehr freundlich mit Handschlag begrüßt, vor. Kurzes Geplauder, sie will in den nächsten Tagen zu Besuch kommen. Als ich mehr über Mister Lutambis Ursprungsfamilie wissen möchte, erklärt er mir, dass die nette Dame zwar seine Schwester sei, jedoch nicht blutsverwandt. Eine gute Freundin. Und Freunde gehören zur Familie und werden Bruder und Schwester genannt und als solche auch gesehen. Wie einfach das mit den Wahlverwandtschaften und anderen Verbandelungen hier geht! Bruder und Schwester und fertig! Doch, „richtige" Geschwister habe er auch: zwei Brüder und eine Schwester. Seine jüngste Schwester, Kristofers Mutter, starb vor einigen Jahren. Auch Mister Lutambis Eltern sind verstorben, sein Vater im letzten Jahr. Nur noch selten komme er in sein Heimatdorf, 500 Kilometer von Mbeya entfernt. Die Wege sind zu weit für häufige Besuche.

Langsam zuckelt der Bus den Berg nach Number One hoch. Vor uns ein riesiger LKW mit der dicken Aufschrift: In God we trust! Und das zu tun ist nicht das schlechteste bei diesen Straßenverhältnissen, Fahrkünsten und maroden Fahrzeugen.

Mister Lutambi erzählt mir von der Schule, von der Zeit, als Kelly's School noch nicht Kelly's School war, sondern ein Waisenhaus. Vor ungefähr zwölf Jahren ereignete sich an der Stelle der Straße, an der die Kinder an meinem ersten Schultag auf uns warteten, ein schwerer Unfall. Ein LKW kam von der Straße ab, landete im Graben, Benzin lief aus. Die Bewohner des nahegelegenen Dorfes Number One eilten herbei, um zu helfen. Dann gab es eine Explosion, mehr als hundert Menschen verloren dabei ihr Leben. Zurück blieben viele Kinder ohne Eltern. Die Überlebenden bauten zusammen mit einer westlichen NGO ein Haus für die vielen, plötzlich eltern- und familienlos gewordenen Kinder. Hier konnten sie wohnen, lernen, wurden versorgt, hatten eine Ersatzfamilie. Mit den Jahren wurden die Kinder erwachsen, wurden selbständig, verließen das Waisenhaus. Nachdem die Jüngsten ausgezogen waren, stand das Gebäude einige Zeit leer, dann entdeckte es Mister Lutambi und fasste zusammen mit seinem deutschen Freund den Entschluss, hier eine Schule für die Kinder aus dieser abgelegenen Region zu gründen. So wurde aus dem Waisenhaus Kelly's School.

Mister Lutambi nimmt heute für die Rückfahrt wieder den Schulbus. Morgen will er ihn in Mbeya in eine Werkstatt bringen. Noch immer fehlt die Glasscheibe. Und weil wir Zeit haben, ein langes Wochenende bevorsteht – am Montag ist ein nationaler Feiertag und schulfrei – und weil es noch früh am Tag ist, fährt er mit mir über Land. Durch Dörfer, in denen ich noch nicht war, noch weiter ins Hinterland. Noch weiter weg von der Straße. Die Wege werden immer unpassierbarer, die Augen der vielen Kinder und auch der Erwachsenen immer größer, die Hütten noch einfacher. Ziegen und Hühner versperren den Weg und für unseren Bus sind solche Fahrten eine echte Herausforderung. Mitten in der Pampa bleibt er stehen. Mister Lutambi probiert, Motor an, Motor aus, Gang rein, Gang raus, nichts geht, nervös wird er nicht, irgendwann ruckelt die Kiste wieder ein Stück vorwärts, hängt wieder, erneute Versuche. Mühsam erreichen wir die Straße, jetzt rollt das Fahrzeug flott den Berg hinab. Ich hoffe, die Bremsen funktionieren. Und wie so oft besteht kein Grund zur Aufregung. Wir kommen heil und unbeschadet an!

Unterwegs habe ich mir eine Zeitung besorgt. Zurzeit läuft wieder eine Aids-Aufklärungskampagne. Ich lese, dass in der Gegend um Mbeya über zehn Prozent der Menschen HIV infiziert sind, das ist die höchste Rate im Land. Augenblicklich ziehen die Kinder von Kelly's School an meinen Augen vorbei. Wenn die Statistik stimmt, so sind mindestens drei von ihnen angesteckt. Das lässt nicht kalt.

VERSCHLOSSENE TÜREN

Schon die kleinen Buben haben ihre Tiere im Griff

Frei ist frei! Und heute ist ein freier Tag, zumindest kein offizieller Arbeits- oder Schultag. Das Haus ist wie ausgestorben. Entweder sind alle weg oder alle noch im Bett oder meine Uhr zeigt mir eine völlig falsche Zeit. Jedenfalls bin ich vollkommen allein auf weiter Flur! Noch nicht einmal Fernsehunterhaltung habe ich. Es fühlt sich leicht geisterhaft an allein in der Großfamilie! Ohne Babygebrabbel, ohne spielende Kinder, ohne putzende

Jugendliche, ohne Geschirrgeklapper, ohne Fernsehgedöns. Eine unheimliche Ruhe.

Ich sitze mutterseelenallein auf der Couch im Wohnzimmer. Lese. Schreibe Tagebuch. Nach draußen kann ich nicht: Die Eingangstür, die direkt in den Wohnraum führt, ist verschlossen. Doppelt. Die beiden Flügel der Holztür sind durch ein eingebautes Schloss verriegelt und ich habe keine Ahnung, wo der Schlüssel aufbewahrt wird. Und diese Türe ist noch einmal durch eine vergitterte eiserne Türe abgesichert. Sie zu öffnen ist ein wahres Kunststück und nur mit viel Kraft, Tricks, und natürlich dem passenden Schlüssel für das überdimensionale Vorhängeschloss möglich. Tagsüber ist sie in der Regel offen. Nur nachts, oder wenn niemand zu Hause ist, geschlossen. Und heute Morgen!

Den Hintereingang durch die Privatgemächer nehme ich nicht. Überhaupt wird auf Privatsphäre großen Wert gelegt. Noch niemals war ich in anderen Räumen als im Wohnzimmer und in meinem Zimmer, nur kurze Blicke durch eine der selten offenstehenden Türen konnte ich von der Küche und dem Schlafzimmer der Kinder erhaschen. Auch die Familienmitglieder verhalten sich diskret. Möchte ein Kind in das Zimmer der Eltern oder zu mir, so klopft es an und wartet auf ein ok. Oder schleicht wieder davon.

Die Uhr zeigt gegen Mittag, allmählich erwacht das Haus. Kristofer streckt den Kopf zur Türe herein, Karen und Kelly kommen verschlafen aus ihrem Zimmer, die älteren Mädels sind noch nicht zu sehen, das Baby auch nicht. Aber Mister Lutambi und Mama K tauchen auf. Sie schließen das Eisengitter an der Haustüre auf, von außen. Seit sechs Uhr seien sie unterwegs, erzählen sie. Zuerst besuchten sie, wie oft am Samstagmorgen, ihren Hauskreis. Singen, Beten,

Bibellesen. Anschließend trafen sie sich zu einer Art „Nachbarschaftssitzung". Wichtige Themen, die hauptsächlich die Menschen hier im Viertel betreffen, werden dort besprochen. Heute ging es um einen größeren Laden, der irgendwo in der Gegend eröffnet werden soll. Darüber diskutieren sie und unterstützen oder boykottieren solche Vorhaben gemeinsam. Bürgerentscheid in Reinkultur!

Nach Frühstück, Mittagessen und Nachdiskussion in einem, fahren Mister Lutambi, Cecilia und ich in die Stadt. Sie wollen diverse Dinge einkaufen, und ich möchte mich nach einem Bergführer umschauen. An einem der freien Tage würde ich gerne zu einer Trekking-Tour aufbrechen. Die Berge rund um Mbeya laden ein. Noch nie war jemals ein Mitglied meiner Großfamilie zu Fuß in den Bergen. Einfach zweckfrei im Gebirge zu wandern, das erscheint ihnen seltsam. Und so muss ich meine Tour wohl ohne Familienanschluss planen. Mein lonely planet Reiseführer empfiehlt dringend, niemals ohne Guide zu gehen und gibt Adressen an, wo man einen (seriösen) findet: bei gazelle safaris. Ich gebe mein Wissen weiter, Mister Lutambi kennt die Straße, in der sich das Büro befindet, wir fahren hin, es ist seit einer halben Stunde geschlossen! Er redet mit den Leuten, die außerhalb stehen oder zufällig die Straße entlang kommen. Plötzlich rennen zwei junge Burschen aus einem Café gegenüber auf uns zu und stellen sich als Touristenführer von gazelle vor. Mister Lutambi und Mama K reden mit ihnen, prüfen ihre Seriosität, diskutieren über mein Vorhaben, handeln Preis und Zeit und sonstige Details aus: Treffpunkt, Vesper, Wanderschuhe und Kleidung. Alles scheint zu passen. Morgen werde ich losmarschieren. Mit James, einem der beiden Guides. Er und ich!

GIPFELGLÜCK MIT JAMES

Durchnässt aber glücklich auf 3000 Meter

Um sieben Uhr will ich mich mit James, meinem gestern angeheuerten Bergführer, in der Stadt treffen. So haben wir es vereinbart und Mister Lutambi möchte mich selbstverständlich zu besagter Stelle bringen. Ich hätte auch gar keine andere Wahl. Erstens weiß ich nicht, wo der Treffpunkt ist und zweitens nicht, wie ich am frühen Sonntagmorgen dorthin kommen könnte.

„6 Uhr 30 Abfahrt! Spätestens!" bestimmt Mister Lutambi am Vorabend. Ob ich geweckt werden wolle? Nein, nicht nötig. Ich habe einen Wecker, mein Rücken meldet sich um diese Zeit sowieso und außerdem kündigen die krähenden Hähne den beginnenden Tag sehr zuverlässig an.

Als ich kurz nach sechs Uhr im Wohnraum erscheine, ist er noch menschenleer. Kein Laut von irgendwoher zu hören. Ich werde leicht nervös, muss ich doch noch meinen Rucksack mit Reiseproviant richten. Nichts tut sich! Ich warte, gehe unruhig auf und ab, schiebe geräuschvoll einen Stuhl von hier nach dort in der Hoffnung, jemand möge den Krach registrieren und die Uhrzeit wahrnehmen. Ach, du meine Güte. Auf solch triviales Getue reagiert doch keiner.

Um sieben Uhr verabschiede ich mich innerlich vom heutigen Gipfelglück, enttäuscht und genervt will ich mich wieder in meine vier Wände zurückziehen, nicht ohne vor mich hin zu schimpfen: „Dritte-Welt-Land, kein Wunder, nichts Zuverlässiges."

Und wieder kommt es ganz anders! So schnell, so spontan, so gelassen, dass ich erneut nur staunen kann. Plötzlich stehen Krister und Marta vor mir, bereit zum Aufbruch. In Wanderschuhen, Jeans, Anorak und einem gefüllten Rucksack mit Ess- und Trinkbarem. Die beiden werden mich begleiten – und sagten gestern kein Wort. Und bereiteten am Vorabend schon das Picknick für die Tour vor. Keiner wird allein gelassen und ich, der Gast, niemals.

Und die Uhrzeit? Das passt schon, sagen sie. Africa-time is another time! Außerdem gibt es Handys? James weiß Bescheid und wartet. Ich schnüre nun schnell meine Stiefel, wir stürzen nach draußen, der Motor läuft schon mit Mister Lutambi im Schlafanzug am Steuer, als von der anderen Seite Irene und Kristofer angerannt kommen. Sie wollen auch mit! Und damit hat der Vater nicht gerechnet. Er schickt Kristofer mit einem scharfen „Go" wieder zurück, dem Jungen schießen die Tränen in die Augen. Als ich sage, dass ich mich über seine Gesellschaft freuen würde, lässt er ihn einsteigen. Irene wird erst jetzt klar, dass wir in die Berge gehen, sie wechselt flink von ihren Ballerinas zu Turnschuhen. Das alles geht so blitzschnell: Vom Auftauchen der Familienmitglieder bis zur Abfahrt vergehen nur wenige Minuten.

Der Security-Mann öffnet das Hoftor – und jetzt kommen mit großem Geschrei noch Kelly und Karen angeflitzt. Sie wollen nicht mit zur Wanderung, aber bis zum Start. Das Auto ist nun voll beladen.

An einer Straßenecke in Mbeya treffen wir James. Als er zusteigt, rücken wir noch ein bisschen näher aneinander. Niemand redet über Verspätung oder ist über die Warterei verärgert. Wir haben uns gefunden, freuen uns auf den Tag, sind gespannt wie ein Flitzbogen – das zählt.

James lotst Mister Lutambi auf verschlungenen Wegen aus der Stadt heraus. Zehn Kilometer bis zum Ausgangspunkt der Tour, sagt er. Doch Zahlen und Entfernungen haben in Afrika eine andere Bedeutung. Vierzig Kilometer und eine halbe Ewigkeit fahren wir in immer abgelegenere Gegenden, durch Dschungel und Wildnis, schmale lehmige Wege sind nur noch schwach zu erkennen und nerven und fordern Mister Lutambi heute Morgen mehr, als ihm lieb ist. Nur im Schritttempo geht es vorwärts. Vereinzelt steht eine einsame Hütte, Kinder hocken davor, Erwachsene hacken das Feld. Hier scheint die Welt zu Ende zu sein.

Der Einstieg lässt erahnen, was auf uns zukommt. Aber schließlich möchte ich eine Bergtour machen und keinen Sonntagsspaziergang. Wir wollen auf den Mount Mbeya, den höchsten Berg der Region, der Gipfel befindet sich fast 3000 Meter über dem Meeresspiegel. Halbe Höhe Kilimandscharo! Es gibt keine Pfade, wir kraxeln über Felsblöcke und Geröll, waten durch Matsch und durchqueren immer wieder tiefe Rillen. Von einem Weg keine Spur, außerdem ist es schon hier „unten" ziemlich steil. Ein Stock hilft, um den Untergrund zu ertasten, den nächsten Schritt sicher zu setzen und dient zugleich als Stütze. Wir sind auf 2000 Metern Höhe, die Luft wird dünner, der Sauerstoff knapper, langsam bewegen wir uns vorwärts und bleiben immer wieder stehen, um neue Kraft zu tanken.

Noch immer sind wir ohne Frühstück. Der Magen knurrt und nach einer Stunde klettern legen wir eine Vesperpause ein. Krister hat Proviant für drei Personen vorbereitet, doch nun sind wir sechs! Kein Problem – wir teilen die leckeren Köstlichkeiten. Bananen und Avocados hat sie eingepackt, eine Ananas in Stücke geschnitten, Brot. Eine herrliche, energiespendende Stärkung.

James spricht ein paar Brocken deutsch und ist glücklich, sie endlich wieder einmal anwenden zu können. Er erzählt, dass er ein Jahr in München gelebt und als Hausboy gearbeitet habe. Ich frage nach, was er gesehen und erlebt hat in meinem Heimatland. Leider – ich kann es kaum glauben – er hat NICHTS gesehen, nichts von der Stadt, nichts vom Land, nichts vom Kontinent. Was war los? Warum? Der so interessierte junge Mann verbringt ein Jahr lang in Deutschland und kennt nichts! Ich schaue ungläubig, er klärt mich auf. Er habe viel gearbeitet, und seine wenigen Kumpels hätten ihm ausschließlich die Münchner Kneipenwelt präsentiert. Die allerdings kenne er gut! Ich glaube es ihm! Und als er vom Oktoberfest erzählt, schwingt, so bilde ich mir ein, fast ein bisschen Sehnsucht in seiner Stimme mit.

Wir klettern weiter. Der Weg nach oben ist noch lang und anstrengend und der Abstieg, so sagt man, nicht wesentlich einfacher. Kristofer ist der schnellste und geschickteste von uns. In Flip-Flops springt er von Stein zu Stein, nie verliert er die Balance, und wenn er im Geröll doch ein Stück abrutscht, so fängt er sich ganz sicher wieder. James nimmt meine Hand. Er will mir helfen, heil durch die schwierigen Passagen zu kommen. So suchen wir gemeinsam sicheren Boden unter den Füßen: In der rechten Hand ist mir der Stock eine Hilfe, links James. Was soll da noch schief gehen? Die Mädchen kämpfen auch, mit Hilfe von zwei Stöcken bewegen sie sich langsam vorwärts – und nicht weit weg von uns rennen Kinder, sicherlich noch keine zehn Jahre alt – barfuß den schwierigen Bergabschnitt hinauf und herunter, ihre Ziegen- und Kuhherde vor sich hertreibend. Hunde helfen ihnen, die Tiere beisammen zu halten.

James erzählt von den Menschen, die hier leben. Abseits jeglicher Zivilisation liegen ihre Hütten oft weit voneinander entfernt, einsam und unauffällig im Dschungel. Ein Schulbesuch ist für die Kinder unmöglich. Es gibt weder Verkehrsmittel noch -wege. Die Tiere und ein Stück Ackerland müssen zum Überleben reichen. Und zieht es die Bewohner doch hin und wieder in die Stadt, um ihre wenigen Erträge zu verkaufen, so haben sie einen achtstündigen Fußmarsch vor sich mit der schweren Ware – oft mehr als zehn Kilogramm auf dem Kopf. Das ist die Arbeit der Mädchen. Da die Mutter – meist ist ein Baby zu Hause, das gestillt wird – und der Vater an Haus- und Feldarbeit gebunden sind und die Buben als Hirtenjungen gebraucht werden, werden die Mädchen auf den Weg geschickt. Einen langen Tag laufen sie hin, geben die Erträge ab, übernachten irgendwo bei Bekannten und machen sich am nächsten Tag auf den Heimweg. Wieder schwer beladen.

Zwei Frauen kommen uns entgegen, sie tragen Holz zu ihren Hütten. Mindestens zwei Meter lang sind die Äste, die sie im Bündel auf ihr Haupt gelegt haben. Barfuß und ohne jede Unsicherheit „tanzen" sie durch das unwegsame Gelände. Diese Geschicklichkeit, die Härte gegen sich selbst, die Ruhe und auch die Scheu, die sie ausstrahlen, beeindrucken mich. Nichts ist von Hektik, Stress oder Überdruss zu merken. Ich kann mich kaum satt sehen, diese Trittsicherheit, die sie haben, diese Eleganz, mit der sie sich samt der Last bewegen. Und ich rutsche in meinen High-Tech-Wanderstiefeln am Berg entlang!

Nach mehr als fünf Stunden erreichen wir den Gipfel. Klatschnass! Irgendwann fing es an zu regnen. Jetzt schüttet es. Nichts, schon gar nicht die Feuchtigkeit von oben, kann unser Glück trüben. Ein paar Fotos, dann drängelt James zum Abstieg.

Schweigend und voll der Eindrücke konzentriert sich nun jeder ganz auf sich selbst. Durch den Regen ist das Gelände noch rutschiger geworden, einen sicheren Tritt zu fassen wird immer schwieriger. In der ersten Hütte suchen wir Unterschlupf. Die Bauersfamilie heißt uns willkommen, lässt uns in ihren einzigen Raum eintreten. Mutter, Vater, Großmutter leisten uns Gesellschaft. Nach und nach kommen Kinder in allen Altersklassen, eine vielleicht Sechsjährige trägt das Baby auf den Rücken gebunden durch die Gegend. Die Mutter kommt mit einem Sack wieder. Schnell hat sie ihn mit Erbsen gefüllt. Für uns!

Wir kommen tatsächlich noch vor Einbruch der Dunkelheit am Ausgangspunkt unserer Tour an, dort, wo wir am Morgen Mister Lutambis Auto verlassen haben. Jetzt steht er wieder da: mit Mama K, Karen, Kelly und Karoline. Sie holen uns ab, beglückwünschen uns zu unserer Erstbesteigung des Mount Mbeya, freuen sich und empfangen uns mit einer Kanne herrlich heißen Kaffees! Wie wunderbar!

EIN BISSCHEN GESCHICHTE

In Tansania ist heute nationaler Feiertag und schul- und arbeitsfrei. Zum Gedenken an Abeid Amani Karume, den ersten Präsidenten von Sansibar und Vizepräsidenten der Vereinigten Republik von Tansania und Sansibar, der am 7. April 1964 gewaltsam sein Leben verlor. Die Fernsehprogramme berichten den ganzen Tag. Kundgebungen und Versammlungen, Reden und Ansprachen von berühmten Menschen des Landes werden übertragen. Für mich ein Anlass, mich ein wenig mit der Geschichte meines Gastgeberlandes zu befassen.

1498 betrat der portugiesische Seefahrer Vasco di Gamma als erster Europäer tansanischen Boden. Auf der Suche nach der Küste von Ostindien fand er jene von Ostafrika. Portugiesische Kaufleute kamen und blieben, bis sie Anfang des 18. Jahrhunderts von den Omani-Arabern vertrieben wurden. Diese herrschten zunächst über Sansibar und Kilwa, in den Küstenstädten des Festlandes setzten sie Stadthalter ein.

Unter dem Schutz des Sultans zogen Händler von Sansibar aus durch den Kontinent bis zu den großen Seen. Neben Stoffen und Waffen, die sie gegen Elfenbein und Sklaven eintauschten, brachten sie auch Cholera und Pocken mit. Am Ende des 19. Jahrhunderts war Ostafrika gezeichnet von Gewalt und Krankheit.

Mitte des 19. Jahrhunderts erreichten christliche Missionare aus Europa das Land. 1868 errichteten sie die erste Festlandstation für Sklaven, damit diese sich freikaufen konnten.

1856 suchten britische Entdecker nach der Nil-Quelle und drangen von Sansibar aus ins Landesinnere vor. Dabei stießen sie auf den Victoria- und den Tanganjika-See.

Dr. David Livingstone, schottischer Missionar, Reisender und Philanthrop, wurde 1871, nachdem er lange als vermisst galt, am Ufer des Tanganjika-Sees von Morton Stanley aufgespürt. „Mein Herz gehört Afrika", hat er gesagt, nachdem er über viele Jahre den Kontinent durchwandert und sich besonders gegen den Sklavenhandel eingesetzt hatte. Der Sultan von Sansibar stimmte 1873 – auf Druck des britischen Konsuls – der Abschaffung des Sklavenmarktes und Menschenhandels zu. Geehrt und anerkannt wurde Livingstone zum Namensgeber einer Stadt.

Der deutsche Carl Peters gründete auf eigene Faust 1885 – ohne Genehmigung der Regierung – die „Gesellschaft für Deutsche Kolonisation". Auch er reiste von Sansibar aus ins Landesinnere, überredete Stammeshäuptlinge zur Unterzeichnung von Blanko-Vertragsformularen. Reichskanzler Bismarck genehmigte den Erwerb afrikanischen Territoriums und verärgerte damit England, das informell die Herrschaft über Sansibar und das Gebiet um den Kilimandscharo hatte.

1890 trat das Sansibar-Helgoland-Abkommen in Kraft, bei dem die Einflusssphären von Großbritannien und Deutschland aufgeteilt wurden: Helgoland zu Deutschland, Sansibar zu Großbritannien. Ostafrika wurde aufgeteilt und Tanganjika Deutschland zugewiesen. Nicht gefragt wurden die Betroffenen – nicht die Afrikaner und nicht der Sultan von Sansibar.

Die Lebensqualität der Afrikaner wurde durch die koloniale Wirtschaftspolitik in keiner Weise verbessert: Ausbeutung, Profit für die Besatzer, Zwangsarbeit auf den Plantagen bestimmten den Alltag der Menschen. Die Maji-Maji-Rebellion von 1905 gegen die Kolonialherren war die Folge, wobei die Afrikaner an einen Zauber glaubten, der die deutschen Gewehrkugeln in Wasser verwandeln würde. Der Aufstand wurde niedergeschlagen: Dörfer brannten, die Ernte wurde vernichtet, das Vieh gestohlen.

Nach dem Ersten Weltkrieg übernahmen die Briten unter dem Mandat des Völkerbundes und später der Vereinten Nationen die Verwaltung von Tanganjika. Die Eingeborenen wurden weiterhin unterdrückt, Großbritannien war mehr am

Aufbau der eigenen Wirtschaft interessiert als an der Entwicklung des Landes in Ostafrika.

1948 gründeten junge Afrikaner aus Protest gegen die Unterdrückung die TAA: Tanganjika African Association. Julius Nerere wurde ihr Führer, das Ziel war die nationale Befreiung. Sechs Jahre später wurde er zum Präsidenten der TANU, Tanganjika African Association Union, wie die TAA sich jetzt nannte, gewählt.

1961 zogen sich die Briten zurück, Tanganjika erlangte Unabhängigkeit. Das Land war arm, die Wirtschaft geschwächt, kaum Industrie, keine Bildung für die einheimische Bevölkerung. 1961 hatte das ganze Land 120 Hochschulabsolventen. Die gewählte Regierung unter der Führung von Julius Nerere wollte vor allem das Bildungssystem stärken, plante die Afrikanisierung des Beamtentums. Schulen, Straßen und Krankenhäuser mussten gebaut werden. Ihre Hoffnung auf ausländische Hilfe wurde enttäuscht, das Land musste sich weitgehend selbst organisieren. So ließen die Beziehungen zu Deutschland, Großbritannien und den USA nach, wobei Tansania, so der spätere Name des Landes, auch in Zeiten des Kalten Krieges sowohl den Verlockungen des Westens als auch des Ostens widersteht und Neutralität bewahrte. 1963 wurde Sansibar unabhängig und bildet unter dem Sultan eine konstitutionelle Monarchie.

1964, nach einem blutigen Aufstand mit vielen toten Sansibarern, vereinten sich Tanganjika und Sansibar zur Vereinigten Republik von Tansania, deren Präsident Julius Nerere wurde. Er ernannte Abeid Amani Karume, einen Inselpolitiker, an dessen Todestag heute gedacht wird, nachdem dieser für kurze Zeit der erste Präsident von Sansibar war, zum Vizepräsidenten des neuen Landes.

1967 wurde bei einer Konferenz in Arusha, der Stadt im Norden am Fuß des Kilimandscharo, die Arusha-Deklaration beschlossen. Die Abhängigkeit von ausländischem Kapital sollte reduziert und das Vertrauen in die eigene Kraft gestärkt werden. Nerere ermunterte seine Landsleute zu harter Arbeit und gegenseitiger Hilfe und ging mit gutem Beispiel voran. Er forderte den kostenlosen Schulbesuch für alle Kinder, trieb die medizinische Versorgung an, trat für Rede- und Gedankenfreiheit und eine gemeinsame Sprache ein.

1985 trat Julius Nerere nach fünf Amtsperioden als Präsident zurück und machte den Weg für einen friedlichen Übergang zu seinem gewählten Nachfolger frei.

Die wirtschaftliche Lage Tansanias war noch immer miserabel, 1986 nahm das Land nach Widerstand eingreifende Strukturreformen an. Oppositionsparteien wurden zugelassen, Mehrparteienwahlen fanden statt.

Auch heute gilt Tansania als eines der ärmsten Länder der Welt. Die Gründe mögen vielschichtig sein: die lange Kolonialzeit, die Ölpreise, ein unfaires Weltwirtschaftssystem, Fehler der Regierung, der Schock der Strukturreform, Billigeinfuhren, Anschläge.

Und doch hat das Land so unendlich viel zu bieten: den Serengeti-Nationalpark, den Ngorongoro-Nationalpark – von der UNESCO 2010 zum Weltkulturerbe erklärt, den höchsten Berg des Kontinents, die Vielfalt an Flora und Fauna und: Fast ein Drittel der Mitglieder der Nationalversammlung sind Frauen. Damit ist Tansania eines der ganz wenigen Länder, die den 1995 von der UNO festgelegten Frauenanteil in der Politik erfüllen.

VERTRAUEN

Im Schulbus nach Hause

Der Familienrat hat entschieden! Heute darf ich allein nach Number One zur Schule fahren. Ein Gefühl der Unabhängigkeit meldet sich. Ich muss mich nicht mehr absprechen und kann selbst entscheiden, wann und wie und wie lange ich weg sein möchte.

Mit vielen guten Ratschlägen mache ich mich auf den zwei Kilometer langen Fußmarsch zur Bushaltestelle. Dalla-dalla-Fahrer halten, wollen mich mitnehmen, ich schüttle den Kopf, gehe unbeirrt weiter. „Keine

Diskussionen", so hat Mama K mir eingebläut und so habe ich es bei Krister abgeschaut.

In Sae kommt schnell ein Bus in meine Richtung, der einigermaßen gut besetzt ist. Ich steige ein, ergattere einen halben Sitzplatz. Die andere Hälfte belagert ein schlafender Teenager. An der nächsten Haltestelle in Uyole drängeln viele Menschen ins Innere. Dienstag ist Markttag in den Bergen und so schleppen die Leute mengenweise Kartons, Körbe und Eimer mit. Teils mit Ware, die sie dort loswerden wollen – das Gegacker der Hühner aus den Schachteln mit Luftlöchern klingt munter, aber auch, um sich mit Vorrat einzudecken. An die penetranten, den Bus bestürmenden Kraut- und Kartoffelverkäufer habe ich mich gewöhnt, an die Verkehrskontrollen und das freundliche Grinsen und charmante Geplauder der Busbegleiter mit den Polizisten, ehe ein paar Scheine Schmiergeld gewechselt werden, ebenso.

In Number One schiebe ich mich durch die stehenden Mitfahrer im Mittelgang, steige über ihre Gepäckstücke und gehe die vielleicht fünfzehn Minuten die Straße entlang zur Schule. Ist doch alles ganz einfach!

Ach, wie sie mir hier vertrauen! Heute bin ich Landschaftsgestalterin, Schaukelkonstrukteurin, Kultusministerin und Lehrerausbilderin in Personalunion.

Die Kinder haben keinerlei Spiel- und Lernmaterial. Nicht für drinnen und nicht für draußen. So beschließen Mister Lutambi und ich, dass wir einen kleinen Spielplatz bauen wollen: Sandkasten, Schaukel, Wippe. Im Internet suche ich nach Bildern, zeige sie ihm, er ist begeistert und will gleich und sofort drauflos bauen. Und ich soll den Platz dafür bestimmen. Ebener Boden, übersichtlich, nicht zu nah an den Klassenzimmern und dennoch in Sicht- und Rufweite, so meine Überlegungen. Mister Lutambi und ich schlendern durch das weitläufige, wilde Gelände, prüfen verschiedene Standorte, entscheiden uns schließlich für einen, der die Kriterien erfüllt. Besser gesagt, ich muss entscheiden, mein Chef verlässt sich komplett auf mein laienhaftes, äußerst bescheidenes Knowhow.

Dann geht es schnell. Er pfeift die beiden jungen Busfahrer heran. Heute müssen sie Bäume fällen. Keine zehn Minuten später sind sie bei der Arbeit. Ich erkläre Mister Lutambi die Konstruktion von Schaukelgerüsten: Holz oder Metall, mit zwei oder drei Schaukeln, mit Brett als Sitzfläche oder kleinem Sessel mit Lehne für die Jüngsten, mit Seilen oder Ketten. Er erstellt eine Einkaufsliste, am Wochenende möchte er die Materialien besorgen. In der Zwischenzeit quält der Headmaster die armen Kinder wieder mit den sinnlosen Prüfungsaufgaben!

Mittagspause. Immer dann, wenn Umma, die Köchin, das Essen fertig hat: manchmal um zwölf Uhr, ein anderes Mal um drei. So genau nimmt das niemand. Wozu auch? Planung erscheint sinnlos, denn gekocht wird an offenen Feuerstellen und nicht immer brennt das Holz gleich stark, Wind und Regen mischen mit, eine Helferin kommt oder auch nicht. Dann muss Umma die vielen Krautköpfe allein in feine Streifen zerlegen. Jeden Tag bereitet sie Ugali, den Maisbrei, die Grundlage zu, abwechselnd mit Kraut oder Bohnen, manchmal gibt es ein bisschen Fleisch. Das typische, fast ausschließliche Essen der Menschen hier. Die Kleinstbauern sind überwiegend Selbstversorger: Kraut, Bohnen und Mais gedeihen gut und machen die zahlreichen Familienmitglieder einigermaßen satt.

Immer wieder bin ich erstaunt. Es gibt kein Gemaule, kein ständiges Nachfragen, keine Quengelei. Alle warten, bis Umma, die Älteste der Belegschaft, immer in knallbunte Tücher gehüllt und in Selbstgespräche vertieft, an der Tür des Klassenzimmers erscheint. Jetzt wissen Kinder und Lehrer: Essenszeit! Und gehen nach draußen, stellen sich auf, in Reih' und Glied, ohne Drängeln, die Kleinen zwischen den größeren, es gibt keine Vorrechte.

Serafin, der Achtjährige, hat inzwischen einen Eimer Wasser herbeigeschafft. Händewaschen! Jedes Kind streckt die Arme vor den Körper, Serafin füllt einen Becher und gießt das Wasser über die Hände seiner Mitschüler. Siebenundzwanzig Mal macht er das so. In der hinteren Ecke eines Klassenzimmers haben die Lehrerinnen derweil zwei große Plastikfolien ausgebreitet. Mit pseudo-sauberen Händen huschen die Kinder in den Raum, suchen sich ein Plätzchen auf dem Boden. Wenn alle sitzen, spricht jemand ein Gebet: ein Kind oder ein Lehrer oder Mister Lutambi oder Umma. Wem gerade das Herz danach ist! Dabei halten sie sich beide Hände vor das Gesicht. Vielleicht um konzentriert zu sein – niemand kann mir die Bedeutung dieser Geste erklären. Es ist so und ist gut so!

Die gefüllten Teller werden ausgeteilt. Es ist schön, den Kindern beim Essen zuzuschauen. Geschickt formen schon die knapp Dreijährigen aus dem Maisbrei eine Kugel, drehen sie in der Hand hin und her, drücken mit dem Daumen eine Delle in das Gebilde und füllen die Zutaten in die Höhlung. Das Ganze ist genau so groß, dass es, ohne abzubeißen, in den Mund passt. Eine Kunst, die gelernt sein will! Dann wiederholt sich der Vorgang: Nächste Ugali-Kugel formen, füllen, essen. Bis der Teller leer oder der Magen voll ist. Es ist still, während gespeist wird, kein

Geplapper, kein Schubsen oder Meckern übers Essen. Wer fertig ist, darf aufstehen, den Teller am vorgesehenen Platz abstellen und nach draußen springen. Freizeit! Zeit für Austoben, Ausruhen, Spielen.

Der heutige Nachmittag gehört dem Headmaster. Ein älterer, ergrauter, unscheinbarer Herr, der in der wuseligen Schulgemeinde kaum wahrgenommen wird. Der, wenn alles, was so gesagt wird stimmt, jahrelang Chef einer öffentlichen Schule war. Ich weiß nicht einmal seinen Namen, ich war nie bei ihm zu Hause, habe nie eines seiner Familienmitglieder gesehen, weiß nichts von und über ihn – außer dem, was ich hier sehe. Und das ist wenig! Er kommt, wann er will, geht, wann er genug hat oder fehlt den ganzen Tag! Und ist er hier, verkriecht er sich, gut abgeschottet, in seinem Büro. Um dorthin zu gelangen, muss man einen anderen kleinen Raum durchqueren: den von Lili, seiner Sekretärin. Ach, die Gute langweilt sich stundenlang, hat definitiv nichts zu tun, vertreibt sich die Zeit mit Nägel lackieren und wartet auf den Abend.

In Headmasters Office eingetreten, komme ich aus dem Wundern nicht heraus. Ein großer Schreibtisch, picobello aufgeräumt, leer und sauber, kein Papier, kein Schreibzeug, kein Computer, nichts. Allein der Chef im komfortablen Chefsessel sitzt dahinter. Der flüchtige Blick zu den Regalen. Auch da ist nicht viel zu sehen, nur wenige Schulbücher. Ein blauer Plastikstuhl für Besucher steht im Raum, ich nehme Platz, denn wir wollen die Unterrichtspläne besprechen: Welcher Lernstoff in welcher Klasse zu welchem Zeitpunkt behandelt werden soll. Der Headmaster holt aus einer Schreibtischschublade die Unterlagen des Ministeriums, noch im Umschlag, die

Blätter kleben aneinander. Beim flüchtigen Durchblättern staune ich wieder. Kaum ein Unterschied zu den Ausführungen zu Hause: genaue Anweisungen, Hilfeleistungen, zeitliche Vorgaben, Hilfsmittel, alles beschrieben. Warum hat er sich nicht darum gekümmert? Ja, er gesteht mir, noch niemals vorher hätte er mit derlei Papieren zu tun gehabt, er fühle sich überfordert, an der staatlichen Schule hätten sie ganz andere Sorgen und Probleme zu bewältigen, und er sei froh und dankbar über meine Hilfe. Und plötzlich verstehe ich ihn, kann mich in seine Lage versetzen, sehe, wie die Papierflut einen Menschen überschwemmen kann.

Ich will gerne helfen, er freut sich und ist sichtlich erleichtert, dass wir die Aktion auf die Osterferien verschieben. Schließlich muss ja nicht nur der Headmaster mit den Anforderungen zurechtkommen, sondern alle, die hier arbeiten.

In einer Stunde fährt der Schulbus die Kinder zurück. Freie Zeit für mich. Immer wieder gehen mir Gedanken durch den Kopf: Wie sollen Kinder ganz ohne Arbeitsmaterialien lernen, gefördert und gefordert werden? Ohne Schulbücher und Papier, ohne Buntstifte, sie kennen weder Schere noch Klebestoff, sie haben nichts! Fast nichts. Nur einen Bleistift und eine Rasierklinge! Die sie als Bleistiftspitzer benutzen, die Fünfjährigen! Hefte werden von der Lehrerin bei Bedarf ausgeteilt und am Ende der Stunde wieder eingesammelt. Warum die Kinder sie nicht behalten dürfen, fragte ich Marta vor Tagen. Und sie schüttelte energisch den Kopf, das ginge überhaupt nicht, bei dem Dreck zu Hause, die meisten hätten keine Tasche und keinen Tisch und kein

Licht und überhaupt würde auf solch unbekannte Dinge niemand achtgeben.

So stelle ich an diesem Nachmittag Kärtchen mit Zahlen und Rechenzeichen her und hoffe insgeheim, dass mir jemand hilft. Ein Karton ist schnell gefunden, ich teile ihn in kleine Rechtecke ein, vier auf fünf Zentimeter, beschrifte diese mit Ziffern von null bis neun sowie Plus- und Minuszeichen, schneide sie aus und erkläre Marta, wie sie ganz einfache Aufgaben kreieren kann: nach dem Zufallsprinzip oder bewusst gewählt. Sie kapiert schnell, nimmt ein (verdecktes) Kärtchen, legt ein anderes dazu, dazwischen das Additionskärtchen – schon hat sie eine Aufgabe. Marta ist begeistert, erkennt die Arbeitserleichterung, die Abwechslung, die Möglichkeit des selbständigen Arbeitens für die Kinder, die sich mit den Karten ihre eigenen Aufgaben erstellen können. Und ist nicht zu bremsen: Sie legt und rechnet und übt und probiert. Mary, Lutambis Sekretärin, kommt hinzu, macht mit, ausdauernd, laut denkend, hochmotiviert – und ich grinse heimlich: Kopfrechnen ist nicht die Stärke der beiden, ihr Zahlenverständnis geht kaum über das ihrer Schüler hinaus. Wozu auch Zahlen und Zeiten und Zählen – es geht zuerst ums Überleben. Und um Schulbildung, um Ausbildung, die beide, Marta und Mary sich so wünschten.

Gerne begleite ich die Kinder auf der Heimfahrt. Das Treiben der Straße entlang, das Rattern über die lehmigen und schlammigen Wege, all das mag ich. Und jedes Mal gibt es eine Überraschung!

Wie die Tage vorher sitze ich vorne neben Franzi auf dem Beifahrersitz, die kleine Manka auf dem einen Oberschenkel, Anita auf dem anderen. Heute regnet es.

Heftig! Franzi wählt einen anderen Weg, einen, der weniger Wasserlöcher hat und weniger matschig, dafür aber deutlich länger, ist. Wir sind auf der asphaltierten Straße, die Sicht ist miserabel, das Regenwasser trieft an der Frontscheibe entlang, von unten spritzt es gegen die Seite und von oben schüttet es wasserfallartig. Plötzlich rumpelt der Bus gewaltig, steht, die Kinder wirbeln durcheinander, Franzi ist kreidebleich. Ein Radfahrer ist aus dem Nichts aufgetaucht, hat Franzi zu einer Vollbremsung gezwungen und fährt, ohne irgendwelche Regungen, weiter. Die Kinder sind nicht so leicht zu schockieren, sie setzen sich wieder auf ihre Plätze. Anders Franzi. Er startet blitzschnell den Bus, fährt, als ob nichts geschehen sei, überholt den Radler und hält ein paar Meter vor ihm an, steigt aus, zwingt ihn zum Absteigen und verabreicht ihm vier kräftige Ohrfeigen. Zweimal rechte Backe, zweimal links. Der jugendliche Übeltäter ist perplex, er wehrt sich nicht, senkt den Blick, man könnte aus Haltung und Gestik vollkommene Einsicht und Reue vermuten, und fährt weiter. Franzi kommt zurück in den Bus, nicht wütend, nicht aufgebracht, gelassen und gut gelaunt. Jeder der beiden, Bus- und Radfahrer, scheinen wohl froh über den glücklichen Ausgang dieses Manövers und mit der so unkomplizierten Lösung des Vorfalls einverstanden zu sein.

Spät machen Mister Lutambi und ich uns auf den Heimweg. Der Mann geht nicht gern zu Fuß. So nehmen wir den direkten Pfad von der Schule zur Straße und warten hier, weit außerhalb des Dorfes, auf einen Bus, der von den Bergen zurück in die Stadt fährt. Der erste hält wegen Platzmangels nicht. Der zweite hält, obwohl auch er komplett überfüllt ist. Wir quetschen uns dennoch hinein.

Nein, nur bis zur Türe, die sich nicht mehr schließen lässt. Mister Lutambi steht direkt im Eingang und hält sich an Leuten, die vor im stehen, fest. Diese wiederum halten sich am nächsten Nachbarn fest, jeder hält irgendwie jeden. Ich steige hinter Mister Lutambi ein, stehe mit den Zehenspitzen auf der letzten Stufe, mein Körper ist schon außerhalb des Busses, ich klammere mich an Mister Lutambi vor mir und hinter mir, auf der untersten Stufe des Busses, steht der Kondukteur, der mit beiden Händen den Türrahmen greift und mich mit seinem Oberkörper an Mister Lutambi drückt. Platzangst sollte hier keiner haben und umfallen, herausfallen geht nur im Kollektiv. Der Bus fährt los, ich bin gedankenfrei, locker, verdränge jedes Angstgefühl, genieße fast das afrikanische Abenteuer „Busfahren". So tuckern wir die abschüssige Straße entlang. Will jemand aussteigen, wird schnell der Ausgang frei gemacht, dann wieder in gleicher Reihenfolge eingestiegen, sortiert, gehalten, gesichert, alles geht schnell, ohne Diskussion oder Schimpferei. Trotzdem, als wir unten in der Stadt ankommen und ich endlich aussteigen kann, atme ich erleichtert und tief durch.

SORGEN

Wenn das gut geht!

Es gibt Tage, da wünscht man sich schon am Morgen, dass sie vorüber wären. Mister Lutambi hat heute wohl einen solchen Tag erwischt. Kurz vor acht Uhr sitze ich wieder einmal startklar mutterseelenallein im Wohnzimmer. Noch immer habe ich nicht begriffen, dass die gestern verabredete Zeit heute so völlig bedeutungslos ist. Als ob wir über Nacht in ein anderes Zeitalter gebeamt worden wären, mit anderen oder keinen Zeiteinheiten, in eine andere Ära. Wir wollten doch um acht Uhr losfahren, mit dem Auto, mit einer Menge unerledigter Aufgaben in der Tasche. Hochmotiviert verkündete Mister Lutambi gestern Abend seine Entscheidung – heute Morgen ist es eine Stunde nach der verabredeten Zeit noch so still wie mitten in der Nacht. Endlich, nachdem ich den halben Vormittag gelangweilt gewartet und auch nicht allein loszugehen gewagt habe, kommt er angeschlichen, sieht mich, blinzelt überrascht aus den noch halb geschlossenen Augen und weiß nichts mehr von unserer Abmachung. „Sorry, I am so sorry", stammelt er überschwänglich, als er meinen verdatterten, fragenden Blick wahrnimmt – und wir frühstücken in aller Ruhe. Ich erkundige mich nicht nach seinen Plänen für den restlichen Tag – was gestern hochaktuell war, erscheint heute komplett uninteressant.

Irgendwann ist es doch soweit, wir fahren los. Mister Lutambi schlägt nicht den Weg zur Schule ein, er steuert entschlossen in die Innenstadt. In ein Internet-Café: E-Mails verschicken, kopieren, ich soll im Auto warten. Und warte. Ein gefühltes halbes Jahrhundert lang. Auf der gegenüberliegenden Straßenseite steht eine Gruppe Männer im besten Alter. Verloren starren sie vor sich hin. Einen Meter weiter schraubt einer an seinem alten, verrosteten boda-boda, ein anderer hievt mit bloßen Händen eine Seite der Karre hoch. Ich will mir nicht vorstellen, was passiert, wenn ihn die Kräfte verlassen und er loslassen müsste. Kein Wagenheber zur Sicherheit, nichts, nur die Hände des schmächtigen Kerls halten das Fahrzeug in Schräglage und das Leben des Darunterliegenden.

Ein Rempler gegen die Wagentüre! Ein unterernährter Junge, vielleicht zwölf Jahre alt, einen vollgepfropften, fast ebenso großen und bestimmt schwereren Sack als er selbst schleppend, verliert das Gleichgewicht und stolpert gegen das Auto. Er rappelt sich auf, rückt die Last auf seinem schmalen Rücken zurecht, hält zwei Sackzipfel mit beiden Händen fest, geht gebückt und wackelig weiter, das untere Ende streift an seinen dünnen Beinen.

Mister Lutambi kommt zurück, mault Unverständliches vor sich hin und sagt schließlich, dass er sich wünsche, dass heute Ferien wären. Dabei war doch langes Wochenende! Mehr erfahre ich nicht und spüre, wie auch in mir ein verborgenes Gefühl des Unbehagens auftaucht. Vermutlich ganz anderer Art und – ach, so banale Probleme wie Haare waschen machen mir plötzlich zu schaffen. Seit Wochen, seit meiner Abreise aus Deutschland, hatte ich keine Gelegenheit, kein Wasser und keine Ahnung, wie ich mit dem großen Kübel Grundwasser und dem kleinen Schöpfbecher meine schulterlange Haarpracht bearbeiten könnte. Fragen erübrigen sich, helfen kann mir dabei niemand. Keiner hat Haare wie ich, die winzigen Kringellöckchen der Einheimischen brauchen wenig Pflege und die aufwendig eingeflochtenen Kunsthaare gar keine. Ich will nach Toilettenpapier schreien, nach Messer und Gabel, will mit sauberen Händen essen, jedem Kind eine Riesenpackung Tempotaschentücher aufzwingen, um die ständig laufenden Rotznasen zu putzen, und sehe mein Immunsystem kollabieren. Uff – zum Glück rüttelt und schüttelt mich in diesen kurzen miesen Momenten ein unsichtbarer, tief in meinem Inneren verborgener Schwergewichtsboxer, holt aus, schlägt zu, trifft, zeigt mir die Realität. Unseren luxus-verwöhnten Alltag in den sogenannten Erstländern ebenso wie das krasse Gegenteil in den Drittländern. Meine Motzerei verwandelt sich blitzschnell in Dankbarkeit. Dankbar, dass ich sowohl hier wie dort sein darf und dass ich die Wahl habe, wie und wo ich leben möchte.

Mister Lutambi plagen andere Sorgen: Wird er die Schule in Schwung bringen? Wie findet sich das erforderliche Geld, um das Personal zu bezahlen? Überzeugt er genügend Eltern, ihr Kind in Kelly's School zu schicken und das Schulgeld von dem geringen Einkommen abzuzwacken? Wo und wie begeistert er qualifizierte Lehrer, die in dieser abgelegenen Region arbeiten möchten? Der Papierkram mit den Behörden! All das belastet ihn an diesem Vormittag. Ich verstehe ihn. Auch ich frage mich immer wieder, wie die Schule ihrem Anspruch gerecht werden will. Zweifellos, der gute Wille ist da und doch fehlt es an so vielem. An Struktur, an Material, an Engagement, an Ausdauer und Lernwilligkeit der Lehrer. Mit neuen Ideen können und wollen sie sich nicht anfreunden. Die Angst vor Unbekanntem ist zu spüren? Sobald ich ein Klassenzimmer betrete, verlassen sie es, machen Pause, sehen mich als willkommene Vertretung und setzen ihren Unterricht wie eh und je fort: vorplappern und nachplappern, Tafelanschriebe werden aus irgendeinem Buch eins zu eins übernommen, die Kinder versuchen mühsam, die Zahlen und Buchstaben in ihr Heft zu übertragen, gleichgültig, ob sie es verstehen oder nicht. Obwohl viele von ihnen noch kaum schreiben können, sind sie bemüht, die unbekannten Schnörkel auf ihr Papier zu kritzeln. Manchmal sind die Lehrer sehr streng, verlangen absolute Ruhe und Disziplin, ein anderes Mal gibt es keine Grenzen und jeder macht, was er just in diesem Moment verspürt: Die Kleinen wie die Großen!

Habe ich schon wieder eine melancholische Phase? Haben Mister Lutambis Probleme und Sorgen abgefärbt? Nein, ich sehe die Schwierigkeiten, aber auch all die positiven und schönen Aspekte. Sehe Marta, die junge aufgeschlossene Lehrerin, die sich so unglaublich viel Mühe gibt, die Fragen stellt, ihre Schüler liebt und das Beste für sie anstrebt. Sehe, wie gut die Kinder nach zwei Monaten Unterricht Englisch sprechen. Erinnere mich an die Lieder, die sie gelernt haben und sehe ihren neugierigen, hoffnungsvollen, frohen Blick. Sie mögen Kelly's School und für sie lohnt sich jeder Einsatz! Das stimmt mich froh, und auch Mister Lutambi wird der Situation schon morgen wieder hoffnungsvoll und freudig entgegen sehen. Schlechter Laune und Depressionen gibt er keine Chance.

A SPECIAL DAY

Willkommen zum Elterntag

Ich traue meinen Augen nicht. Ein bestgelaunter Mister Lutambi empfängt mich heute Morgen im Wohnzimmer. Ausgebreitete Arme, Lachen über das ganze Gesicht, strahlende Augen und – wow, ich kann die meinen nicht mehr von ihm abwenden – gekleidet wie zur Oscar-Verleihung: hellgrau-melierte Hose, feiner Stoff, Aufschlag, exakte Bügelfalte, perfekt sitzend die zugeknöpfte Weste, das Hemd in altrosa, Manschettenknöpfe, passende gediegene Krawatte, blitzblank polierte schwarze Lederschuhe, dazu der Duft eines unaufdringlichen und wohlriechenden Parfums.

Was ist nur los heute? Schnell lüftet Mister Lutambi das Geheimnis: Parents Day! Aha! So etwas Ähnliches wie unser „Elternabend", der zuverlässig in jedem Schuljahr, gesetzesgemäß angeordnet, stattfindet. Nur, wie der Name schon sagt, hier nicht am Abend, sondern am Tag. Den ganzen Tag! Die Eltern sind eingeladen, auch offizielle Vertreter von Stadt und Schulbehörde haben sich angemeldet. Zum ersten Mal seit der Eröffnung vor einem Vierteljahr präsentiert sich Kelly's School der Öffentlichkeit – und für diesen Anlass hat sich Mister Kennedy Lutambi, der Boss, der Repräsentant, der Manager, der Kopf der Schule, in seinen Hochzeitsanzug geworfen. Zum zweiten Mal seit 18 Jahren, so sagt er. Und dass dieser noch so perfekt sitzt, erfreut ihn besonders.

Selbstverständlich, dass wir heute mit dem eigenen Auto zur Schule fahren. Undenkbar, sich in diesem Outfit zwischen Hühner und Harken in einen überfüllten Bus zu quetschen. Undenkbar, so wohlhabend auszusehen und nicht belästigt zu werden. Undenkbar, zu spät zu kommen.

Wie haben sie das nur gemacht? Die Klassenräume sind geschrubbt, der krumme Steinboden so sauber poliert, dass man die Schuhe ausziehen möchte, die Tische gewischt und in schöner Ordnung im Raum verteilt, an der schwarzen Wand steht in großen Buchstaben WELCOME und natürlich sind alle, Lehrer, Headmaster, Köchin und Busfahrer und all die anderen ebenfalls in ihren Festtagsgewändern erschienen. Nur ich falle mal wieder in meinen Jeans aus der Rolle. Die Kinder üben im anderen Zimmer: Lieder,

Gedichte, Händeklatschen und Musik aus einer Box dringt nach außen.

Nach und nach trudeln die Eltern ein. Mit dem Fahrrad, mit dem Motorroller oder zu Fuß. Allein oder in Grüppchen. Einige der Frauen haben ein Baby auf den Rücken gebunden, andere ein oder zwei Kleinkinder an der Hand. Auch Väter kommen. Und Großeltern. Oder die Ersatzeltern oder jemand, bei dem das Kind zurzeit untergebracht ist. Alle herausgeputzt, fein gekleidet. Die Frauen sind in bunt-gemusterte Tücher gehüllt, die Männer tragen Hemd und Leinenhose. Noch schüchtern betreten sie den Klassenraum, die meisten von ihnen haben selbst niemals eine Schule besucht und wenn, dann eine der maßlos überfüllten Dorfschulen und nur für kurze Zeit. Nun sitzen sie wie ihre Kinder in einem Klassenzimmer an einem für sie viel zu kleinen Holztisch mit eingezogenen Beinen und warten gespannt. Manche der ganz jungen Eltern sind selbst kaum aus dem Schulalter heraus.

Die Zeremonie beginnt. Ein hochtrabendes Wort, doch es passt. Mary, Mister Lutambis Sekretärin, übernimmt die Rolle der Zeremonienmeisterin und führt gekonnt durch das minutiös vorbereitete Programm. Wie nah Chaos und Pedanterie beieinander liegen können – nur einen Sonnenaufgang dazwischen.

Nun sind auch die drei offiziellen Gäste eingetroffen und haben an einem langen Tisch an der Stirnseite des Raumes und für alle Anwesenden gut sichtbar neben den Lehrkräften Platz genommen. Mister Lutambi begrüßt alle Anwesenden herzlich und stellt jeden Mitarbeiter der Schule und die VIPs persönlich vor und fordert jeden zu einer Begrüßungsrede auf. Meine Zehn-Wörter-Suaheli-Kenntnisse lassen mich nur raten. Ich begreife, dass sie über sich und über ihre Vorstellungen quasseln, sich für vieles und bei vielen bedanken, und wohl auch eine gute Portion Blabla, wie das bei Reden überall auf der Welt so ist, dazwischen streuen. Immer wieder flüstert mir Mister Lutambi Satzbrocken auf Englisch zu. Dann spricht er zu der versammelten Mannschaft: über mich. Preist und lobt mich in den höchsten Tönen. Zuerst in Suaheli, dann dasselbe – davon gehe ich zumindest aus – in Englisch. Redet von mir als Heilsbringerin oder so etwas Ähnlichem. Und ich sehe die weit geöffneten, großen Augen aller Anwesenden. Klar erwarten sie: Spenden, Geld, Unterstützung in jeglicher Form. Von mir, von meinem Heimatland, von allen westlichen Ländern. Jeder Weiße ist reich, davon sind sie überzeugt, und jeder kann, soll, muss geben. Bei aller Gastfreundschaft einerseits und Sprachlosigkeit andererseits – das ist unmissverständlich.

Die Eltern werden gebeten, sich vorzustellen. Einzeln erhebt sich einer nach dem anderen von seinem Stuhl, spricht ein paar Sätze. Laut, deutlich, souverän. Obwohl ich nichts von alldem, was sie sagen, verstehe, spüre ich Engagement und Interesse an der Schule. Und ihre große Hoffnung.

Ein Chairman wird gewählt. Ein Elternvertreter, ihre Stimme. Das geht schnell, unkompliziert und demokratisch. Mister Lutambi fragt die Runde, wer den Job gerne übernehmen möchte. Ein halbes Dutzend Hände zeigt nach oben. Man kennt sich. Kein weiteres Redenschwingen ist notwendig, per Handzeichen votieren die Eltern und ein älterer Herr, klein, fast unscheinbar, ist gewählt. Beifall. Er bedankt sich. Es ist der Dorfälteste, angesehen, geachtet. Heute ist er hier, weil er ein elternloses Kind bei sich aufgenommen hat und ihm den Besuch von Kelly's School ermöglichen möchte. Er hält eine engagierte Rede, frei, aus dem Herzen, mit Leib und Seele dabei. Die anderen hören ihm interessiert zu, nur durch ihren Beifall wird er immer wieder zu einer kurzen Unterbrechung gezwungen.

Nach dem ersten Kennenlernen und Beschnuppern der Erwachsenen sind die Kinder an der Reihe. Zwei und zwei, äußerst diszipliniert und hellwach, marschieren sie im Gleichschritt in den Klassenraum, das Händeklatschen der „Großen" begleitet und begeistert sie. In zwei Parallelreihen sauber aufgestellt, gibt Marta das Kommando. Laut und inbrünstig erschallen die Stimmen, die rechte Hand an der Stirn, singen und tanzen die Kinder die Nationalhymne. Stolz treten sie auf, die Zwei- bis Zehnjährigen und ihre Eltern haben offensichtlich ihre Freude.

Preisübergabe. Für die Besten. Leistung zählt. Schon bei den Kleinsten. Leistung muss messbar sein und deshalb bekommen die Kinder, deren Testergebnisse – auch wenn sie auf noch so kuriose und absonderliche Weise zustande kamen – am höchsten ausfielen, ein Geschenk: Bleistift, Radiergummi, ein kleines Heft. Sie freuen sich, die einen über ihren Preis und die anderen über den besonderen Tag. Was kümmert es schon Vierjährige, ob sie besser oder schlechter die Zahlen nachbrüllen können? Ob sie die Buchstaben krumm und schräg oder genau auf der Linie platzieren? Sie wollen entdecken, spielen, zwang- und leistungsfrei. Und alles andere ist für die Erwachsenen: das Zeugnis, die Urkunde, die Pseudo-Ehrung.

Die Versammlung löst sich auf. Einzelgespräche mit den Lehrern. Essen. Schule besichtigen. Locker plaudern. Diskutieren. Mit den Kindern spielen. Die Abwechslung zum tristen Alltag genießen. Und Fotos über Fotos schießen. Mit dem Smartphone – ich fasse es kaum, trotz aller Armut, so ein Teil hat jeder. Na ja, fast jeder! Und immer mit mir: das Schulkind und ich, die Eltern und ich, die Geschwister und ich, ein Grüppchen und ich, alle und ich. Neinsagen geht nicht, da wären sie frustriert und enttäuscht. Also mache ich wohlgelaunt den Hokuspokus mit.

Zurück im Zimmer wird der Parents Day mit einer neuen Gesprächsrunde fortgesetzt. Nun werden die Gäste gebeten zu sagen, was ihnen am Herzen liegt. Was sie sich wünschen. Was sie bemängeln. Was sie erwarten. Auch ganz persönliche Dinge wie Krankheit oder Geldnot werden mitgeteilt. Offen und mutig beteiligen sich alle. Ja, wirklich jede und jeder, ohne Ausnahme, meldet sich zu Wort. Ich als stille Beobachterin bin von dem Auftreten der Leute beeindruckt. Möchte jemand einen Beitrag abgeben, so erhebt er die Hand, wartet, bis er von Mister Lutambi zum Reden aufgefordert wird, steht auf, und immer – ja immer! – ist das erste Wort „Asanthe". Danke. Dafür, dass sie sprechen dürfen und dafür, dass die anderen zuhören. Erst dann bringen sie ihr Anliegen zur Sprache, klar und deutlich. Keine Schüchternheit und keine Aufgeregtheit empfinde ich. Kein Handyklingeln, kein Kaugummikauen, kein Gähnen, kein Grummeln, kein gelangweiltes Abwarten. Der Vortragende bekommt Aufmerksamkeit, bis er seinen Redebeitrag mit „Asanthe" beendet hat und der oder die Nächste das Wort übernimmt. Mister Lutambi ist bester Laune. Jede Menge Lob, Anerkennung, Aufmunterung und Solidarität kassiert er heute: von den Eltern, von den „Öffentlichen", von den Mitarbeitern, den leuchtenden Kinderaugen. Die Stimmung könnte besser nicht sein. Hoffnungsvoll und erleichtert ist auch er an diesem Tag zu Hochform aufgelaufen. Besser hätte sich Kelly's School nicht zeigen können! Der Chairman hält noch eine glühende Abschiedsrede, er bittet um Geldspenden für drei Waisenkinder von Kelly's School – und er selbst, so sein Ehrenwort, übernimmt die Verantwortung für Kinder und Geld. Obwohl jede Familie hier nur ein minimales Einkommen hat, das kaum für das eigene Überleben reicht, holen sie Scheine aus ihrer Tasche. Solidarität und Korruption, Geben und Beklauen, wie dicht alles beieinander liegt.

Nach gut fünf Stunden ist der erste Elterntag von Kelly's School vorüber. Erleichterung bei allen Verantwortlichen. Fast ein Hochgefühl. Verabschiedung mit festem Händedruck, manchmal auch mit einer schüchternen Umarmung. Die Kinder werden mit dem Schulbus zurückgefahren, wie jeden Tag. Die Erwachsenen düsen mit ihren mehr oder weniger verkehrsuntauglichen Zweirädern davon.

Ich sitze vor der Schule, allein, und denke an die vielen Elternabende, die ich zu Hause erlebt habe: als Lehrerin, als Mutter, als Elternvertreterin. Treffender als Reinhard Mey es in seinem Song „Elternabend" ausdrückt, könnte man ein solches Ereignis in deutschen Schulen nicht beschreiben. Wie ein Ohrwurm melden sich jetzt, hier im fernen Afrika, am Parents Day, diese Textzeilen, gnadenlos und pausenlos:

> *Nichts ist so erlabend*
> *Wie ein Elternabend*
> *Und gar nichts macht mich strahlender*
> *Als die Aussicht im Kalender*
> *Nichts ist so gewaltsam*
> *Nett und unterhaltsam*
> *Und wer das nicht kennt*

Der hat sein Dasein echt verpennt.

Und zwei Strophen weiter:

Eine Tagesordnung habend
kommt der Elternabend
zu Punkt eins ein wenig später:
Die Wahl der Elternvertreter
Jetzt heißt es, sich ducken
sich tot stell'n, nicht aufmucken
Bis es einen ander'n getroffen hat
Puh! Das ging ja noch mal glatt!

Ich grinse, lache sogar laut. Der Text, so treffend, so passend für all die Elternabende von Flensburg bis Garmisch. Und hier in Afrika, im Hochland von Tansania, fast am Ende der Welt, hier erinnert mich der soeben zu Ende gegangene erste Elterntag von Kelly's School eher an London, an den Hyde-Park, an Speakers' Corner. Kein Wegducken, kein Gegähne, kein Gelaber in den hohen Sphären der Pädagogik, nein, ein gelungener Tag.

DIENSTREISE

Manka ist mit zwei Jahren die jüngste Schülerin

Und weil der Parents Day gestern so grandios verlief und weil der Hochzeitsanzug schon parat liegt und weil ich monoton wiederholend und nervtötend und immer wieder über das fehlende Schulmaterial lamentiert habe, erklärt Mister Lutambi den heutigen Tag zu einem unterrichtsfreien Tag. Der Grund: Lehrerfortbildung!

Auf dem Weg nach Uyole führt die Straße an einer Schule vorbei. „St. Aggreys" ist in großen Lettern über dem Eingangstor zu lesen. Viele Gebäude, ein Parkplatz mit

Bussen, jeder mit der Aufschrift des Schulnamens und ein weitläufiges Gelände sind beim Vorbeifahren zu sehen. Schüler in hübschen Uniformen und in allen Altersklassen gehen ein und aus. Das muss eine große Schule sein. Seit längerem bombardiere ich Mister Lutambi mit Fragen zu dieser Schule, er weiß nicht viel darüber – sagen wir: nichts! Ich möchte unbedingt einen Besuch dort machen, sehen, wie dort gearbeitet wird. Und weckte irgendwann wohl sein Interesse. Er telefonierte, vereinbarte einen Termin, verdonnerte oder beglückte, je nach Sichtweise, am Ende von Parents Day Lehrer und Headmaster zum Mitkommen, zu einer Dienstreise. Und heute ist es soweit.

Super-Super-pünktlich, fünfzehn Minuten vor der gestern vereinbarten Stunde, verlassen wir das Haus. Heute werden die afrikanischen Regeln der Zeitlosigkeit aufgehoben. Heute muss jeder in time sein. Eindringlich haben Mister Lutambi und der Headmaster die Lehrerbelegschaft am Vorabend darauf hingewiesen, jeder wurde einzeln vorgeknöpft, jedem wurde die Uhrzeit mitgeteilt und eingetrichtert, jeder musste bestätigen, dass er a) verstanden habe und b) rechtzeitig am Treffpunkt sein werde. Mit bestem Beispiel geht Mister Lutambi voraus, mich im Schlepptau.

Pünktlich um 9 Uhr steuern Mister Lutambi im Hochzeitsanzug mit all dem noblen Zubehör von gestern und ich auf das große Eingangsportal der Schule zu. Der Wachposten öffnet, nachdem er unsere Papiere kontrolliert, das Schulbüro informiert und unsere Namen in ein Buch eingetragen hat, die Schranke. Wir passieren und stellen das Auto auf dem Schulparkplatz ab. Mister Lutambi scheint zufrieden. „We are in time", verkündet er immer wieder strahlend beim Blick auf seine Armbanduhr. Und die anderen? „Just a minute", sie kommen gleich, meint Mister Lutambi, nachdem er jeden mindestens zweimal angerufen hat. Wir warten in der Morgensonne auf dem Parkplatz von „St. Aggreys". Allein. Er und ich. „Wann werden wir erwartet?" frage ich endlich zögerlich und befürchte, dass wir wieder einmal zu spät sind, dass alles am Vortag Gesagte tatsächlich Schnee von gestern ist, dass ich meine Besichtigung wohl irgendwann selbständig organisieren muss. Und bin baff! Hocherfreut sprudelt es aus Mister Lutambi heraus: „Don't worry! At 10 o'clock!" Und wir liefen Punkt 9 Uhr hier ein. Und warten seit einer Stunde. Und mein Boss versprüht vollste Zufriedenheit. Und ich schau verdattert in die afrikanische Landschaft und grüble über den Begriff Zeitmanagement.

Marta und Mary kommen aus Number One, sie bewohnen dort oben gemeinsam ein einfaches Haus. Auch sie in Festtagskleidung. Der Uhrzeiger zeigt zehn vor zehn, Headmasters Sekretärin ist mit Tulie eingetroffen, wir warten nur noch auf ihn, Mister Headmaster. Mister Lutambi kramt sein Smartphone aus der Jackentasche, wählt, erreicht ihn nicht. Punkt zehn Uhr kommt eine sehr gepflegte Dame, vielleicht 40 Jahre alt, aus dem Schulgebäude auf uns zu, begrüßt uns und heißt uns herzlich willkommen. Sie führt uns – ohne unseren Headmaster – ins Innere. Durch große Flure, über eine breite Treppe und an vielen Türen vorbei geht es nach oben. An der letzten bleibt sie stehen, klopft an, ein lautes „Yes" ist zu hören. Sie öffnet, bittet uns einzutreten und wir werden von einem resolut wirkenden Typ im besten Alter empfangen: dem Headmaster von St. Aggreys. Schon auf den ersten Blick wirkt er wie ein Boss. Untersetzt, stämmig, bestimmt, aber freundlich, eben wie einer, der sich kein X für ein U vormachen lässt. Er ist vorbereitet auf unseren Besuch. Getränke stehen bereit, er will sich Zeit nehmen.

Nach einem ersten kurzen Small Talk steht die Schulbesichtigung auf dem Programm. St. Aggreys ist eine große Schule mit über 2000 Schülern: drei Jahre alt die Kleinsten und Anfang zwanzig die Ältesten. Die Schule führt bis zur Hochschulreife und schließt sogar eine Lehrerausbildung mit ein. Es ist eine private Schule, sprich, die Schule muss sich selbst finanzieren: über Schulgeld, Spenden, Werbung, Stipendien. Ein Teil der Schüler wohnt weit weg und lebt bis auf die Ferien in der Schule. Andere werden täglich mit den schuleigenen Bussen abgeholt.

Große Pause. Pünktlich von zehn Uhr bis halb elf. Jeden Tag zur gleichen Zeit. Mister Lutambi ist begeistert und verwundert zugleich. Wir schlendern über den sandigen Schulhof, ein riesiges Gelände mit Spielplatz: mit Schaukeln, Rutschen und Wippen und einem bunt angemalten Karussell, Basketballkörben und Fußballtoren. Die jüngeren Kinder toben sich hier aus, andere gehen in Grüppchen spazieren, andere gesellen sich zu uns. Gong!! Alles rennt zu den verschiedenen Gebäuden, der Unterricht geht gleich weiter. Kaum sind die Kinder in ihren Klassenzimmern, dürfen auch wir dazu. Bis maximal 30 Schüler sind in einer Klasse, diszipliniert sitzen sie entweder an Gruppen- oder Einzeltischen, je nach Klassenzimmer und Gusto des Lehrers. Tische und Stühle sind aus stabilem Plastik, leicht verrückbar, sodass die Tisch- und Sitzordnung immer wieder und ohne Umstände verändert werden kann. Die Wandtafel ist eine Wandtafel, an den Seiten stehen Regale mit Spiel- und Lernmaterial, die Kinder haben Bücher, Hefte und Schreibzeug. Die Lehrerinnen der Kelly's School staunen, Mister Lutambi fotografiert die kleinsten Details, unser Headmaster fehlt immer noch, ich denke: So ähnlich kann eine Schule in jedem europäischen Land aussehen. Jede Klasse, die wir besuchen, beglückt uns mit Liedern oder Gedichten: im Chor, laut, temperamentvoll.

Zurück im Büro sitzen wir alle um einen großen Tisch: der Boss von St. Aggreys mit zwei seiner Lehrer und unsere Truppe. Q&A! Wir dürfen fragen, sie antworten. Türklopfen! Ach, unser Headmaster hat es endlich geschafft! Ein Augenzwinkern in der Runde erspart jeden Kommentar.

Die wichtigste Frage für Mister Lutambi: Wer bezahlt das alles? Bob, der Chef, sagt, dass sie von einer westlichen NGO großzügig unterstützt würden, dass sie ohne diese finanzielle Hilfe niemals so arbeiten könnten, dass viele Kinder Stipendien von Pateneltern bekämen und dass die Schule vor weniger als zwanzig Jahren genauso bescheiden angefangen habe wie Kelly's School. Er will behilflich sein, seine Erfahrungen weitergeben. Vielleicht ergibt sich sogar eine Zusammenarbeit der beiden Schulen. Mister Lutambi ist glücklich und schockiert zugleich: Glücklich, dass er den Kontakt hat, glücklich über die Anregungen, glücklich über die Hilfsbereitschaft und kann sich doch noch überhaupt nicht vorstellen, wie er das alles realisieren könnte. Die jungen Lehrerinnen scheinen entweder desinteressiert oder überfordert. Sie geben keinen Ton von sich. Und unser Headmaster traut sich wohl nicht!

Auch Mister Lutambi hat es die Sprache verschlagen. Er bittet mich, die Dankesrede zu halten. Dann Verabschiedung. Die Schranke des Parkplatzes öffnet sich. Das Team der Kelly's School drängelt sich in Mister

Lutambis Auto – alle. Er hat noch etwas anderes vor und wir sollen und dürfen dabei sein!

Komplett überladen lenkt Mister Lutambi seinen ächzenden Wagen quer durch Mbeya. Zu noch einer Schule. Dort, so lässt er uns während der Fahrt wissen, hat Krister heute einen großen Auftritt. Als eine der Besten des Distrikts hat sie die Prüfungen des letzten Schuljahres gemeistert, heute werden die Urkunden und Preise verliehen, zentral. Von weit her kommen die Schülerinnen und Schüler mit ihren Familien und Lehrern, um sich feiern zu lassen.

Als wir ankommen, ist Mama K mit Karen, Kelly und Karoline schon hier. Karen und Kelly bekamen schulfrei. Sie sollen sehen, wie ihre Schwester geehrt wird und sich durch ihr Vorbild anspornen lassen, so Mama K.

Krister ist ein Engel! Sechzehn Jahre jung und so vernünftig, so anständig, so fleißig, so freundlich, so ausgeglichen, so aufmerksam, so klug. Unmöglich, ihre guten Eigenschaften alle aufzuzählen. Zurzeit hat sie Ferien und ist zuhause. Morgens ist sie die erste, abends die letzte und putzt und schrubbt und kocht und wäscht und versorgt Kind und Kegel und die Alten und mich – und ist einfach immer da: gutgelaunt, zuverlässig, hilfsbereit. Ich frage mich, ob sie auch eine andere Seite hat, eine, die sie im Elternhaus nicht auslebt, eine Seite, die Lässigkeit und ein bisschen Unfug zulässt? Auch heute ist Krister die personifizierte Seriosität. Gekleidet in ein gediegenes Kostüm: zeitlos, alterslos, unauffällig.

Trotz aller äußeren Unauffälligkeit ist sie eine auffallende, interessante Persönlichkeit. Souverän schreitet sie, als ihr Name aufgerufen wird, durch die riesige, vollbesetzte Halle nach vorne, vorbei an gewiss mehreren hundert Menschen. Selbstbewusst steht sie auf der Bühne, nimmt ohne jede Scheu ihre Urkunde entgegen, genießt die Lobrede und den Applaus, strahlt Größe und Würde aus. Klar, dass die Eltern mächtig stolz auf ihre Tochter sind, die kleinen Schwestern ehrfürchtig an ihr hochschauen und der ganze Clan sie beglückwünscht.

Reden werden von anscheinend wichtigen Persönlichkeiten geschwungen, lang, zu lang und offensichtlich oft ziemlich langweilig. Nicht, dass ich es beurteilen könnte, da ich die Sprache immer noch nicht verstehe, aber Gestik und Mimik meiner Nachbarschaft lassen es mich erahnen. Immer mehr Menschen verlassen den Saal, kommen dann irgendwann wieder, wohl in der Hoffnung, dass der Nächste am Mikrofon sich kürzer fassen möge. Zu viel zu lauter Musik präsentieren Jugendliche einen Tanz, andere einen Sketch. Als Karen und Kelly sich die Ohren zuhalten und das Baby gar nicht mehr aufhört zu quengeln, beschließen wir, die Veranstaltung zu verlassen. Auch Krister reicht es.

Mister Lutambi lädt in ein Restaurant ein! Alle! Wenn das Auto auf der Hinfahrt voll war, so ist es jetzt übervoll. Mama K, Krister und die drei Kleinen sind dazugekommen. Wir quetschen und stapeln, doch zwölf Personen sind definitiv zu viel für die Karre. So fahren der Headmaster, Tulie und Mary mit einem dalla-dalla zu dem ausgesuchten Gasthaus. Es erweist sich als schickes Hotel. Wenig Gäste sind hier: Vier Leute hocken an der Bar, am Nachbartisch vertreiben sich drei Männer die Zeit mit Kartenspielen. Zwei Fernseher mit jeweils unterschiedlichem Programm, doch fast gleichem Thema – Sex und Sehnsucht – hängen an der Decke und dröhnen den Raum voll. Keiner beachtet die Glotzen, keinen stören sie.

„Die Menschen leiden mehr an dem, was sie zu viel haben, als an dem, was sie zu wenig haben", so habe ich neulich in einem Artikel über Burn-out gelesen. Hier haben sie eindeutig zu viel Fernsehen, zu viele Lautsprecher, zu viele Handys, zu viel Lärm.

Mit gefülltem Magen und gut gelaunt treten wir nach einem ereignisreichen Tag den Heimweg an – jeder den seinen.

Ich sehne mich nach Ruhe und Alleinsein. Langsames Gehen über die Eisenbahnschwellen vor dem Haus beruhigt. Diese achtsamen Schritte von Holz zu Holz gleichen einer Gehmeditation. Jeder Schritt ungefähr gleich lang und doch muss man wach sein, um den Fuß exakt aufzusetzen. Kommt ein Zug, so kündigt ein lautes Sirenensignal ihn rechtzeitig an. Versunken wandle ich dahin, dann unterbricht ein schrilles Gekreische meine Ruhe. Ich blicke auf, ein junger Kerl kommt mir entgegen, ebenfalls in Gedanken – oder in Drogen – versunken und mit vier Transistorradios in den Händen, die er alle bis zum Anschlag aufgedreht und verschiedene Sender eingestellt hat. Ich weiche aus, er bemerkt mich nicht einmal. Eine gute Stunde bis zum Einbruch der Dunkelheit bin ich auf den Schienen unterwegs.

TIPPS UND TRICKS

In den Straßen der Stadt

Reingefallen! Habe ihm schnell mal 10 000 tansanische Schilling gegeben. Bloß weil der Typ ein paar Brocken deutsch konnte. Weil er so dünn war. Weil er herzzerreißend jammerte. Weil er nichts zu essen habe. Und weil er so atemberaubend charmant flirtete. Der Reihe nach!

Heute will ich mich allein auf den Weg machen, allein in der Stadt schlendern, allein im Café sitzen, frei sein. Mama K hat zwar ihre Bedenken, doch als ich nicht nachgebe und vehement jeden Begleitschutz ablehne, holt sie Papier und

Bleistift. Minutiös malt sie mir den Weg zur Haltestelle auf, obwohl ich ihn doch inzwischen in- und auswendig kenne: Jede Kurve, sogar, wo ich die Straßen überqueren soll, zeichnet sie ein. Ich beschließe, an der Haltestelle BP auszusteigen, in der Nähe der großen Kirche, das Reisebüro ist dort und viele Straßenläden. Die Gegend ist belebt, ich habe keine schlechten Gefühle. Aber Mama K! „Rede mit niemandem!" „Kauf nur in ordentlichen Geschäften!" „Geh mit niemandem mit!" All die guten Ratschläge wiederholt sie immer wieder, während sie den Verlauf der Strecke vom Verlassen des Hauses bis zum Ein- und Ausstieg ins dalla-dalla und jede markante Stelle unterwegs sorgfältigst skizziert. Die Haltestelle, an der ich aussteigen will, und die Straßen darum herum malt sie auf der Rückseite noch einmal extra groß.

Auf einem weiteren Blatt beschreibt sie exakt den Weg meiner vielleicht fünf Kilometer langen Tour in Englisch und Suaheli. Außerdem steht da: Wie viel Geld ich bereithalten soll! Wie die Haltestelle BP aussieht! An welchen auffallenden Gebäuden ich vorbeikomme! Als sie fertig ist, erklärt sie mir meinen – oder ihren – „Stadtplan" noch einmal ausführlich und schreibt groß LILA dazu – ich darf nur in ein dalla-dalla mit einem lila-farbenen Streifen einsteigen. Niemals in ein anderes, auch wenn mich die Kondukteure all der tausend anderen dalla-dallas zum Einsteigen überreden wollen und tausendmal beteuern, mich an den richtigen Ort zu bringen. Sie werden nach der Anzahl ihrer Fahrgäste bezahlt und wo diese landen, ist ihnen nicht so wichtig: Hauptsache, in ihrem Fahrzeug.

Mit der grandiosen Zeichnung in der Hand, dem Fahrgeld in der Jackentasche und keiner konkreten Idee, was ich in der Stadt anstellen werde, marschiere ich los. Ich finde ein dalla-dalla mit lila Streifen, steige ein, setze mich gleich vorne an der Türe auf den freien Platz, damit ich den Ausstieg nicht verpasse und sehe, wo wir uns befinden, damit ich notfalls fragen kann. Klappt doch. No problems. Ich verfolge jede Abbiegung, jedes markante Haus, jede Stelle, die Mama K mir als Orientierungshilfe aufgemalt hat. Der Fahrer hält oft, Leute steigen ein und aus, überfüllt ist die Karre nie. Irgendwann fragt mich meine freundliche Sitznachbarin, wo ich aussteigen möchte. Ich sage es ihr und ab sofort passt sie auf mich auf. Noch drei Haltestellen, noch zwei, zwischendurch immer wieder der Blick auf ihr Smartphone, dann, auch ich erkenne es, stoppen wir an meinem Ziel – BP. Kurz vorher erklärt mir meine neue Betreuerin noch, wo ich ein dalla-dalla für die Rückfahrt finde. Wir verabschieden uns, sie bleibt sitzen, ich steige aus.

In drei Richtungen kann ich meine Erkundungstour starten. Ich entscheide mich für die Straße mit dem wenigsten Verkehr. Hier war ich schon einmal, weiter unten befindet sich ein Buchladen. Am Straßenrand gibt es viel zu sehen: Die fliegenden Händler sind dabei, ihre Stände aufzubauen. Second-hand-Bücher, Batterien, Nüsse und Bananen, Armbändchen, ein Schuhputzer hofft auf Kundschaft, obwohl die meisten Menschen Flip-Flops an den Füßen haben. Ein Schneider mit seiner Ururalt-Nähmaschine wartet auf Arbeit.

Selbstsicher und zielgerichtet, so bilde ich mir ein, gehe ich meines Weges. Ein junger Kerl hüpft plötzlich an meine Seite, strahlt mich an und schmettert mir die beiden Standardfragen „Hi, how are you?" und gleich darauf „Where are you from?" entgegen. Immer dasselbe. Egal wo.

So geschieht Kontaktaufnahme. Ich reagiere nicht, marschiere mit geradeaus gerichtetem Blick weiter. Der ungefähr 20-Jährige bleibt an meiner Seite, charmant und freundlich versucht er es mit: „What is your name?" Ich stelle mich noch immer blind und taub, habe mir Mama Ks Worte gut eingeprägt – da sagt er: „Du deutsch?" Reflexartig drehe ich mich zu ihm. Bingo! Er lacht und freut sich und erinnert sich an immer mehr deutsche Worte, die er, so plappert er non stopp weiter, in der Schule gelernt habe. Ich verstehe, was er mir sagen will: Dass er Student in Daressalam ist, dass er über das Wochenende hier seine Oma besucht, dass er Künstler ist. Und geschwind zieht er aus seiner Plastiktüte einen Stapel Gemälde. Afrikanische Motive: Elefanten, Giraffen, Löwen, Strohhütten und Sonnenuntergänge, Männer, Frauen und Kinder in ihren stammesüblichen Kleidern. Alles selbst gemalt, sagt er, mit Ölfarbe auf Leinwand.

Es fängt zu nieseln an. Damit wir und die Kunstwerke nicht nass werden, gehe ich mit ihm in einen offenen Unterstand, eine Art Bushäuschen. Hier legt er die Bilder auf dem Boden aus, redet und erklärt und würde sie mir am liebsten alle verkaufen. Der Preis: hoch! Ich lobe seine Kunst, doch kaufen will ich nichts! Ich suche eine Ausrede nach der anderen, er hat immer eine Lösung! Nein, ich habe kein Geld bei mir – er geht mit mir zur Bank. Ich habe keinen Platz im Rucksack – er findet ein kleines Bild, das in jede Hosentasche passt. Ich habe jetzt keine Zeit – er kann mich begleiten. Uff! Den werde ich so schnell nicht wieder los! Und inzwischen finde ich unsere Unterhaltung in deutscher Sprache auch recht amüsant, sein flehender und bittender Gesichtsausdruck berührt mein Herz und seine Kunstwerke finde ich, je länger er sie mir anpreist, ganz nett. Ja, ich spüre es vage – und er weiß es schon längst: Das wird heute ein Geschäft!!

Inzwischen schüttet es. Um wegzukommen, muss ich diesen Deal jetzt zu Ende bringen. Ich interessiere mich für ein kleineres Werk etwa in der Größe eines Schulhefts. Drei Massai-Frauen hat er gemalt, mit großen Vasen auf dem Kopf stehen sie vor einer Strohhütte. Warme Farben: Rot- und Gelbtöne. Er nennt einen horrenden Preis: 50 000 Schilling, ungefähr 25 Euro. Das monatliche Einkommen eines Bergbauern in Number One. Und mein Freund riecht ganz offensichtlich den Braten. Doch so leicht mache ich es ihm nicht! Nein, so doof bin ich nicht! Wir verhandeln hin und her, rauf und runter, und als ich ihm sage, dass ich nur 10 000 bei mir hätte, gibt er sich zufrieden. Der Handel ist perfekt! Handschlag! Ich krame das Geld aus der Tasche, er wickelt mein Andenken in Zeitungspapier, unsere Wege trennen sich. Mein Ärger über mich selbst hält sich in Grenzen, denn ich habe wieder eine wichtige Lektion gelernt. Erstens: Ich bin einfach leicht zu überrumpeln. Zweitens: Das Bild ist doch ganz hübsch und drittens: Der Junge versteht seinen Job, verhungert vermutlich nicht und findet wohl immer wieder eine oder einen Dummen.

Von oben ist es inzwischen trocken, unten sind die Straßenlöcher voll mit Regenwasser. Wie bei einem Slalom-Wettbewerb lenken die Fahrer ihre diversen Maschinen über die Piste. Höchste Vorsicht ist geboten. Ich möchte nicht voll erwischt werden: weder vom waghalsigen Fahrer noch vom hochspritzenden Wasser, wenn einer mitten durch die Pfütze brettert.

Weiter unten an der Straße entdecke ich vor einem kleinen Café Tische und Stühle und keine Gäste. Hier setze ich mich auf einen wackligen gelben Plastikstuhl an einen sauberen Tisch, bestelle einen Cappuccino und lese „Daily News", das Blatt habe ich mir auf dem Weg hierher besorgt. Keine drei Minuten später – ich erfahre soeben im fernen Afrika aus einer afrikanischen Zeitung, dass Bayern München das Champions-League-Finale erreicht hat – ist es aus mit der Ruhe. James, James Bond, wie er sich selbst nennt, steht neben mir: mit Fotos in Klarsichtfolien und Papier und Bleistift in der Hand. Nach der Bergtour will er erneut mein Guide sein: Zum Kilimandscharo, bis zum Gipfel will er mich begleiten, oder zum Serengeti-Nationalpark oder nach Sansibar. Er zeigt mir Fotos, er versichert, dass er der beste Touristenführer Afrikas sei, dass ich mich absolut auf ihn verlassen könne, dass wir gleich morgen starten könnten – wohin auch immer! Auf die weißen Zettel schreibt er Zahlen, den Preis seiner Angebote. Viele. Kritzelt neue hin, überpinselt alte. Fünf- und Sechsstellige, hängt nach Belieben noch ein paar Nullen dran und streicht, wenn er und ich den Überblick verlieren, genauso lässig wieder welche weg. Nein, er hat heute keinen Erfolg, zumindest nicht bei mir. Ich habe jetzt keine Zeit für eine Reise und für später, nach meiner Zeit in Kelly's School, noch keine Idee. James ist nicht traurig, er weiß, dass ich noch länger hier sein werde – und die Hoffnung bleibt.

Der junge Mann hat Stil und Charme. Er möchte mir die Sehenswürdigkeiten von Mbeya zeigen. „No money, for free", sagt er und will gleich mit mir losziehen. Und danach mit mir ausgehen. „Wohin?" „In eine Bar." Mama Ks Worte toben in meinem Kopf. „Geh mit niemand." Gut, James kenne ich ein bisschen, trotzdem lehne ich dankend ab, spendiere ihm ein Bier, dann begleitet er mich zur

Haltestelle, ich fahre mit einem dalla-dalla mit lila Streifen zurück nach Sae.

Als ich aussteige, sehe ich zum ersten Mal seit meiner Ankunft ein weißes Gesicht. In Joggingklamotten rennt jemand an mir vorbei. Ungläubig starre ich hinterher, genauso wie die Einheimischen. Kommt mir meine eigene Hautfarbe schon fremd vor? Dem Bleichgesicht geht es wohl ähnlich, jedenfalls hält es an, dreht sich um, kommt auf mich zu.

Ona, Mitte 50, ist Irin, wohnt in London, arbeitet als Physiotherapeutin und ist über eine Hilfsorganisation für zwei Wochen hierhergekommen, um in einer Einrichtung für körperbehinderte Kinder zu helfen. Sie erzählt von ihren Erfahrungen der ersten Woche und beendet ihre soeben begonnene Trainingseinheit, um mit mir eine nahegelegene Werkstatt, in der behindertengerechte Möbel aus Papier und Karton hergestellt werden, zu besuchen. Bunt angestrichen sehen die Stühle und Tische wunderschön aus.

Der Apfelkuchen im Backofen duftet, ich werde von Onas Gruppe zu Kaffee und Kuchen eingeladen. Herzlich und offen und ganz vertraut fühlt es sich an unter den Fremden, deren Zuhause sich rund um den Globus und für kurze Zeit hier in Mbeya befindet.

Zurück bei der Familie atmet Mama K erleichtert auf. Von meinen – männlichen – Begegnungen erzähle ich nur andeutungsweise, von meinem Kauf nichts, von Ona und der Werkstatt ausführlich. Demnächst soll ich Mama K und Mister Lutambi dorthin begleiten. Die Papiermöbel, stabil, bunt, billig und umweltfreundlich interessieren sie. Für Kelly's School wären sie eine sinnvolle Anschaffung.

IMMER NEUE ÜBERRASCHUNGEN

Meine Laune hat einen Tiefpunkt erreicht. Schon beim Aufwachen bin ich komplett genervt.

Die durchgelegene Matratze habe ich satt. Die Kuhle in der Mitte ist tief wie eine Badewanne. Meine Gliedmaßen beschweren sich massiv, wenn sie verdreht und zusammengebündelt einige Zeit dort verbringen müssen. So liege ich entweder rechts oder links des Grabens auf der schrägen Anhöhe. Bequem geht anders – und doch bin ich vermutlich die einzige im Haus, die auf einer Matratze ruht. Schlafräume sind Taburäume. Durch eine zufällig offene

Türe habe ich mit einem zufälligen Blick in das Zimmer der Mädels gesehen. Da stand ein einziges Bettgestell mit ein paar Decken: für die Töchter, für die weiblichen Bediensteten und für den weiblichen Übernachtungsbesuch.

Ich verlasse meine Schlafstatt so früh wie möglich, will ins Internet, Nachrichten beantworten, recherchieren. Nichts geht! Keine Verbindung kommt zustande. Stundenlang versuche ich es immer wieder, probiere dies und jenes. Erfolglos und niemand da, den ich fragen könnte!

Endlich, so gegen elf Uhr, tut sich was im Haus. Mama K kommt aus ihrem Schlafgemach, Mister Lutambi verweilt seit gestern auswärts, Krister wollte zum Gottesdienst, die Kleinen toben irgendwo herum.

Ich vertreibe mir die Zeit mit Lesen und Schreiben. Dann bringt Mama K das Frühstück: Spaghetti pur! Zusammengeklebt! Ohne etwas dazu! Meine Laune wird nicht besser, dennoch bleibe ich cool, lasse mir nichts anmerken und mache mir immer wieder klar, dass ich mich in einem anderen Land mit anderen Voraussetzungen, Gewohnheiten und Möglichkeiten befinde. Ich weiß inzwischen um die Armut der Menschen und auch um ihre Gastfreundschaft. Und ganz besonders imponiert mir ihre Gelassenheit.

Ein Lichtblick in meinem Dunkel: Krister, die Sechszehnjährige und doch schon so Erwachsene, kommt zurück und hat sofort eine Idee zur Rettung meines Internetanschlusses. Uff – herrje – ich stelle mit Entsetzen fest, wie verloren ich offline bin. Und wie abhängig – sogar im hintersten Winkel von Afrika! Krister telefoniert und kurze Zeit später steht ein junger Bursche, der Englisch spricht, vor mir und will sich um das Problem kümmern. In kürzester Zeit hat er des Rätsels Lösung: Kein Guthaben auf der Prepaid-Karte! Ich will es nicht glauben. Gestern habe ich sie aufgeladen, reichlich. Und dann das Modem ausgeliehen: meinem Boss Mister Lutambi. Schlagartig wird mir klar, dass er so lange gesurft hat, bis das Geld verbraucht war. Gesagt hat er nichts, ich auch nicht! So ist das hier: Wer hat, der gibt, wer nicht hat, nimmt. So hat jeder etwas! Schnell mache ich mich auf den Weg zum Markt, Geld muss auf die Karte.

Unterwegs spricht mich ein Mädchen an. „Good morning", sagt sie, „how are you?" Die Begrüßungsformel, die Annäherungsversuche, zu jeder Tages- und Nachtzeit. Die Kleine ist freundlich, geht neben mir her, lächelt, freut sich, spricht ein paar Brocken Englisch, so wie sie es in der Schule gelernt hat. Sie sagt mir ihren Namen und dass sie auf dem Weg zur Kirche sei. Dort hätte sie gleich Unterricht. Plötzlich sehe ich die Zehnjährige nicht mehr, sie ist wie vom Erdboden verschwunden. Wenige Minuten später kommt sie angerannt. Keuchend stoppt sie neben mir, strahlend hält sie eine kleine Tüte in der Hand, will sie mir schenken. An einem Stand hat sie Erdnüsse für mich gekauft – von ihrem gewiss knappen Geld. Ich bin gerührt und umarme sie. Dann trennen sich unsere Wege.

Abends erzähle ich meiner afrikanischen Familie von meiner Begegnung. Mama K fragt, ob ich die Erdnüsse gegessen hätte. „Natürlich", sage ich – und sie ist entsetzt. Wieder einmal habe ich eine wichtige Regel ignoriert. Niemals etwas von Fremden nehmen. Nichts! Und ich höre die immer bizarrer werdenden Warnungen: Es sei bekannt, dass Lebensmitteln betäubende Substanzen zugefügt und die Opfer, sobald sie wehrlos sind, ausgeraubt würden. Besonders Ausländer und ganz besonders Weiße seien solche Ziele. Mein Einwand, dass es ein Kind, ein nettes kleines Mädchen war, quittieren sie mit Lachen. Ich merke, wie naiv ich noch immer bin. Gerade Kinder würden oft benutzt und vorgeschickt, während die hinterhältigen Alten im Abseits warten. Mir stockt der Atem, doch Mama K beruhigt und wiederholt zum x-ten Mal: „Nur original verschlossene Getränke oder Esswaren nehmen. Sonst nichts, niemals von Fremden, und nur auf dem Markt oder in Geschäften einkaufen." Ich verspreche hoch und heilig, mir diese Regel felsenfest einzuprägen.

Die Erdnüsse waren bestens, die Kleine rührend und für mich war es ein inniges Erlebnis – diese kurze Straßenbekanntschaft mit einem unbekannten Mädchen mitten in Afrika.

HARTE ARBEIT

Die Bahntrasse vor meinem Zuhause

Der dritte Hahn kräht. Aufstehen. Sonnenschein. Wie fast immer morgens. Mittags und abends kommt der Regen. Dann wird es kühl.

Geklapper. Blick nach draußen. Vor meinem Fenster – dem ohne Glas – befindet sich das Wasserloch. Dorin, die 22-jährige Verkäuferin aus Mister Lutambis Laden vor dem Haus und Mama K schöpfen mit einem Eimer Wasser. Er ist durch ein langes dickes Tau mit einer Eisenstange, die an ihren beiden Enden schwere Gewichte angeschraubt hat, verbunden. Die Frauen lassen den Eimer mit Hilfe des Seils ungefähr fünfzehn Meter in die Tiefe hinab. Den vollen Eimer ziehen sie, abwechselnd mit der linken und rechten Hand den Strick nachgreifend, wieder nach oben. Ein anstrengender Job. Mama K und Dorin wechseln sich ab. Schließlich stehen acht randvolle Eimer in acht verschiedenen Farben neben der Wasserstelle.

Was wäre ohne die Frauen? Noch nie habe ich gesehen, dass der Vater diese schwere Arbeit übernommen hätte – oder sonst ein Mann. Manchmal die Buben, fast immer die Mädchen oder Frauen, überall. Noch nie habe ich gesehen, dass Männer harte, knochenharte Arbeit verrichten. Nicht hier im Haus. Nicht draußen. Die Last trägt die Frau – in jeglicher Hinsicht. Gelassen, geschickt, kein Murren – kein hörbares.

Ich denke an zu Hause, an Deutschland. An das Zweihundert-Seelen-Nest auf der Schwäbischen Alb. Hundert Jahre zurück. Achtzig Jahre zurück. An meine Großmutter. An meine Mutter. So oder so ähnlich haben sie gelebt. Ohne fließendes Wasser. Ohne Strom. Ohne Maschinen. Handarbeit. Nur offenes Feuer. Ein hartes Leben, damals in Deutschland. Ohne Burn-Out. Vermutlich ohne Depressionen. Keine Zeit für solchen Luxus.

Ein besseres Leben? Nein, ein hartes Leben mit harter Arbeit, harten Schicksalsschlägen, hart für die Armen ohne Grund und Boden, hart für die Knechte und Mägde.

Und nie habe ich sie jammern hören. Nicht die Großmutter. Nicht die Mutter. Nicht die anderen. Der Glaube hat sie wohl getragen. Ihr Anker: Psalm 90, Vers 10. „Unser Leben währet 70 Jahre, und wenn's hoch kommt, so sind's 80 Jahre, und wenn es köstlich gewesen ist, so ist es Mühe und Arbeit gewesen."

Ab heute sind Ferien. Eine Woche Osterferien. Die Kinder bleiben zu Hause, die Lehrer sind zu einem Teacher-Training verdonnert. In den Ferien sollen sie in die Schule kommen. Als Mister Lutambi und der Headmaster dies einige Tage vorher ankündigten, widersprach niemand. Alle nickten, zeigten sich einverstanden. Wir wollen gemeinsam einen Jahresplan erstellen. Ein solcher Plan ist notwendig, weil sonst jeder jeden Tag unterrichtet, wozu er gerade Lust hat, und weil das Bildungsministerium es verlangt und die Schule, besonders in der Gründungsphase, kontrolliert wird. Bis jetzt haben sie noch nichts vorliegen und leider auch keine Idee, wie solch eine Übersicht angelegt werden könnte.

Die Zeit, ein unerschöpfliches und immer wieder verwunderliches Thema. Um zehn Uhr wollen wir beginnen, zweieinhalb Stunden später geht es tatsächlich los, eine von drei Lehrerinnen fehlt. Zeit ist jetzt – und was gestern war oder vor drei Tagen oder vor einer Stunde, was bedeutet das schon? Der Augenblick zählt.

Unsere Arbeit schleppt sich dahin. Der Headmaster fahndet nach den Unterlagen, den Vorgaben des Ministeriums. Er quält sich durch einen Papierstapel, Broschüren, lose Blätter, beschrieben, unbeschrieben, Briefe, scheinbar Wichtiges und Unwichtiges. Irgendwann hat er den richtigen Umschlag gefunden. Gelesen hat er den Inhalt nicht, die Blätter haften noch aneinander. Auch die beiden jungen Lehrerinnen blicken ziemlich verwirrt drein und bestätigen, dass sie so etwas noch nie gesehen hätten, nicht während ihrer Ausbildung, nicht bei ihrer Arbeit an der Schule. Ich gebe mir Mühe, sie zu motivieren, die Wichtigkeit und die Vorteile einer gewissen Struktur zu erklären. Ob sie sich dafür interessieren? Keine Ahnung. Marta stellt Fragen, die anderen schweigen, machen hin und wieder ein paar Notizen, wirken eher gelangweilt, hilflos, überfordert. Selbständiges, kreatives Arbeiten sind sie nicht gewohnt, ebenso wenig Planung. Fortsetzung morgen!!

Dennoch ist ein wichtiger Tag heute in Kelly's School. Zahltag!! Marta kauft sich gleich eine Geldkarte für ihr Mobiltelefon, außerdem möchte sie gerne über die Osterfeiertage nach Hause fahren. Zu ihren Eltern, die sie seit fünf Jahren nicht mehr gesehen hat. So sagt sie zumindest. Ins Kilimandscharo-Gebiet. 1300 Kilometer entfernt. Und sie lädt mich ein. Ich frage sie, ob sie mit ihren Eltern darüber gesprochen habe. Mister Lutambi lacht laut und herzlich. Nein, das ist nicht üblich in seinem Land. Man sei immer Gast, immer willkommen und man bleibt, solange man möchte. Das wäre selbstverständlich. Ich sage sofort zu und will Marta die Fahrkarte schenken. Sie freut sich, heimzukommen, ich freue mich, mehr über Land und Leute zu erfahren. In drei Tagen soll es losgehen.

Heute Morgen, auf dem Weg zur Schule, bekam Mister Lutambi ein Huhn geschenkt. Anlass: die Geburt von Karoline, der sechsten Tochter. Des Tieres wegen fahren wir früher und mit dem Schulbus nach Hause. Den ganzen Tag schon war es in der Karre eingesperrt. Unterwegs kauft Mister Lutambi noch jede Menge Reis- und Maissäcke. Zwei Frauen, die mit vollgefüllten Eimern und einer Hacke auf dem Weg ins nächste Dorf sind, steigen zu und sie freuen sich über die Mitfahrgelegenheit.

Auf halber Strecke streikt das Fahrzeug. Trotz massivstem Rütteln am Schalthebel, trotz sonstiger Wiederbelebungsversuche, das Vehikel fährt nicht weiter. Mama K muss uns mit dem Geländewagen abholen. Mister Lutambi ruft in einer Werkstatt an, zwei Monteure kommen, sie wollen die Reparatur übernehmen. Wir laden um und überlassen das Fahrzeug ihrem Geschick. Zum Glück sind Ferien und keine Schulfahrten notwendig.

PRIORITÄTEN

Eine alte Autofelge dient als Schulglocke

Zweiter Tag unseres Workshops. Dachte ich. Als ich mit Mister Lutambi morgens zur Schule fahre, erzählt er, dass die Kuh – eine der überlebenden – „on heat" wäre. So hat er anderes zu tun: Er muss einen Bullen für das Tier finden und das heute noch. Die Familie hat sechs Töchter, die älteste ist achtzehn und eine Kuh als Mitgift ein Muss. Zumindest bei den bessergestellten Familien.

Unterwegs sieht er an einem Haus einige Menschen stehen. Er hält an, ist besorgt. Was ist dort los im Haus seiner Tante? Er geht zu den Leuten, ich warte im Auto. Ziemlich schnell ist er wieder zurück. Erleichtert. Der Tante geht es gut, der Nachbar ist in der Nacht verstorben.

Wir fahren weiter bis zu der Stelle, wo wir gestern den Bus zurückließen. Er steht immer noch dort, nicht repariert. Nun trennen sich unsere Wege. Mister Lutambi will sich um den Bus und den Bullen kümmern, ich fahre mit dem regulären Bus nach Number One zur Arbeit. Zweimal hält uns die Polizei unterwegs an, zweimal wegen Überfüllung, zweimal geht es problemlos weiter, zweimal „schmiert" der Kondukteur. Den Fahrgästen ist es recht, jeder will weiterkommen.

Endlich, um elf Uhr statt um acht, bin ich in der Schule. Und kann es kaum glauben. Nur Marta ist da! Tulie, die andere Lehrerin, war da und ist nun spurlos verschwunden, die Dritte hat sich erst gar nicht gemeldet. Der Headmaster glänzt ebenfalls durch Abwesenheit. Er müsse heute dringende Geldgeschäfte erledigen, ließ er Marta am Morgen per Telefon wissen. Und das übrige Personal fehlt auch! Das ist verdächtig und zugleich so normal und wiederholt sich alle vierzehn Tage! Gestern gab es Lohn, heute wird die Kohle umgesetzt.

So kämpft sich Marta mit meiner Hilfe durch den Unterrichtsstoff. Wir erstellen für Standard 1, die Eingangsstufe, den Jahresplan, Monatspläne, Wochenpläne, besprechen, wann welche Themen unterrichtet werden sollen und wie lange. Sie, die Engagierte, übernimmt ohne zu murren die Arbeit der anderen, auch die ihres Chefs.

Nachmittags beschließen Marta und ich mit dem Bus nach Mbeya zu fahren, um Fahrkarten für den Kilimandscharo-Ausflug zu besorgen.

Bei drei übervollen Bussen winken wir ab, beim vierten steigen wir ein – und er ist wieder einmal voller als voll. Trotzdem schiebt uns der Busbegleiter durch die Tür, schließen lässt sie sich längst nicht mehr. Er drückt gewaltig nach, um auf der untersten Stufe noch ein paar Zentimeter Standfläche für sich zu finden. Wir stehen so eng aneinander, ich kann die Körperteile, die ich alle an mir spüre, nicht einmal der jeweiligen Person zuordnen. So eingepfercht bin ich!

Im nächsten Dorf steigen ein paar Leute aus, ich rücke weiter ins Businnere, bei der Weiterfahrt traue ich meinen Augen nicht. Der Busfahrer hält in beiden Händen ein Telefon, zuerst schreit er rechts rein, dann links, dann bedient er beide gleichzeitig und der Bus rollt streckenweise wie fahrerlos diese abschüssige Strecke entlang! Wir sind heilfroh, als wir unten ankommen und steigen bei der ersten sich bietenden Gelegenheit aus. Selbst Marta, die Eingeborene, die gewiss nicht zimperlich ist, atmet tief durch. Mit einem dalla-dalla fahren wir weiter in die Stadt und kaufen unsere Tickets.

Meine Großfamilie will heute Abend deutsches Essen! Leichter gesagt als getan. Zum einen der fehlenden Zutaten wegen und zum zweiten: Ich bin nur eine mäßige Köchin. Doch diese Nummer muss ich durchziehen. Sie freuen sich darauf, sind neugierig und das „Deutscheste", das mir einfällt und machbar erscheint, ist ein Kartoffelsalat.

Krister, Chefköchin der Familie Lutambi, hilft mir. Trotz allem ist Improvisation nötig, die Umstellung von meiner Hightech-Küche zu Hause auf die Outdoor-Küche hier nicht einfach. Aber wir schaffen es. Nach Stunden gemeinschaftlicher deutsch-tansanischer Kochkunst haben wir eine Riesenschüssel eines fast echten schwäbischen Kartoffelsalats.

Die fürsorgliche Krister bereitete Plan B vor: Heimlich hat sie nachmittags vorgekocht: Ugali und Kraut. Für den Notfall – der nicht eingetreten ist. Der Kartoffelsalat mundet, die Schüssel ist schnell leergefuttert. Ich freue mich über viel Lob und – uff, über noch mehr Glück. Niemand fragt, wann wir wieder „deutsch" essen! Meine afrikanische Großfamilie ist einfach unschlagbar!

FOR FREE

Marktstände an allen Ecken und Enden

Am dritten Tag unseres Workshops geht keiner mehr hin! Marta will in die Stadt und Geschenke für ihre Eltern kaufen, Mister Lutambi hat immer noch Probleme mit dem Auto und der Kuh, die anderen kommen sowieso nicht und ich habe auch nichts gegen Ferien!

Mit einem dalla-dalla fahre ich in die Stadt bis zur Haltestelle BP. Mit dem selbstgemalten Stadtplan von Mama K in der Hand und der spontanen Begleitung eines freundlichen älteren – und, dem Himmel sei Dank – unaufdringlichen Herrn komme ich an, er begleitet mich bis zur Papeterie. Ich kaufe nichts, plaudere mit den Geschäftsleuten und fühle mich gut inmitten von Büchern, Papier, Schreib- und Malzeug.

Ziellos schlendere ich durch die Straßen der „Zwei-Klassen-Gesellschaft". Hier stehen modernste, herrschaftliche Villen, die meisten hinter hohen Mauern und Zäunen. Sicherheitspersonal bewacht jeden Winkel des Anwesens. Und keine zwanzig Schritte entfernt hausen sie in ärmlichsten Bruchbuden.

Ein Typ quatscht mich an, will mich mitschleppen in sein Künstleratelier ein paar Gassen weiter. Ich lehne freundlich ab, keine Zeit! Und denke an die mahnenden Worte der besorgten Mama K: „Geh niemals mit Fremden! Nimm nichts! Kaufe nur in Geschäften oder auf dem Markt!" Der Kerl lässt nicht locker. Erst als ich ihm für nächste Woche ein Date verspreche, gibt er Ruhe. Natürlich glaubt er mir nicht und natürlich werde ich nicht kommen. Es ist ein Spiel, ein Hin und Her ohne Verlierer. Diese charmanten Burschen stürzen sich wie verhungernde Hyänen auf jedes weiße Gesicht, eine fette Beute, ein gutes Geschäft riechend. Ich verstehe sie, sie müssen die Gelegenheit beim Schopf packen, so viele „reiche" Weiße kommen hier nicht vorbei. Flirten, lügen, tricksen – alles erlaubt, das gehört zu den Spielregeln.

Ich gehe weiter, finde ein Café mit Tisch und Stuhl vor der Tür. Ohrenbetäubendes Geschrei aus diversen Verstärkern dröhnt in meine Ohren, Ruhe findet man fast nirgends, Afrikaner mögen es laut. Doch hier werde ich nicht pausenlos angebettelt.

Von der anderen Straßenseite kommt James auf mich zu. Fast immer treffe ich ihn hier in der Gegend. Und die altbekannte Leier beginnt: Was ich vorhabe? Wann ich endlich mal wieder eine Tour mit ihm plane? Ich muss ihn enttäuschen, nichts Konkretes. So bietet er mir heute erneut eine Stadtführung an: Wieder for free! Umsonst! Wie neulich, und heute freue ich mich darüber. Er ist in der Stadt aufgewachsen, kennt sich aus, ich gehe mit ihm, vertraue ihm, und er zeigt mir die Sehenswürdigkeiten von Mbeya. Wie immer lade ich ihn zu einem Drink ein und erzähle ihm von der bevorstehenden Kilimandscharo-Reise. Er redet von einer 20-stündigen Busfahrt und den Strapazen und den vielen Unfällen und Pannen in altersschwachen klapprigen Bussen. Und bei seiner Company wäre die Fahrt viel sicherer und bequemer und kürzer und billiger und überhaupt. Ich vertröste ihn auf das nächste Mal. James, Jahrgang 1984, sagt er, ist Gentleman und bringt mich zu einem dalla-dalla.

Zurück in Sae setze ich mich auf die Zugschienen vor dem Haus. Kinder spielen hier, Hütejungen sind mit ihren Ziegen an den Hängen, Männer sitzen in Grüppchen, rauchen und reden, Frauen spazieren geschickt über die Schwellen, meist eine Last auf dem Kopf. Es ist bunt, lebhaft, interessant. Auf dem Heimweg habe ich mir „Daily News" besorgt – die Zeitung für alle, die „Bild" für Tansania. Will auf dem Laufenden bleiben, ein bisschen von der Weltgeschichte erfahren. Außer zwei Geburtstagsmeldungen finde ich nichts Wichtiges in dem Blatt: Ex-Papst Benedikt feiert heute seinen 87. Geburtstag und Charlie Chaplin wurde vor 125 Jahren geboren.

Ein lautes „Go away" reißt mich aus meiner Zeitungslektüre. Ich blicke erschreckt auf und sehe in ein grinsendes Gesicht – wenige Meter vor mir. Ein Schienenfahrzeug kommt angerauscht: leise, ohne Motorengeräusch, ohne Ankündigung, ohne Hupen, ohne irgendein Signal. Der Schrei des Kerls auf dem Wagen war die einzige Warnung und er findet es lustig, wie ich entsetzt aufspringe, meine Tasche schnappe, die Gleise frei mache, und er seelenruhig mit einem freundlichen Nicken an mir vorbeirollt. Noch niemals zuvor habe ich ein solches Gefährt gesehen. Marke Eigenbau, vermute ich und heute macht er eine Spazierfahrt.

Nach dem Schock setze ich mich wieder. Der Platz auf den Schienen gefällt mir.

QUER DURCHS LAND

Frauen bei der Feldarbeit

Zehn Minuten nach der offiziellen Busabfahrt nach Moshi, der Stadt zu Füßen des Kilimandscharo, verlassen wir, Marta, Mister Lutambi und ich, das Haus. Es ist 5 Uhr 40! Können sie denn niemals pünktlich sein? Die beiden wechseln nahtlos vom Bett ins Auto, stressfrei und gelassen. Nur ich bin in Panik und überzeugt, dass es mit unserem Ausflug nichts wird, wir den Bus niemals erreichen. Keine Ahnung habe ich von afrikanischer Zeit, afrikanischen

Gewohnheiten, afrikanischer Ruhe und afrikanischem Optimismus!

Mister Lutambi ruft bei der Bus-Gesellschaft, bei Mbeya Express, an und sagt, dass wir, Marta und ich, nicht zum Busterminal kommen, sondern eine Station später, in Sae, zusteigen würden. Alles ok, so die Rückmeldung. So können wir die versäumte Zeit einholen. Er rast die zwei Kilometer durch den noch nächtlichen Morgen von Mbeya.

An der Haltestelle warten mindestens hundert Menschen und noch mehr Gepäck. Über die Feiertage wollen sie nach Hause, irgendwo im Land. Busse kommen, Leute steigen ein, unser Bus ist nicht dabei. Auch dreißig Minuten später stehen wir immer noch da. Wieder telefoniert Mister Lutambi – er scheint der einzige zu sein, den es interessiert, und vermutlich auch nur, weil ich drängle. „Die Abfahrt verzögert sich um 90 Minuten", teilt er mit. Die Umstehenden stört es nicht, nur wenige fahren in diese Richtung.

Sieben Uhr. Der Bus kommt nicht. 7 Uhr 30 – kein Bus in Sicht. Zehn Minuten später ruft er erneut an. Jetzt die Nachricht, dass der Motor defekt wäre, sie suchen ein Ersatzfahrzeug. Niemand regt sich auf, kein Motzen, kein Meckern. Ist es die Kunst der Gelassenheit, schlichtweg Gewohnheit, oder Weisheit? Ist es das, was wir auf unseren Kalenderblättern und Glückwunschkarten lesen:

Habe die Gelassenheit, Dinge hinzunehmen, die du nicht ändern kannst. Habe den Mut, Dinge zu verändern, die du ändern kannst. Und habe die Weisheit, das eine vom anderen zu unterscheiden.
Christoph Friedrich Oetinger

Schließlich fahren wir zum zentralen Busbahnhof, dem regulären Abfahrts- und Ankunftsort aller Busse, warten wieder, frühstücken in einem kleinen Café und behalten unser Terminal im Blick.

Auf einmal geht es schnell. Ein „gutaussehender" Bus fährt langsam in die Haltebucht, das Begleitpersonal drängt zur Eile, wir holen eilends unsere Taschen, ein Kondukteur wirft sie in den Kofferraum, ein anderer schiebt die Fahrgäste ins Innere und bugsiert sie zu ihren Plätzen. Abfahrt! So schnell geht das! Zuerst warten bis in alle Ewigkeit, geduldig, Zeit gibt es genug – und plötzlich zählt jede Sekunde. Abfahrt.

Marta und ich sitzen vorne links in der ersten Bank, schräg gegenüber dem Fahrer. Vier Helfer, Betreuer, Busbegleiter, Ablösefahrer, ich habe keine Ahnung, welche Aufgabe sie haben, machen es sich direkt hinter ihm bequem. Alle Sitzplätze sind belegt, stehen muss niemand.

Der Busfahrer ist wild entschlossen, die verspäteten Stunden zurückzuholen. Er gibt Gas. Kein Wunder, dass in jedem Reiseführer die Lust auf Geschwindigkeit erwähnt wird – und das bei diesen Straßen und Nicht-Straßen. Für die nächsten achthundert Kilometer befinden wir uns auf der großen und wichtigsten und einzig asphaltierten Verbindungsstraße von Ost nach West, hier rasen sie noch schneller.

Die Bilanz der ersten Stunde: acht Verkehrskontrollen, vorbei an zwei Schwertransportern, die gekippt seitlich im Straßengraben liegen, und zwei tote Ziegen, die nicht schnell genug mit ihrer Herde auf die andere Straßenseite rennen konnten. Ohne einen Bremsversuch werden sie von unserem Bus überrollt. Ich sehe es, höre es knacken, spüre den Druck im Magen, ein Würgen – und ich wünschte, ich hätte einen anderen Sitzplatz. Auch Marta zuckt kurz, der Busfahrer reagiert nicht, die anderen Mitreisenden bleiben verschont.

Stundenlang fahren wir nach Osten, Richtung Daressalam. Berge bis dreitausend Meter Höhe flankieren die weitläufige Landschaft, wir streifen einen Nationalpark, Antilopen grasen, Giraffen holen sich ihre Mahlzeit von den Bäumen, Elefanten wandern umher – Idylle, so scheint es. Doch die Elefanten sind bedroht in Afrika, ihre Stoßzähne begehrt und Wilderer zahlreich.

Sechs Stunden geht es non stopp vorwärts, zügig. Dann, endlich, fährt der Busfahrer eine Raststätte an. Zwanzig Minuten Aufenthalt: für Essen, für Toilette. Und wir sind nicht die einzigen hier. Unzählige Menschen rennen, suchen, boxen sich durch – Zeit wird ein Begriff: konkret, zum Greifen.

An verschiedenen Ständen gibt es Reis mit Huhn, gebratene Maiskolben, Bananen und Getränke, sogar Schokolade – europäisch und zu horrenden Preisen. Wir kaufen Proviant für die Weiterfahrt, feilschen ein bisschen und spurten los, als wir die Hupe des Busses hören. Der Motor läuft schon, exakt nach zwanzig Minuten steuert der Fahrer Richtung Ausfahrt und donnert weiter. Keiner schaut, ob alle anwesend sind, keiner fragt, keiner zählt nach. Marta sagt, dass die Leute das wissen, dass die Rast immer kurz sei und dass, wer nicht da ist, Pech habe. Ich kann mich nur wundern: die unendliche Zeit und Gelassenheit auf der einen Seite und gnadenlose Pünktlichkeit andererseits. Und wieder einmal: Alles klappt! Niemand wird vermisst! Keiner schimpft und mault! Jeder richtet sich wieder ein für die nächsten Stunden.

Am späten Nachmittag verlassen wir die West-Ost-Route und nehmen die schmale Straße nach Norden, Richtung Moshi, Richtung Kilimandscharo. Kurvig geht es bergauf und bergab, meist steil, unübersichtlich. Immer wieder ist in dicken weißen Buchstaben „Pole! Pole!", langsam, auf den Asphalt geschrieben. Viele Unfälle, sichtbar an den zahlreichen umgekippten LKWs, ereignen sich auf dieser einzigen Straße, die nahe der Küste verläuft. Die Landschaft ist einzigartig: hügelig, bergig, grün, Natur pur, dazwischen riesige Felsblöcke. Ich fühle mich wie bei einer Achterbahnfahrt. Adrenalin, Freude, Spannung, Kick und diese grandiose Umgebung. Dennoch bin ich froh, als wir wieder in der Ebene und auf überschaubarer Straße fahren. Die Dörfer werden zahlreicher, immer wieder steigen Menschen zu oder aus, es wird geschäftiger und allmählich dunkel, Nacht, Mitternacht.

Um vier Uhr morgens sind wir in Moshi. Nach zwanzig Stunden, 1300 Kilometern und garantiert fünfzig Telefonanrufen von Mister Lutambi oder Mama K, deren Fürsorge keine Grenzen kennt.

FLYCATCHER

Näherinnen in Arusha

Es ist noch dunkel in Moshi, menschenleer, gespenstisch. Niemand wartet auf uns. Nicht die Bekannten von Mister Lutambi, die er verständigen wollte und die uns abholen und beherbergen sollten und niemand von Martas Clan. Die Zufahrt zu ihrem Dorf stünde unter Wasser, man könne nicht weg und auch nicht hinkommen, sagt sie. Sie hätte mit dem Vater telefoniert.

Marta weiß ein Hotel in der Nähe. Wir machen uns zu Fuß auf den Weg. In der ersten Seitenstraße zwingt uns ein kläffender Hund zur Umkehr. Marta meint, das Hotel läge doch eher in der anderen Richtung. Nicht weit, versichert sie. Ein Motorradfahrer hält neben uns, fragt wohin, Marta nennt den Namen des Hotels und er will uns dorthin bringen. Schnell handeln die beiden einen Preis aus, dann steigen Marta und ich auf den Rücksitz, unser Gepäck in den Händen haltend. Das ist nicht ungewöhnlich hier, oft ist ein Motorrad das einzige Familienfahrzeug und mit viel mehr Personen beladen. Nicht weit? Da hat sich entweder Marta getäuscht oder unser Pilot fährt absichtlich kreuz und quer durch die Stadt.

Nach einer gefühlten kleinen Weltreise hält er vor dem gesuchten Hotel, Marta erkennt es wieder. Der Security-Mann, der an der Eingangstüre lehnt, ein Massai, erkennbar an seiner Kleidung, lässt uns eintreten und weckt die Dame an der Rezeption. Wir melden uns für die restliche Viertel-Nacht und zwei weitere an und bekommen unser Zimmer: sauber, groß, zwei getrennte Betten mit Moskitonetz, ein Fernsehapparat und eine Dusche mit warmem Wasser. Seit Wochen habe ich weder geduscht noch Haare gewaschen. Ich genieße das warme Wasser, seife und schrubbe, als ob ich etwas nachzuholen hätte. Mir wird der Luxus von fließendem warmem Wasser mehr denn je bewusst, obwohl ich es, als es nicht vorhanden war, auch nicht wirklich vermisst habe. Ich habe mich nicht ungepflegt gefühlt. Der Körper greift wohl auf seine Selbstreinigungskräfte zurück, wenn man ihn denn lässt.

Moshi, im äußersten Nordosten Tansanias zu Füßen des Kilimandscharo gelegen, hat nach Schätzungen ungefähr 160000 Einwohner, ist die Hauptstadt der Region, Universitätsstadt, Partnerstadt von Tübingen und für afrikanische Städte sehr sauber. Die Bewohner gehören weitgehend zum Stamm der Dschagga, so auch Martas Familie. Die Dschaggas betrieben und betreiben immer noch, allerdings in kleinerem Maße, Landwirtschaft. Ein früh ausgeklügeltes Wassersystem half ihnen dabei. Durch Abholzung des ursprünglichen Regenwaldes gefährden Versteppung und Verödung jedoch immer mehr die Böden. Außerdem fehlt den Menschen heute der Grundbesitz, die Kaffee- und Bananenplantagen sind weitestgehend in fremder Hand. So verlassen viele die Region, die wenigen, die bleiben, versuchen sich als Touristenführer.

Ende des 19. Jahrhunderts kamen die Missionare, es entstand die Kolonie Deutsch-Ostafrika und neben ihrer missionarischen Aufgabe errichteten sie Schulen und Krankenhäuser. Eltern ermöglichten ihren Kindern Bildung, einige studierten, viele wurden Lehrer, verließen die Region und gründeten eine Familie irgendwo im Land. Es entwickelte sich ein demographisches Ungleichgewicht in der Gegend, auch verstärkt durch die hohe Aids-Rate. Infizierte, sterbende Eltern, die vor Jahren in alle Richtungen weggezogen waren, schickten ihre Kinder wieder zurück zu den Großeltern, zu Verwandten. So leben besonders viele Kinder und besonders viele alte Menschen in der Kilimandscharo-Region. Die mittlere Generation fehlt. Auch Martas neun Geschwister haben die Heimat verlassen, die Eltern blieben zurück.

Am Morgen streifen Marta und ich durch die Straßen von Moshi. Das Leben spielt sich draußen ab: Markt, Buden, Lärm, Rempeleien. Der Schneider hat seine vorsintflutliche verrostete Nähmaschine, die er mit einem Fußpedal in Schwung hält, auf dem Gehweg vor dem Haus platziert und rattert Tücher zusammen. Der Schuster neben ihm klebt, auf der Straße hockend, Schuhsohlen fest. Zwei Frauen hocken auf dem Boden und fädeln bunte Perlen zu kunstvollen Ketten.

Viele Massai sind unterwegs, ihr Stamm ist in der Nähe zu Hause. Man erkennt sie an den Tüchern, die sie auf eine ganz spezielle Art um den Körper gewunden haben, und an ihren Haaren. Die Frauen sind fast kahl geschoren, die Männer tragen längere Haare. Alle, Massai und Dschagga und die anderen Einheimischen werden wütend, wenn sie einen Fotoapparat sehen, winken furchterregend dreinblickend ab. Ein Foto für Cash – no problem!

Zum Glück habe ich Marta bei mir. Die flycatchers, die Touristenfänger, diese Quälgeister, sind massenhaft unterwegs. Und sie haben viel zu tun. Von hier aus starten viele Safari-Touren zu den Nationalparks, außerdem ist Moshi Ausgangspunkt für Kilimandscharo-Besteigungen. Für jeden, den die „Fänger" bei ihrer Organisation unterbringen, bekommen sie Provision – und natürlich stürzen sie sich auf die Weißen.

Ein Typ spricht mich an – mit ein paar deutschen Wörtern, er will mich abschleppen. Marta ist sofort zur Stelle, versucht den Kerl zu verjagen, schimpft, sagt, er sei gefährlich. Woher sie das wisse, frage ich. Sie sehe es den Menschen an, sie kenne ihr Vorgehen, ihre Tricks. Sie sollte recht behalten. Der Mensch verfolgt uns noch lange – bis wir Zuflucht in einem Hotel suchen.

Flycatcher ist ein Job hier. Vornehm ausgedrückt heißen sie „Safari-Vermittler". Kaum sehen sie einen Touristen, so umgarnen sie ihn, wollen Freund und Helfer sein. Hauptsächlich arbeiten sie für Reiseunternehmen oder für

Hotels und bedrängen die Touristen, bei ihrem Arbeitgeber zu buchen. Gerne helfen sie auch sonst aus: SIM-Karte kaufen, Taxipreis aushandeln, um Preise feilschen, Taschendiebe fernhalten. Wer von wem übers Ohr gehauen wird, so genau lässt sich das wohl nicht klären. Win-Win-Situation? Vielleicht!

Ihren Namen flycatcher, Fliegenfänger, verdanken sie dem klebrigen Papier, auf dem Fliegen chancenlos kleben bleiben. Genauso chancen- und gnadenlos kleben die flycatcher an den Touristen.

Mit einem dalla-dalla fahren wir zu Martas Familie, vielleicht eine Stunde. Raus aus der Stadt, vorbei an Kaffee- und Bananenplantagen so weit das Auge reicht. Irgendwo an der Straße gibt Marta dem Kondukteur ein Zeichen. Wir wollen aussteigen. So machen das alle hier. Es gibt keine festgelegten Stopps, die Leute warten an der Straße, signalisieren, sobald ein Fahrzeug kommt, dass sie zusteigen wollen. Sind sie am Ziel, melden sie sich und der Fahrer hält.

Ein junger Mann wartet auf uns. Es ist Martas Bruder. David. Sie hat angerufen, dass wir unterwegs sind und er kam die drei Kilometer von der Hütte hierhergelaufen, um uns zu begrüßen. Von der Straße weg gehen wir durch die Wildnis. Keine Wege, über holprige, rutschige Trampelpfade und vorbei an ärmlichsten Hütten schlagen wir uns zu Martas „Elternhaus" durch. Unterwegs begrüßt sie die Nachbarn. Eine Familie lädt uns zu einem „Mbege" ein, einem Bier, das die Einheimischen aus Bananen herstellen. Schon beim ersten Schluck wird mir klar: Hier ist Vorsicht geboten! Das ist hochprozentig.

Wir nähern uns der Hütte von Martas Eltern. Vater, Mutter und ein weiterer Bruder warten, alle festlich gekleidet. Auf ihren rechtwinklig gebeugten Unterarmen hat die Mutter Gegenstände gestapelt, überdeckt von einer Blumenkette. Nach der Begrüßung per Handschlag überreicht die Mutter zuerst Marta ein Geschenk, dann mir. Sie hat für jede von uns wunderschöne farbige Tücher ausgesucht. Die einheimischen Frauen verwenden sie zu fast allem: Rock, Kleid, Babytragetuch, Decke, Rucksack. Ich werde sofort damit umwickelt!

Wir gehen ins Haus, ein Steinhaus ohne Fenster. Das wenige Licht kommt durch den Eingang. Der einfache Holztisch ist gedeckt, der einzige Stuhl für mich bestimmt, Marta und die Eltern setzen sich auf Baumstammklötze. Die Mama hat gekocht: Bananen in drei verschiedenen Varianten, Avocados, Spinat, Eier, Erdnüsse. Afrikanischer geht es nicht! Es schmeckt und macht satt!

Marta erzählt die Familiengeschichte. Ihre Mutter wurde elfjährig verheiratet (ob mit dem Vater, weiß ich nicht). Jetzt ist sie 45 Jahre alt, sagt Marta, der Vater 65. Die Familie ist kinderreich, acht Söhne und zwei Töchter, alle außer Haus. Ich frage nach dem Alter, das jüngste Kind sei achtzehn und in Dar, so die Abkürzung für Daressalam. Schule, Studium, ebenso wie der Zweitjüngste, der Medizin studiert. Marta überweist regelmäßig Geld für ihre jüngeren Geschwister. Auch sie hätte, um zur Schule gehen zu können, als Achtjährige den Clan verlassen und bei der Familie eines älteren Bruders in der Stadt

gewohnt. Er, damals auch erst 24, hatte immerhin einen schlecht bezahlten Job und sie, die Drittjüngste, war die erste in ihrer Familie, die lernen konnte. Wer etwas erreicht hat, wer Geld hat, hilft der Familie. Und so unterstützt sie mit ihrem bescheidenen Lehrergehalt auch noch vier ihrer älteren Brüder, die in großer Armut leben. Den Eltern möchte sie ein Haus bauen, ein Haus mit Fenstern, damit es hell wird: in ihrem Haus und in ihrem Leben.

Das Alter der anderen Kinder bleibt mir verschlossen, zu bizarr, zu wirr. Zahlen, Zeiten, Daten: Was soll's? Marta ist heute 24, war gestern 25, hat irgendwann im Mai Geburtstag und wird 26! Hier und Jetzt und Geld sind wieder einmal mehr die entscheidenden Faktoren.

So fragt mich Marta ganz unvermittelt und direkt, ob ich der Familie Geld leihen könne, borrow, der Vater müsse morgen ins Krankenhaus und in ein paar Tagen würde ich es zurückbekommen. Natürlich, sage ich leichtsinnigerweise. Noch nicht ahnend, dass borrow auf afrikanisch bedeutet: Das gehört jetzt mir. Ich zögere keinen Moment, gebe einen ordentlichen Batzen – schließlich war ich am Morgen am Geldautomaten. Das hat meine Freundin clever registriert. Die Gastfreundschaft sehe ich und die Armut, jedoch nicht, dass der Vater krank sein soll! Und außerdem kenne ich ja bis dato nur die englische Bedeutung von to borrow. Leihen!

Mit dem Vater durchstreife ich das Gelände mit den vielen Bananenstauden und den wenigen Kaffeepflanzen. Er sagt, dass er jetzt ein alter Mann sei, dass er es liebe, so zu leben wie es eben ist. Als Selbstversorger, vom Eigenanbau, fern der Zivilisation. Nur manchmal, selten, fahre er in die Stadt, für Bier und Zigaretten. Er wirkt zufrieden, bei sich angekommen. Der Alte spricht gut Englisch, ich frage ihn, wo er das gelernt hat. Von den Engländern, sagt er. Von 1919 bis 1961 waren Teile Tansanias unter britischem Mandat. Und er, Ende der 1940er Jahre geboren, hatte als Schulsprache Englisch. Nur wenige Jahre durfte er die Schule besuchen. Früh musste er, wie alle Eingeborenen, für die Kolonialherren arbeiten. Bildung wurde auf ein Minimum reduziert.

Wir verabschieden uns und versprechen, noch einmal vorbeizukommen und stapfen im strömenden Regen zur Straße. Zum Glück kommt schnell ein dalla-dalla.

WEG UND ZEIT

Martas Elternhaus

Arusha, 300 000 Einwohner, achtzig Kilometer von Moshi entfernt, östliche Richtung, 1300 Meter hoch und unterhalb des 4500 Meter hohen Mount Meru gelegen, ist die Safari-Hochburg Tansanias: Touristenzentrum, laut, unüberschaubar, gefährlich. Als Marta und ich am Morgen das Hotel verlassen, um nach Arusha zu fahren, erwartet uns am Eingang der Bruder. Er will uns begleiten, die Eltern wollten es. Es sei für zwei Frauen allein in der Stadt zu gefährlich – ganz besonders für mich.

Kaum sind wir am Busbahnhof von Arusha angekommen, werden wir sofort von einer Horde junger Männer eingekreist. „Hey my friend!" „Where are you going?" „How are you?" „What are you looking for?" „Come with me!" „I have a good price!" Aha, die kennen wir doch schon. Flycatcher umzingeln uns auch hier und brüllen uns die Ohren voll. Ein Glück, dass ich meine beiden Bodyguards um mich habe. Allein entkäme ich den Klauen dieser nach Aufträgen hungernden Burschen garantiert nicht. Sie sind nicht wirklich böse, aber unendlich lästig. Sie geben nicht auf, verfolgen ihre Beute hartnäckig, wollen unbedingt einen Job: als Koch, als Träger. Wenigstens eine kleine Provision. Dafür müssen sie den Safari-Veranstaltern Touristen bringen. Sie sind überall in der Stadt. Haben wir einen abgeschüttelt, steht schon der nächste wie aus dem Nichts neben uns, dann ein Dritter und sie kauderwelschen hauptsächlich auf mich ein, alle gleichzeitig, mit Worten, Händen und Füßen. Marta und David kennen das. Deutlich und unerschrocken erklären sie den Jungs, dass wir weder eine Safari noch sonst einen Ausflug planen, dass wir ihre Hilfe nicht brauchen. Mit einem freundlichen okay trotten sie dann davon, alle Sinne schon auf die nächsten Ahnungslosen gerichtet.

Wir schlendern über die Märkte, durch die Gassen, durchs Chaos, kaufen nichts, essen gut und machen uns schon bald wieder auf den Rückweg. Wir wollen noch Kaferine besuchen. Kaferine, achtzehn Jahre alt, und die älteste Tochter von Mister Lutambi und Mama K, besucht ganz in der Nähe ein Internat. So haben es uns die Eltern erzählt. Und sie würden sich riesig freuen, wenn wir bei der Tochter vorbeischauen könnten. Selten kommt sie nach

Hause, die kleine Schwester Karoline hat sie noch nicht einmal gesehen.

Marta weiß Bescheid. Ungefähr auf halbem Weg zwischen Arusha und Moshi verlassen wir den Bus. Hier geht der Weg zur Schule entlang. Marta ist sich sicher. Es ist inzwischen 17 Uhr, kein Bus fährt in dieser verlassenen Gegend, kein dalla-dalla ist in Sicht, kein anderes Fahrzeug, keine Fußgänger, niemand. So wandern wir los, Marta meint, es wäre nicht weit, vielleicht zehn Minuten.

Der Weg zieht sich. Mindestens eine halbe Stunde sind wir schon unterwegs, in einer Stunde wird es dunkel sein. Keine Schule weit und breit. David mault vor sich hin, Marta sieht sich kurz vor dem Ziel. Ob dies wirklich der richtige Weg sei und wir wirklich nur zehn Minuten zu laufen haben, hake ich nach. Woher sie es denn wisse? Marta hadert nicht im geringsten. Ihre Antwort kommt so überzeugt, so aus vollem Herzen, so ganz ohne Zweifel. „Vorne an der Straße ist das Schild, der Wegweiser zur Schule. Da habe ich es gelesen." Was da geschrieben steht, will ich wissen. Und Marta, noch immer ihrer Sache sicher, sagt: „Achtzehn Kilometer!" Mon Dieu!

Mit Mühe und Not kann ich meiner Freundin klar machen, dass wir für achtzehn Kilometer mindestens drei Stunden flott unterwegs sein würden, dass wir auch noch den Rückweg hätten, dass wir schnellstens abbrechen müssten. So verdutzt habe ich die sonst so Unerschrockene noch nicht gesehen.

Immerhin, wir drehen um und kämpfen uns mit diversen Mitfahrmöglichkeiten nach Moshi zurück. Schon längst ist es Nacht, als wir unser Hotel erreichen.

HEIMWEH

Unterwegs mit Marta

Am Morgen fällt mir als erstes Ann-Katrins Geburtstag ein. Wie spitze Pfeile treffen die plötzlich auftauchenden Gedanken an zu Hause: kurz, heftig, schmerzhaft, unverhofft. Um dann ebenso schnell wieder zu verschwinden. Jetzt bin ich in Afrika!

Schlaflose Nacht! Viel zu viele Gedanken rasen durch mein Hirn. Schon wieder ein Bett mit einer komplett durchgelegenen Matratze – in einem guten

Mittelklassehotel! Oder ist es der überdosierte Schwarztee vom gestrigen Abend, der mir den Schlaf raubt?

Ich genieße Wachträumereien. Tausendmal besser als ahnungsloser Tiefschlaf oder albtraumdurchschwitzte Nächte. Und so schwirren kunterbunt und wild Gedanken, Phantasien, Wünsche und Klischees durch meinen Kopf.

Das so verhasste Wort „Rente" habe ich, nachdem monatelang verbannt, wieder in meinen Wortschatz aufgenommen. Ich mag es nicht, hört sich immer noch wie ausgedient, altersschwach oder scheintot an. Andererseits – alles nur Interpretation. Es kommt auf den Blickwinkel an! Gut, ich bin in Rente! Weil es unser Gesetz so will. Und bin frei und fit und unabhängig, umtriebig und mit unverschämt viel Glück ausgestattet. Die Gene? Ein Zufall der Natur? In jedem Fall ein Geschenk! Dafür will ich – verdammt noch mal – dankbar sein, jede Minute! Und es leben, mein freies Leben! Das Alter, diese Zahl, ist eine Zahl und so unbedeutend wie das Meckern einer Ziege.

Eine bekannte amerikanische Universität erstellte eine Studie: Testpersonen sollten angeben, wofür sie den größten Teil ihres Geldes ausgeben würden – vorausgesetzt, ALLES wäre käuflich. Und alle, die Schwerreichen wie die nicht so Betuchten, waren sich einig: Sie würden sich Gesundheit kaufen, vor allem Materiellen. Und ich begreife wieder einmal mehr mein Privileg. Ich habe sie bekommen, woher auch immer – diese Gesundheit – in überreichem Maße.

Heute, im Frühstücksraum des Hotels, geschieht es! Seit Wochen habe ich keinen deutschen Laut vernommen – jetzt höre ich meine Sprache und freue mich. Doch die beiden, Mutter und Tochter, erweisen sich als unfreundliche Zeitgenossinnen. Ich spreche sie an und sie reagieren abweisend, nörgeln. Selbst als beim dritten Toastversuch ihr

Brot wieder verkohlt auftaucht und ich ihnen helfen möchte, würdigen sie mich keines Blickes, ignorieren mich. Marta kann es nicht fassen. Fragt, ob diese Leute wirklich aus meinem Heimatland kommen. Da Marta häufig Yes und No verwechselt, antworte ich mit einem überdeutlichen Yeesss! Dieses Mal hat sie verstanden – leider! Ihr Kopfschütteln sagt alles.

Marta ist römisch-katholische Christin. Irgendwann landeten die Missionare auch bei ihrem Stamm in der Kilimandscharo-Region. Heute möchte sie in die Kirche. Weil sie daheim ist und weil Ostern ist. Natürlich werde ich sie begleiten. Bin neugierig auf einen afrikanischen Ostergottesdienst. Ich frage nach dem Beginn. Dies war wohl die dümmste Frage, die ich stellen konnte. Marta lacht. Sie hätte keine Ahnung, das wäre doch vollkommen unwichtig. Die Sache ist einfach: Es gibt Non-Stopp-Gotteslob, den ganzen Tag und die Nacht. Man geht hin und schaut. Entweder ist gerade ein Procedere im Gange, dann wartet man draußen auf das Ende. Haben die Besucher das Gotteshaus verlassen, ist Einlass für die neuen. Wenn die Kirche voll ist, beginnt die nächste Runde. So wiederholt es sich. Immer wieder.

Fröhlich schallen uns die Osterchoräle entgegen. Laut, begeistert, inbrünstig. Wir warten, wie viele andere auch, im parkähnlichen Garten von „Christo Mfalume", so der Name der größten Kirche der Stadt. Dann: Gottesdienstende! Viele Menschen strömen nach außen: Teenager, viele Kinder, wenig „Mittelalter", ein paar Ältere. Nicht wenige der schätzungsweise Fünfzehn- bis Sechszehnjährigen haben schon wieder eigenen Nachwuchs geschultert.

Das großräumige Gotteshaus füllt sich schnell. Zweihundert, vielleicht dreihundert Menschen sitzen in den

Bänken. Das Spektakel beginnt. Wäre ich blind, wüsste ich nicht, dass ich mich gerade in einer Kirche befinde, ich könnte auch in einem deutschen Bierzelt sein. Singend und tanzend zieht der Chor ein, mit ihm Pfarrer, Ministranten und sonstige Helfer. Fröhliche Stimmung, klatschen, mitschunkeln, lockere Atmosphäre. Ich verstehe nichts von alldem, was gesagt, gepredigt, gesungen wird und genieße die heitere Atmosphäre. Zwischendurch im Gänsemarsch nach vorne, etwas Geld in den Opferstock geben, den Nachbarn per Handschlag alles Gute wünschen, so kommt man sich näher. Die üblichen Rituale.

Draußen warten die Nächsten. Ausnahmslos kommen sie in ihren besten Kleidern und Anzügen, sauber, adrett, herausgeputzt. Eine neue Runde kann beginnen.

Ich habe ihn nicht gesehen! Nicht aus der Ferne und auch nicht, als ich ganz dicht dran war. Die ‚Diva‘ Afrikas hat sich eingehüllt in einen dicken, undurchsichtigen Umhang und sich hinter sintflutartigen Regenfällen verschanzt. Will der Berg seine Ruhe haben, sich vor den vielen Neugierigen und Kletterern aus aller Welt schützen, regenerieren? Jedenfalls lässt er keine Besteigung zu! Beschwert sich Reinhold Messner zu recht, dass Massentourismus mit all seinen Folgen den Bergen schadet, dem Kilimandscharo genauso wie dem Matterhorn oder dem Mount Everest? Noch lasse ich mich nicht abschrecken, ich möchte auf den Gipfel. Ich werde einen der schwierigeren Wege wählen – es soll mich Kraft und Schweiß und Mühe kosten.

In den Nachrichten lese ich, dass am Mount Everest die Sherpas streiken: für bessere und sicherere Bedingungen, gerechtere Entlohnung und eine Lebensversicherung. Kürzlich sind zwölf von ihnen ums Leben gekommen, als sie eine Route vorbereiten sollten. Ein Felsbrocken löste sich. Mehrere Expeditionen wurden abgesagt. In dem Artikel wird nicht der Tod der Sherpas beklagt, nein, der finanzielle Verlust der Veranstalter und die verlorenen Gebühren für die Staatskasse sind die Tragödie. Streikt hier zurzeit der Kilimandscharo? Für weniger Tourismus und bewussteren Umgang mit der Natur?

Noch eine zweite deutsche Begegnung heute. Marta ist krank, wir verbringen den Abend im Hotel. Schauen Fußball, englische Premier-League: Arsenal London mit Lukas Podolski und Peer Mertesacker gegen sonstwen! Wie das gleich heimatliche Gefühle verschafft! Zwei Landsleute, zwei vertraut klingende Namen. Als ob ich die beiden schon seit ewigen Zeiten kennen würde. Fußball als Medizin! Auch gegen gelegentliches Heimweh. Der Pieks, der lebendig hält!

SCHNEE AUF DEM KILIMANDSCHARO

Bohnenernte am Fuß des Kilimandscharo

Es ist früh am Morgen und noch dunkel, als wir durch die Straßen von Moshi Richtung Bus-Terminal marschieren. Unsere Rückfahrtickets haben wir, den Weg kennen wir und – wir sind in der Zeit.

Aus allen Richtungen strömen die Menschen herbei: zu Fuß, mit Motorrollern, Autos, boda-bodas. Die Osterfeiertage sind vorüber, der Familienbesuch beendet, die Heimfahrt angesagt. Viele Busse fahren ein und aus, parken irgendwo, die Menschen rennen und suchen nach einer Mitfahrgelegenheit. Es ist unübersichtlich, chaotisch, laut, Hochbetrieb.

An unserem Office sagen sie uns, dass wir noch Zeit hätten, sicherlich eine Stunde. Der Bus sei noch nicht präpariert für die lange Fahrt. So suchen wir uns einen Sitzplatz abseits der Hektik, warten und beobachten.

Die Nacht weicht langsam dem Tag, es wird heller und die Sonne findet zum ersten Mal während unseres Aufenthalts hier im Norden des Landes einen Weg durch die Wolken. Kein Regen, kein Nebel, ein sonniger freundlicher Morgen will uns verabschieden. Und wie!

Marta nimmt mich plötzlich an der Hand, zieht mich einige Meter weg und – ich sehe ihn! In seiner ganzen Pracht zeigt sich der Berg, er leuchtet in der Sonne, die ihn anstrahlt wie einen Verliebten, als ob sie nur Augen für IHN hätte. Die weiße Schneekappe blendet fast. Wir sind ganz nah dran am Kilimandscharo. So schön, so imposant, so ergreifend ist der Berg. Ich kann meinen Blick kaum losreißen. „So weit wie die ganze Welt, groß, hoch und unglaublich weiß in der Sonne", schreibt Ernest Hemingway in seinem Buch: Schnee auf dem Kilimandscharo. Ein atemberaubendes, erhebendes Gefühl.

Kein Wunder, dass ungefähr 25 000 Menschen jährlich das Gipfelglück auf knapp sechstausend Metern Höhe suchen. Sie alle wollen auf dem höchsten Berg Afrikas und dem schönsten freistehenden Berg der Welt stehen. Allerdings, die Hälfte muss wegen Höhenkrankheit vorzeitig den Abstieg antreten.

Nach einigen Fehlversuchen erreichte 1889 der erste Mensch den höchsten Punkt der kahlen, schneebedeckten Mondlandschaft; 1912 fuhr der erste mit Skier nach unten und 2008 gab es die erste Live-Fernsehübertragung vom Kilimandscharo.

1987 wurde diese faszinierende Landschaft von der UNESCO zum Weltnaturerbe ernannt.

Bleibt zu hoffen, dass Vernunft und Achtung gegenüber der Natur stärker sind als Gier, Geld und Profit.

Der Bus kommt. Eine Schrottkiste für ungefähr hundert Menschen. Alle wollen nach Hause und fast alle haben Unmengen an Gepäck dabei. Gegenseitig schieben sie sich ins Businnere. Marta und ich haben unseren reservierten Sitzplatz und teilen ihn mit vier anderen. Als auch drückend, boxend und stoßend niemand mehr zur Tür hereinkommt, steigen ganz Dreiste durchs Fenster zu. Und keiner schimpft. Es ist in Ordnung, die Leute akzeptieren, dass jeder, genauso wie man selbst, zurück muss und dass nur diese eine einzige Möglichkeit besteht. Kein anderer Bus fährt heute diese Strecke.

Wie Ölsardinen in der Büchse, so eng aneinander gequetscht sind wir. Ich sehe nichts, fühle unendlich viele Leiber eng um mich herum, keine Bewegung ist möglich, spüre meine eingeschlafenen Füße nicht mehr, dafür den Druck auf der Blase. Bin hilflos und doch froh, dass es vorwärts geht. Drei Unterbrechungen, Erlösungen gleich, erlebe ich während der nächsten zwanzig Stunden. Das erste willkommene Highlight nach fünfstündiger Rüttelfahrt ist eine Panne. Der steinalte Klapperbus streikt mitten in der Pampa. Keinen Meter bewegt er sich mehr vorwärts. Wir steigen aus, es ist heiß und dreckig, kein Dorf, keine Werkstatt oder sonstige Hilfe in Sicht. Aber wir können unsere Gliedmaßen bewegen, durchatmen, ein paar Schritte gehen, den Körper strecken und dehnen, die Notdurft verrichten, Geduld üben.

Dann bekommen die Fahrer, ihre Begleiter und zufällig Mitreisende das Vehikel wieder zum Laufen. Dreimal Hupen – alle steigen ein, schnell, durch Türen und Fenster, sortieren sich. Übung macht den Meister! Weiterfahrt!

Der nächste Stopp ist Absicht. Eine Raststätte, zwanzig Minuten Pause: Den Menschenknoten lösen, aussteigen, essen, Toilette, schnell, haraka-haraka – dalli-dalli, einsteigen, ordnen, Weiterfahrt! Exakt nach zwanzig Minuten!

Der Abend kommt, es dämmert allmählich und es wird bequemer. In Morogoro, einer Viertel-Million-Einwohner-Stadt, steigen viele Fahrgäste aus und nur wenige zu. Ich habe einen Sitzplatz für mich allein. Um 2 Uhr morgens erreichen wir unbeschadet Mbeya, Mister Lutambi holt uns ab, sechs Stunden später beginnt der Schulunterricht.

PRÜFUNG

Wehe, wenn sie losgelassen werden! Die Alten sind heute Morgen außer Haus. Mama K hat nach ihrer Mutterschutzzeit den ersten Arbeitstag. Sie arbeitet im 60 Kilometer entfernten Tukuyu, ihr Ehemann würde sie begleiten, so hatten sie es gestern besprochen. Und Marta? Vermutlich ist die Zuverlässige, die nach unserer Rückkehr hier übernachtet hat, mitgefahren. Die Schule liegt am Weg.

Wäre Krister, die „Ruhe im Sturm", nicht, die Jungen würden wohl die Bude einreißen. Sie rennen durchs Haus, kreischen, raufen, balgen sich, die Glotze läuft auf

Hochtouren, voll aufgedreht, das Programm dagegen absolut untertourig: Porno, Werbung, Katzenjammer. Krister putzt, versorgt das Baby, richtet Frühstück, zügelt den ausgelassenen Haufen. Ja, die so unterwürfigen, braven Kinder und Jugendlichen! Haben sie die Möglichkeit, so lösen sie ganz schnell die Fesseln. Beruhigend, dass sie das auch können!

In „Kelly's School" ist heute Prüfungstag. Zehn Kinder sollen jeweils ein Stipendium bekommen. „Woher", frage ich den Headmaster. „From Germany", sagt er. Ich wundere mich, denn ich weiß von nichts. Traum oder Wirklichkeit oder Trick oder vielleicht ein Missverständnis? Und so haben sie eilends fünfzehn Kinder, zwischen acht und zwölf Jahre alt, aus den umliegenden Dörfern rekrutiert. Vier von ihnen sollen heute ausgewählt werden. Nur wie?

Schnell hat der Headmaster ein paar Testaufgaben entworfen: Englischkenntnisse, Suaheli, Rechnen will er abprüfen. Für alle die gleichen Anforderungen, ohne Rücksicht auf Alter, Klassenstufe, Vorgeschichte.

Im Klassenraum herrscht eine ziemlich groteske Stimmung: Die Kinder wissen nicht, was sie tun sollen, der Headmaster weiß nicht, was er falsch gemacht hat, die anderen Lehrer denken wohl, sie wären die Prüflinge – jedenfalls versuchen sie, die Aufgaben zu lösen.

Da das Geld für ein Stipendium „from Germany" kommen soll und somit auch mich und meine Mission hier betrifft, mische ich mich ein. Kein Wunder, dass die Kinder verunsichert sind. Die meisten verstehen kein Wort Englisch, die Rechenaufgaben sind viel zu schwierig, teilweise können sie weder lesen noch schreiben. Ich versuche, dies dem Headmaster und den Lehrerinnen zu vermitteln und wir stellen auf „mündliche Prüfung" um. Ich frage nach ihrem Alltag, ihren Geschwistern, wo sie wohnen, womit sie sich beschäftigen. Marta übersetzt in Suaheli und jetzt verstehen die Verschüchterten, tauen auf, plaudern munter drauflos. Dann zeigen sie, was sie können: Auf Händen laufen, präsentieren ein Lied, ein Gedicht, Pantomime. Kleine Spiele runden die Prüfung ab. Es macht Freude zu sehen, wie aufgeweckt, wie neugierig und vertraut die Kinder nach einem Tag in „Kelly's School" sind. Alle wollen sie wiederkommen, wollen lernen. Zu Hause müssen sie arbeiten, oft viele Stunden am Tag: putzen, Wäsche waschen, kleine Geschwister und Tiere hüten, Feldarbeit. Doch woher das Geld für den Schulbesuch nehmen? Die Möglichkeiten der Eltern sind begrenzt, Stipendien eine Chance. Und immer wieder die Frage, wie zuverlässig, wie nachhaltig, wie effektiv und ob überhaupt sinnvoll und berechtigt Hilfe von außen ist?

Bei Schulschluss schüttet es, der Regen prasselt wie aus Kübeln gegossen vom Himmel. Die Heimfahrt in die Dörfer der Kinder wird problematisch. Der größere Bus ist wieder einmal defekt und wir stapeln alle miteinander in den kleineren. Heute wird es besonders eng, es sind ja noch die Prüfungskinder dabei.

Seltsam, wenn es am unbequemsten ist, geht es besonders geordnet und diszipliniert zu. Die Kinder sitzen zu viert auf einem Platz, stehen eng an eng. Kein Geschubse, kein Gekneife, kein Geschrei und die Größeren geben auf die Kleineren Acht. Schnell wird klar, dass der Bus nicht von der Straße abbiegen kann. Zu matschig und schlammig sind die Wege, zu tief die Wasserrillen. So werden die Kinder an der Straße abgeholt. Irgendjemand, ein Vater, eine Mutter, ein Nachbar wartet mit dem

Motorroller und lädt so viele Kinder wie möglich auf. Manches Mal sitzen zwei kleinere vor dem Fahrer, drei dahinter und irgendwie schaffen sie es, auch noch allerlei Gepäck mitzunehmen. Die Fahrt auf dem total überladenen Zweirad sieht nicht einmal gefährlich aus. Souverän und selbstverständlich beherrschen sie diese Art der Fortbewegung. Reine Gewohnheitssache! Schon Babys werden auf dem Roller mitgenommen, Achtjährige fahren wie die Profis.

Am Dienstag ist Markttag in Tukuyu, der Bananenhochburg, und Mister Lutambi will einkaufen: Matratzen. Mein Herz schlägt höher! Die heimliche Hoffnung und Freude, dass mein durchgelegenes Teil durch eine neue, härtere und rückenfreundlichere Unterlage ersetzt werden könnte, weckt euphorische Gefühle.

Es ist ein Riesenakt, bis wir fünf neue Matratzen haben. Bis wir alle drei in Frage kommenden Geschäfte besucht, bis die Verkäufer die sperrigen Quader auch noch aus dem letzten Winkel ihrer unübersichtlichen Bude hervor gezerrt haben, bis die sieben Beteiligten jeweils ihre Meinung kundgetan haben, bis eine Entscheidung getroffen wurde und bis schließlich die kostbaren Teile durch den Regen geschleppt und im Bus verstaut sind.

Die Köchin in „Kelly's School" braucht Bohnen. Eines der Hauptnahrungsmittel. Bohnen gibt es jeden Tag, überall: in der Familie, in jeder Straßenküche, in der Schule. Das Angebot auf dem Markt ist unerschöpflich. Unzählige Sorten in unzähligen Schattierungen zwischen weiß und schwarz, in vielen verschiedenen Größen und Formen werden von unzähligen Bauern angeboten. Für mich sind

Bohnen Bohnen, doch Marta sagt, dass man genau hinschauen muss. Sie würden sich deutlich unterscheiden: geschmacklich, preislich und im Alter. So klappern wir die Bohnenstände ab. Bleiben wir stehen, werden wir sofort von den Marktfrauen festgehalten. Jede hat die besten, billigsten, schönsten Bohnen. Auch sie sind so etwas wie „flycatcher", kleben dran. Und ganz schnell kommen zehn andere angerannt und haben noch bessere Bohnen. Sie schreien, kreischen und preisen – eine lauter als die andere – ihre Ware an und schlagen sich dabei fast die Köpfe ein. Da hilft nur Flucht und an einer ruhigen Ecke neu mit dem Bohnenkauf beginnen.

Mama K hat ihren ersten Arbeitstag gut überstanden, das Haus steht noch, die junge Generation ist wieder ehrfürchtig wie gewohnt.

Da ich jetzt mehr und mehr auch allein unterwegs bin, trichtert mir Mama K wieder einmal neue und alte Verhaltensregeln ein. Niemals soll ich reagieren, wenn ich von jemandem angesprochen werde. Neuerdings hätten gewisse Leute Gift im Mund, das sie dem Angesprochenen dann zupusten würden und das diesen betäube. Oder sie hätten Gift in der Hand, das beim Handschlag in die Haut dringe und bewusstlos mache. Und ich wäre vor keinem Fremden sicher, auch nicht vor Frauen und Kindern, sie würden oft vorgeschoben und die wirklichen Übeltäter im Hintergrund warten.

Ich verspreche, vorsichtig zu sein. Nein, große Angst habe ich trotzdem nicht.

NO MONEY

Der Schultag ist lang!

Heute bin ich früh in Number One. Ich verlasse den Bus im „Zentrum" und sehe Neema an der Straße kauern. Sie ist in der Schule für die Sauberkeit zuständig, hilft bei der Betreuung der Kinder und sitzt auch oft im Unterricht. Sie, die Neunzehnjährige, spricht einige Worte Englisch, ist interessiert, sucht oft meine Nähe. Jetzt ist sie am Boden zerstört, verkörpert den plötzlich eingetretenen Weltuntergang, ist nicht ansprechbar, hockt wie angeklebt am Boden.

Aber sie lebt. Sie fängt an zu wimmern, zu jammern. Sie könne nicht in die Schule zurück. „Warum", frage ich. Mister Lutambi wird mir alles erklären, sagt sie. Nichts Genaueres. Nur, sie kann nicht zurück. Fertig. Kein gutes Zureden meinerseits hilft.

Dann fängt sie an zu schluchzen. Sie wisse nicht wohin, nicht was tun. Sie habe nichts zu essen. Sie habe „no money". Bei mir klingeln die Alarmglocken. Nein, ich gebe ihr nichts. Keiner hat Geld, nie. Ich weiß nicht, ob Neema trickst und mir nur Elend vorgaukelt, ob ihr Getue gespielt ist, was mit ihr los ist. Filmreif ist ihr Auftritt allemal.

Der Headmaster und Mister Lutambi stehen vor „Kelly's School", diskutieren, wirken unentschlossen. Nach der kurzen Begrüßung – kein Wort zu irgendwelchen Problemen – verabschieden sie sich ins Dorf.

Aus dem Klassenzimmer dröhnt das chorale Nachgeplapper der Kinder: „Two plus two is four! Two plus three is …!" Laut und immer und immer wieder. Marta rennt von einem Zimmer ins andere, sucht ständig eine Kleinigkeit, einen Stift, einen Radiergummi und rennt wegen drei Teilen mindestens fünfmal hin und her. Die Kinder brüllen munter die Zahlenreihe weiter, auch ohne Lehrerhilfe. Tulie, ihre Kollegin, hält es auch nicht in ihrem Klassenzimmer aus, verlässt den Raum, schaut immer mal wieder durchs Fenster herein, läuft verloren durch die Gegend.

Es liegt etwas in der Luft. Die Stimmung ist anders heute, wie Nebel, der verschleiert. Niemand verhält sich auffällig und doch wirken sie ratlos, unsicher. Einzig die Kinder sind wie immer: gutgelaunt und quirlig. Jetzt rennen sie ins Freie, zum Fußballspielen oder in den Sandkasten.

Ich halte mich zurück, beobachte die Mädchen und Jungen, spiele mit ihnen. Sie sind heute die angenehmeren. Kinder sind Kinder und sind wie Kinder – überall auf dieser Welt. Ob schwarz oder weiß, arm oder reich, sie machen die Welt bunter. Ihr Lachen ist überall gleich frisch. Und ihre Tränen gleich traurig.

Am Nachmittag erzählt mir Marta Neemas Problem. Sie, Neema, habe Mister Lutambi einen Brief geschrieben, dass sie keine Lust mehr auf ihren Job habe und nicht mehr arbeiten wolle. „Und nun?", frage ich. „Selber schuld", sagt Marta, die Abgeklärte, die verstanden hat, dass der Weg aus der Armut nur eine bezahlte Arbeit sein kann. Ausführlich habe sie mit Neema darüber gesprochen, doch nichts erreicht. Lieber sitze sie, Neema, den Tag über auf der Straße und warte auf bessere Bedingungen. Die nicht eintreffen, so nicht! Und auf ein besseres Leben. Das ihr so nicht gelingen wird.

Eine Neue stellt sich vor: Happy. Sie will mit den Kleinsten arbeiten. Happys Alter kann ich nicht schätzen. Sie hat ein junges und doch so ernstes Gesicht. Sie ist modern gekleidet und wirkt dennoch nicht jugendlich. Heute will sie sich umschauen, die Schule, die Kinder, die Kollegen ein bisschen kennenlernen. Doch es passiert nicht viel. Happy marschiert allein durchs Gelände, setzt sich allein irgendwohin, macht sich allein ihre Gedanken.

Nach unserer gemeinsamen Busfahrt zurück in die Stadt weiß ich, dass Happy vor kurzem ihre Ausbildung beendet hat, dass sie gerne den Job in „Kelly's School" hätte. Sie wohnt allein in Mbeya und lädt mich in ihr Haus ein. Jetzt, sofort, könne ich mitkommen. Ich vertröste sie auf später – habe ich doch inzwischen gelernt, vorsichtiger zu sein.

Mama Ks Lektionen greifen! Inzwischen auch, wenn es eine anscheinend einsame Lehrerin betrifft.

Als ich zu Hause eintreffe, hat Happy schon fünfmal bei meiner Familie angerufen: Ob ich angekommen sei, ob mir unterwegs nichts zugestoßen wäre, ob ich den Weg gefunden hätte. Und nicht nur das: Auch bei Marta hat sie sich gemeldet und sich erkundigt, ob ich – allein unterwegs – straßentauglich sei! Und bei Mister Lutambi!

So viel Aufmerksamkeit und Fürsorge! Ach, das ist schön und lästig zugleich. Und lustig! Und was steckt dahinter?

ÜBERRASCHUNGEN

Große Freude über die neuen Spielsachen

Der Kondukteur im Bus kennt heute weder Spaß noch Nachsicht. Rigoros weist er die Plätze zu, von hinten nach vorne wird aufgefüllt. Meckern, Motzen, Augenrollen – alles zwecklos. Mich schickt er auf die durchgehende Bank ganz hinten. Auf den fünf Sitzplätzen hocken schon sieben Dicke, ich soll auch noch Platz nehmen. Die Sieben rücken, rutschen und schaffen es, für mich geschätzte zehn Quadratzentimeter Sitz frei zu legen. Ich quetsche mich seitlich rein, mein Oberkörper hängt bei den Nachbarn links von mir, mit denen rechts sortiere ich die Beine.

Die Reihen vor uns füllen sich schnell, im Gang sitzen sie auf wackeligen Klappsitzen, alle genauso eng nebeneinander, übereinander, durcheinander wie wir in der letzten Reihe. Hauptsache, man kommt von A nach B.

Die hintere Busklappe geht auf. Schnell und ohne Vorwarnung und ohne ein Zögern wirft der Busbegleiter das Gepäck der Fahrgäste durch die Öffnung ins Businnere, schiebt die Kisten, Kartons, Taschen, Säcke immer weiter am Boden entlang, als ob die Füße der Fahrgäste nicht vorhanden wären. Ein kurzes Verwundern, ein kleiner Schreck, wir heben gemeinsam das Füße-Wirrwarr an und der schmale Streifen des Busbodens füllt sich immer mehr. Dann Klappe zu, alle sitzen, die Beine angewinkelt, die Füße auf anderer Leute Gepäck.

Die Buskontrollen unterwegs sind heute besonders streng. Ein Polizist kommt ins Businnere, schaut, ist zufrieden, dass niemand steht. Ich sehe es an seiner Handbewegung, am Nicken. Vermutlich war der Busfahrer von der schärferen Überprüfung der Fahrzeuge informiert und Schmiergeld heute nicht empfehlenswert. Schließlich gibt es Regeln! Eine davon heißt: Jeder Fahrgast muss sitzen. Wie und wo ist unbedeutend. Sitzen – und alles ist gut! Wie wird es morgen sein? Oh, ich bin neugierig, vermutlich alles so wie immer? Maßlos überfüllt? Eng an eng und afrikanisch!

Die zweite Überraschung: In der Schule haben sie die Nacht durchgearbeitet. Die Wippe steht – zumindest halbfertig, der Sandkasten hat eine Umrandung und es gibt eine Schulglocke! Mitten im Gelände wurden zwei Pfosten in die Erde gehauen, eine Querlatte daran genagelt und mit einem dicken Draht eine alte Autofelge daran befestigt. Mit einem Stück Holz schlägt man dagegen – und jeder weiß Bescheid! Es ist Zeit für: Anfang, Ende oder Pause.

Die dritte Überraschung: Moustache, er wird so genannt, weil er der einzige im Dorf mit Schnurrbart ist, bringt endlich die Holzbauklötze. Quader und Würfel in verschiedenen Größen. Einen Sack voll. Schon habe ich nicht mehr daran geglaubt, seit Wochen hat er den Auftrag, seit Wochen hatte er bei Nachfragen eine Ausrede parat, doch nun sind sie da: sauber gearbeitet, geschliffen.

Die Lehrer, Mister Lutambi, Marta, selbst Moustache wissen nicht, wozu die Teile taugen sollen, was die Kinder damit anfangen sollten. Noch nie haben sie derart „sinnloses Zeug" gesehen. Und ich soll ihnen zeigen, wie man mit Bauklötzen spielt! Da weigere ich mich.

Wir nehmen den Sack, bringen ihn zu den Allerkleinsten, schütten die Klötze auf den Fußboden und sie legen los: bauen Türme, Brücken, Hütten oder ordnen einfach gleiche zu gleichen.

Ich schaue in die Gesichter der „Großen" und sehe Staunen, Wundern, Freude – und auch ein bisschen Sehnsucht. Wann werden sie sitzen und bauen?

Die Schulbelegschaft wird nacheinander krank. Mary ist seit heute – nach überstandener Malaria – wieder in der Schule. Dafür meldet sich Tulie ab, sie fühlt sich schlecht. Rose fehlt schon länger. Marta schwächelt immer mal wieder, der Headmaster fehlt sowieso ständig. Zum Arzt oder ins Krankenhaus gehen sie nur im äußersten Notfall. Sie legen sich ins Bett oder in ein ruhiges Eck, nehmen Schmerztabletten und warten.

Mir geht es gut! Trotz der „Hygiene"! Trotz aller Einfachheit! Trotz der anderen Ernährung!

So viele Bohnen wie in den vergangenen Wochen habe ich in meinem ganzen bisherigen Leben nicht gegessen. Bohnen, Kraut und Ugali. Bananen oder Avocados, zwei der Hauptanbauprodukte, gibt es meistens dazu. Ich mag das afrikanische Essen, vegetarisch ernähre ich mich schon immer, hier fast vegan und ich vermisse wenig. Na ja, fünf Wochen keine Schokolade, keine Gummibärchen, kein Eis, kein Kuchen. Ich wundere mich immer wieder, wie bei dieser einfachen Kost besonders die Frauen so füllig sein können.

Nächste Besonderheit heute: Am Abend regnet es so stark wie noch nie. Sturmflutartig erwischt es Number One. Im Schritttempo fährt der Schulbus die Kinder in ihre Dörfer, sogar die Hauptstraße ist überschwemmt. Die lehmigen Wege zu den Hütten sind gar nicht mehr zu sehen – nur Wasser. Einige Kinder werden an der Straße abgeholt und nehmen wie gewohnt auf dem Roller Platz. Sie trotzen dem Regen! Einige fahren wieder mit zurück zur Schule, ihr Zuhause ist von der Außenwelt abgeschnitten. „No problem", höre ich immer wieder. Das kommt hier öfter vor.

Ich fahre allein mit dem öffentlichen Bus zurück – Mister Lutambi bleibt in der Schule. Niemand weiß, wie lange der Regen anhält, auf jeden Fall will er das Gebäude vor Hochwasser schützen. Auch unten in Mbeya schüttet es heftig. Unmöglich, die zwei Kilometer nach Hause zu laufen. So gehe ich in einen Laden – irgendwann wird der Regen wohl nachlassen. Hier warten noch mehr Menschen. Sie fragen immer wieder, was ich vorhätte, wo ich herkäme, wo ich wohne. Mir fällt Mama Ks Verhaltensregel ein: Lass dich mit niemand ein!

Ein junger Mann kommt herangefahren. Einer mit einem bajaji, dem überdachten dreirädrigen Fahrzeug. Er will mich zum Haus bringen, er komme durch die durchweichten Wege. Ich überlege, zögere. Doch irgendwie muss ich zurückkommen.

Ich setze mich auf den Rücksitz, er bindet die Plane, den Regenschutz, fest, steigt auf und will losfahren. Nichts geht! Nach mehrmaligen Versuchen springt der Motor endlich an. Von oben und allen vier Seiten trieft es ins Innere, von unten spritzt das Regenwasser hoch, nach vielleicht 200 Metern streikt der Motor. Genervt schimpft mein Fahrer vor sich hin, dann hat er eine Idee. Aus der Gepäcktasche zaubert er eine Coca-Cola-Flasche, schüttet den Inhalt in den Tank und – zu seinem Erstaunen – das Fahrzeug fährt, besser gesagt: schwimmt, durch die inzwischen flussähnliche Straße. An den Schienen muss ich aussteigen, die Straße zu verlassen wäre unmöglich. Das verstehe ich.

Nun will er Geld. Klar. Zehntausend. Nein, niemals. Okay, das sieht er ein. Dann fünftausend. Never, für das kurze Stück. Wir zetern hin und her. Er, zuerst flehentlich, dann verärgert, danach unterwürfig, bittend und aufgebracht im Wechsel. Gut, ich gebe ihm schließlich zweitausend, den Schein habe ich zufällig in der Jackentasche. Nein, er will mehr, verweigert zuerst, doch als er merkt, dass ich weggehen will, nimmt er ihn gerne. Mit einem Grinsen und Winken verabschieden wir uns. „Next time I bring you home", ruft er mir hinterher. Nächstes Mal will er mich nach Hause bringen!

ZEIT

Mein Nacken schmerzt. Die linke Seite besonders. Die uralt-leibquälende Matratze! In solchen Momenten sehne ich mich nach Luxus – dem ganz normalen: einem Bett mit bequemer Unterlage, einer heißen Dusche, Zeitungen, Tisch, Stuhl, Ruhe.

Nur kurz kommen solche Gedanken, verabschieden sich ganz schnell wieder. Hat mich der Alltag, so bin ich in ihm verankert, dann ist kein Platz für wehleidiges Gejammer. Dennoch will ich ehrlich mit meinen Gefühlen umgehen, sie zulassen. Sie helfen mir, das Leben, die Menschen, mich, wo immer auf der Welt, ein klein wenig besser zu spüren und zu verstehen.

Auch Irene hat sichtlich schlechte Laune. Warum, erfahre ich nicht. Sie schubst ihren Putzeimer den Boden entlang und schleudert den Lappen von einem Eck ins andere. Die Jungen bringen die neuen Matratzen in die Zimmer – nicht in meines. Vermutlich ist sie immer noch eine der besseren oder gar die einzige im Haus!

Mama K geht nicht zur Arbeit, die Glotze läuft nicht, kein Gekreische aus irgendwelchen Verstärkern. Es ist wohltuend ruhig an diesem Morgen. Stromausfall? Geräte defekt? Nein, die Musikbox funktioniert, dennoch, es ist anders heute. Jeder hat Zeit, lässt sich Zeit, trödelt in der Zeit. So dauert es, bis ich mit Mama K endlich das Haus verlasse. Gemeinsam fahren wir zur Schule.

Ich bastle eine Pappuhr. Ich will Marta und den anderen die Uhrzeit erklären: meine Zeit, internationale Zeit.

Viele Tansanier richten sich nach dem Suaheli-System. Der Tag beginnt um sieben Uhr unserer Zeit. Es ist die Stunde null und nun werden zwölf Stunden gezählt. Fängt die Schule – nach meinem Verständnis – um acht Uhr an, so bedeutet das für die Einheimischen ein Uhr. Kein Wunder, Missverständnisse sind unvermeidlich und manchmal ziemlich lustig, da sich inzwischen Suaheli-Zeit und Allerwelts-Zeit vermischen. Auch in der Schule. Zwölf Stunden später beginnt nach der Suaheli-Zeit die erste Stunde des Abends, das heißt, um 19 Uhr wiederum mit der Stunde null und zwölf Stunden später, also – für mich – um sieben Uhr am Morgen, ist es für meine Freundin Marta zwölf und 10 Uhr bei mir bedeutet für sie erst drei! Uff!

Wie soll ich wissen, in welchem System sich mein Gesprächspartner gerade befindet? Wenn ich dann komplett verdutzt schaue, versuchen wir gemeinsam, Suaheli-Zeit und internationale Zeit zu kompatibeln. Das Ergebnis ist meist noch verwirrender.

In Flughäfen, Reisebüros, Banken und den anderen öffentlichen Einrichtungen wird inzwischen ausschließlich nach internationaler Zeit agiert. So versuche ich, der Schulbelegschaft den 24-Stunden-Rhythmus, Mitternacht und den Beginn des neuen Kalendertages zu erklären. Wir schieben die Zeiger hin und her, rechnen, übersetzen, üben. Belassen es bei den vollen Stunden. Ein ziemlich schwieriges Unternehmen, wenn Zeit im Alltag nicht so wichtig ist, weder die Uhrzeit noch die Dauer. Nirgendwo sehe ich eine Uhr: keine Wanduhr, keine Armbanduhr. Doch, das Mobiltelefon, wichtiges Utensil, zeigt die Zeit an – international. Ob es sie interessiert? Keine Ahnung, eher nicht!

Es hat sich herumgesprochen, dass „Kelly's School" Geld verschenkt. Die Stipendien! Immer wieder kommen Kinder und wollen hier lernen. Manchmal bringen sie ihre Eltern mit. Bei meinem Anblick erstarren manche fast, reißen Mund und Augen auf, biegen sich vor Lachen oder rennen verängstigt weg. Doch die Scheu ist nur von kurzer Dauer. Schneller als mir lieb ist hängen die Kleinen wie Kletten an mir und die Großen bestaunen mich.

Besonders rasch knüpfe ich mit den älteren Jungen Kontakt. Fußball verbindet uns. Sie freuen sich, wenn ich mit ihnen spiele, integrieren mich, und die Neunjährigen zeigen volles Verständnis, wenn mein Schuss mal wieder komplett sein Ziel verfehlt.

Die Jüngeren entdecken anderes: meine Brille, meine Haare. Niemand trägt eine Brille. Kein Kind, Erwachsene auch nicht. Haben die Menschen alle gute Augen oder gibt es keine Sehhilfen? Nein, auch in der Stadt habe ich keinen Optiker und nirgendwo Brillen gesehen und die Kinder sicherlich noch niemanden mit einem solchen Gestell auf der Nase.

Den ganzen Tag schon spüre ich Kopfschmerzen. Der Nacken? Schlecht geschlafen? Normalerweise übergehe ich das, aber hier: Malaria fängt mit Kopfschmerzen an! Muss nicht – aber kann! Andererseits: Nicht jeder Kopfschmerz bedeutet Malaria. Ich warte bis morgen.

GLÜCK GEHABT

Durchatmen! Es geht mir besser. Doch keine Malaria, so hoffe ich. War es vielleicht einfach so eine Schnauze-Voll-Attacke oder ein Heimweh-Überfall. Etwas Unterbewusstes. Zeit und Grund zum Nachdenken. Ja, es ist gut so wie es ist. Ich möchte es nicht anders. Hier sein und Neues lernen, reisen und wieder nach Hause können, darüber berichten, andere Aufgaben suchen, mich Schwierigkeiten stellen, sie meistern und daran wachsen. „Travel often; getting lost will help you find yourself", habe ich irgendwo gelesen. Ja, genauso soll es sein, und ich weiß all meine Privilegien wieder voll und ganz zu schätzen und verspüre ein großes Gefühl der Dankbarkeit.

Für meine Gesichtswäsche gönne ich mir heute eine kleine Kaffeetasse Wasser, das kostbare Wasser aus der Flasche, das ich sonst nur zum Zähneputzen nehme. Kein fließendes Wasser zu haben ist eine der größeren Herausforderungen. Selbst im Dschungel in Asien gab es den Wasserhahn. Hier habe ich den Eimer in der Toilette stehen und spare das Wasser. Täglich sehe ich, wie mühsam es aus der Tiefe nach oben befördert werden muss. Ein Eimer reicht für zwei Tage: Händewaschen, ab und zu eine „Katzenwäsche", selten Kleiderwäsche und „Toilettenspülung". Ungefähr alle zwei Wochen gibt es für jedes Familienmitglied einen Eimer warmen Wassers, für die „große Wäsche", die Ganzkörperpflege. Es wird in einem riesigen Topf auf der Feuerstelle erhitzt. Die Wohltat ist unbeschreiblich. Einfach wunderbar, besonders wenn man den Aufwand und die Anstrengung bedenkt, die für diesen Genuss notwendig sind.

Alle sind heute Morgen zu Hause. Entsprechend ist die Lautstärke, das Tohuwabohu unüberschaubar, unüberhörbar. Niemals werde ich verstehen, warum der erste Gang zum Fernsehapparat und die erste Handbewegung zum On-Knopf geht. Und die Kiste in voller Lautstärke scheppert. Und niemand schaut. Die einen liegen noch im Bett, die Kinder rennen durch die Gegend, die anderen arbeiten im Haus oder draußen. Kübel klappern, Möbel werden verrückt, der Boden geschrubbt, der Hof gefegt, lautstark, gemeinschaftlich, sichtlich gut gelaunt.

Mama K taucht auf. Sie will, dass ich ins Krankenhaus gehe: Malariatest. Ich sehe keine dringende Notwendigkeit, aber ich kenne mich ja mit den Symptomen auch nicht aus. So stimme ich zu, sicher ist sicher, schließlich haben sie die Erfahrung und Malaria sollte man ernst nehmen.

Krister begleitet mich ins Aga-Khan-Krankenhaus in der Stadt. Die Klinik ist unter kanadischer Leitung und – unübersehbar: Wer hierher kommt, gehört nicht zu den Ärmsten. Um überhaupt den Doktor sprechen zu dürfen, muss man an der Rezeption bezahlen. Für unsere Verhältnisse wenig, für einheimische Verhältnisse viel. Dennoch, der lange Gang ist voller Menschen. Wer krank ist und wer als Begleitung dabei ist, bleibt für mich ein Rätsel. Afrikaner gehen nicht allein weg, schon gar nicht ins Krankenhaus. Krister leistet mir die zwei Stunden, bis ich aufgerufen werde, Gesellschaft.

Der Doktor, jung, freundlich, charmant und – hmmm – extrem gut aussehend, begrüßt mich. Er spricht fließend Englisch, interessiert sich. Will wissen, woher ich komme, was ich hier mache, wie lange ich bleibe und schließlich auch noch, was mir fehlt. Malariaverdacht! Ich zeige mein mitgebrachtes Medikament. Ja, er kennt es, ist in Ordnung. Dann schickt er mich ein Stockwerk höher ins Labor.

Bevor ich einen Tropfen Blut aus der Fingerkuppe des Zeigefingers abgebe, muss ich erneut bezahlen. Wieder: Nicht viel für mich, aber viel für die meisten Einheimischen. Der Blutstropfen landet auf einer kleinen Glasplatte, ich warte eine Stunde, dann Entwarnung. „No Malaria", sagt der schöne sympathische Arzt und wünscht mir eine gute Zeit in seinem Land.

Ich bin erleichtert, mein Kopfschmerz ist schlagartig weg. Doch alles Synapsenmüll! Jedenfalls bin ich glücklich und fühle mich wieder pudelwohl. Krister und ich nutzen die Gelegenheit in der Stadt, schlendern durch die Gegend, gehen in ein Restaurant, essen und trinken auf meine No-Malaria-Diagnose.

Wieder zurück, ruft Kai aus Deutschland an. Natürlich ist er über meinen Malariaverdacht informiert. Die Buschtrommel, das Smartphone, ist schnell. Auch er ist froh, dass ich gesund bin. Schließlich habe ich noch einiges zu tun in „Kelly's School".

Missverständnisse sind aufgetreten. Wegen der Stipendien! Was als Idee gedacht war, hat Mister Lutambi gleich für bare Münze genommen. Hat alles perfekt gemacht mit den Kindern und ihren Eltern. So, als ob er das Geld schon hätte. Meinen Einwand, dass ich nichts von all dem weiß, hat er ignoriert, einfach überhört. Zweifel gelten nicht. Nicht, wenn es ums Geld geht. Ob Mister Lutambi Johann Wolfgang von Goethe kennt? „Nicht überall, wo Wasser ist, sind Frösche; aber wo man Frösche hört, ist Wasser." Frei interpretiert: Nicht überall, wo Geld ist, gibt es Stipendien; aber überall, wo es Stipendien gibt, ist Geld.

Nun muss er schauen, wie er mit den angedachten möglichen, sichergeglaubten Vielleicht-Spenden umgeht. Aber so oft schon habe ich hier etwas für unmöglich gehalten – und war über alle Maßen erstaunt, dass es dann doch wie selbstverständlich funktioniert hat. Dennoch holen mich immer wieder Zweifel ein. Wird aus der Schule eine sichere und zuverlässige Institution? Bei diesen Hau-Ruck-Methoden? Und wie kann ich bei all den Bedenken guten Gewissens um Spenden werben? Fragen, die quälen. Fragen, die niemand beantwortet.

Beim Abendessen erklären mir Mister Lutambi und Mama K, womit die Menschen hier zu kämpfen haben. Ich kann es kaum glauben, dass die durchschnittliche Lebenserwartung bei 55 Jahren liegt. Doch, versichern die beiden. Und woran das liege, frage ich. Mister Lutambi meint, dass es vorwiegend mit den Nahrungsmitteln zu tun habe. Viele Pestizide, viele Düngemittel, viel Chemikaliene werden dem Boden zugeführt. Die Menschen sind nicht informiert über Wirkung und Folgen. Sie sehen das Ergebnis: schnellere und größere Erträge. Das zählt. Nachteile kennen sie nicht. Mama K meint, es wären mehr psychische Gründe, die die Menschen so früh altern lassen, sie krank machen: die Sorge um die tägliche Nahrung, um ein Dach über dem Kopf für die große Familie. Oft fehle es trotz harter Arbeit an allem. Einig sind sich die beiden, dass die Luftverschmutzung ein Hauptübel sei und bei Krankheit sich viele Menschen keine oder nur schlechte ärztliche Versorgung leisten könnten. Malaria und HIV sind die häufigsten Killer, auch viele junge Menschen verlieren dadurch ihr Leben.

Und wieso kommt das Land trotz all der Hilfe nicht aus der Armut? Weil Geld den Menschen das allerwichtigste sei, meint Mister Lutambi – und gerade deshalb ginge es ihnen schlecht, hätten sie nichts. Weil die Menschen nicht mit Geld umgehen könnten und kein Bewusstsein hätten, was wichtig und nachhaltig und was unwichtig sei. Kurz gesagt. Sie geben das wenige, das sie haben, für unnützes Zeug aus.

IM KRANKENHAUS

Hinterhof

Die strenge Hierarchie wird immer und überall eingehalten: bei Besuchen, in der Kirche, im Lokal. Eine klare Regel: Alter hat Vorrang. Der oder die Ältesten bekommen den besten Platz, werden zuerst bedient. Kinder verhalten sich den Eltern gegenüber äußerst respektvoll, übernehmen früh viele Aufgaben, widersprechen nicht. Nicht offen. Und bleiben im Hintergrund.

Vor meinem Fenster werkelt Kristofer. Kübel und Eimer werden sortiert, ineinander gestellt, wieder auseinandergenommen und neu geordnet, Seile und Drähte aufgewickelt und abgewickelt und wieder weggelegt.

Auch Krister und Irene arbeiten, wenn sie nicht im Internat weit weg von zu Hause sind, den ganzen Tag mit. Jede hat ihre Aufgaben. Sie kochen, putzen, waschen, versorgen das Baby, treiben den Laden um, fegen, schauen nach den kleineren Geschwistern. Und rennen, wenn die Eltern rufen! Ohne Widerworte, ohne Diskussion. Es ist selbstverständlich, sagt Krister, die kluge. Es ist unsere Tradition, unser Leben.

Krister, der Engel, ist mein Bodyguard, meine Helferin und immer da. Die personifizierte Zuverlässigkeit. Kaum habe ich eine Frage ausgesprochen, einen Wunsch geäußert, gibt Krister die Antwort und hat eine Lösung parat. Sie schleppt den Wasserkübel in die Toilette, sie putzt mein Zimmer, wäscht die Klamotten, begleitet mich. Ich habe keine Chance, Arbeiten selbst zu erledigen. Ob ich sie um etwas bitte oder nicht – Krister ist da! Und wo bleibt ihre Jugend? Die Unbekümmertheit? Das Lässige? Ob sie manchmal ausgeht, mit Freunden unterwegs sei, frage ich sie eines Tages. „Nie", sagt sie. Wenn sie zu Hause sei, fühle sie sich ihrer Familie verpflichtet. Jetzt wartet sie auf einen neuen Internatsplatz, in zwei Monaten wird sie für weitere zwei Jahre die Schule besuchen, danach träumt sie von einem Pharmaziestudium. Krister ist eine intelligente junge Frau, spricht fließend Englisch und hat hervorragende Zeugnisse. Voller Stolz hat mir der Vater die Papiere gezeigt. Krister, die Erfolgreiche, Gewissenhafte, Zielstrebige befindet sich in der Rangliste immer unter den drei Besten ihrer Klasse. So hat sie die Chance, an einer guten Schule irgendwo im Land mit einem Stipendium unterzukommen.

Doch, es gibt Ausnahmen in Kristers Alltag: Sonntagmorgens nimmt sie sich frei, da möchte sie zum Gottesdienst. Krister ist, wie alle in der Familie, Christin. Mit Toleranz für Andersgläubige.

Und einmal im Monat trifft sie sich mit dem Nachbarschaftskomitee, dort wurde sie zur Schriftführerin gewählt. In dieser Gruppe werden Aufgaben und Probleme, die die Menschen im Viertel betreffen, diskutiert und Lösungswege gesucht: Hilfe bei einem Todesfall, bei Krankheit, wenn ein Laden in der Gegend eröffnet werden soll oder jemand Unterstützung beim Hausbau braucht. Jeder kann sein Anliegen im Gremium vorbringen, gemeinsam suchen die Mitglieder nach einem Ausweg.

Doch sonst? Kein Chillen, Abhängen, Ausgelassenheit, über die Stränge schlagen, nichts! Nicht für Krister, die Vernünftige, die Intelligente, die Erwachsene, die 16-Jährige.

Marta ist aus Number One gekommen. Mary hatte einen Rückfall. Noch in der Nacht haben Mister Lutambi und Marta sie ins Krankenhaus eingeliefert. Am Nachmittag besuchen wir sie. Es ist ein Government-Krankenhaus. Eines für diejenigen, die weder eine Krankenversicherung noch Geld haben, um für ihre Gesundheit zu bezahlen. Das gilt für die meisten Menschen hier. In einem Laden vor dem Krankenhaus kaufen wir Getränke für Mary. Ich wundere mich, dass Mama K einen Picknickkorb mit Ugali, Avocados und Bananen für Mary mitgegeben hat. Nun weiß ich es. Essen und Trinken gehören nicht zur Krankenhausversorgung. Dafür sind die Angehörigen zuständig. Und Mary hat niemanden. Keine Eltern, die Geschwister weit weg. Ganz selbstverständlich übernehmen Familie Lutambi und ihre Kollegen diese Aufgabe.

Wir betreten das Hospital. Zweimal links um die Ecke und ich stehe in einem Riesen-Schlafsaal. Fünfzig Betten – Pritschen – vielleicht auch hundert, ich habe nicht gezählt, stehen eng an eng. Die Kranken liegen in ihren Alltagsklamotten auf einer wachstuch-überzogenen Matratze, zugedeckt mit ihrer Jacke, einem Mantel oder einem Tuch. Alle sehen todkrank aus, auch Mary. Ihre linke Körperhälfte schmerzt, sie ist kaum ansprechbar. Sie bekommt Infusionen, die Nadel ist auf ihrem Handrücken festgeklebt.

Viele Menschen versammeln sich um das Bett gegenüber von Mary. Hier liegt jemand im Sterben. Kein Arzt, keine Krankenschwester ist dabei. Kein Schutz, kein abgegrenzter Bereich, nichts Intimes.

Die Frau im Bett neben Mary wimmert. Sie ist allein. Sie hat nichts zu essen. Wer niemanden hat, hat Pech. Marta erzählt das ziemlich emotionslos, zuckt die Schultern. Es ist wie es ist!

Nach einer gefühlten halben Ewigkeit und doch höchstens fünf Minuten muss ich den Krankensaal verlassen. Ich kann den ätzenden Geruch nicht aushalten. Ich sehe nirgendwo Krankenhaus-Personal. Und es gibt auch fast keines. Der Arzt kommt, wenn überhaupt, einmal täglich und dann hat er maximal zwei Minuten Zeit für einen Patienten. Selbst Schwerkranke warten stundenlang auf eine Behandlung.

Wer sich eine Krankenversicherung leisten kann oder leisten will, ist besser dran. Er kann in ein Private-Hospital gehen, dort ist die Behandlung und Versorgung weitaus besser.

Ich erinnere mich an Albert Schweitzer und seine Krankenstation in Lambarene. Meine Bewunderung und mein Interesse galten ihm schon in meiner Kindheit und während ich dieses Kapitel in Deutschland schreibe, kommen junge Leute vorbei, die um Spenden für „Ärzte ohne Grenzen" sammeln. Marie von Ebner-Eschenbach drückt es so aus: „Der Zufall ist die in Schleier gehüllte Notwendigkeit."

SCHNELLE ENTSCHEIDUNG

Das Reich der Schulköchin

In der Schule ist heute ein Riesendurcheinander! Mister Lutambi will mit seinem Büro umziehen. Kelly und Karen wurden kurzerhand an ihrer bisherigen Schule abgemeldet und sind ab heute Schülerinnen von „Kelly's School". Eine Wochenendentscheidung. Und die beiden sollen von Montag bis Freitag in der Schule schlafen, zusammen mit einigen anderen Kindern. Hurra – wir haben eine „Boarding School", ein Internat. Betreut werden sie von der Köchin, vom Schulbusfahrer, von Marta, von jemandem, der gerade

Zeit übrig hat und sei es auch nur für ein paar Tage, ein paar Stunden. Ach, wie wundervoll unkompliziert! Kein Papierkrieg, keine Behördenrennerei, kein Heimwehgeschrei der Kleinen. Nie habe ich sie lamentieren hören!

Mister Lutambis Arbeitszimmer soll ein Schlafraum werden. Also muss alles raus! Zwei Schreibtische, Stühle, ein kleiner Schrank, PC und Drucker und was er sonst noch hat. Wohin? In Martas Büro! Da sind schon zwei Schreibtische und ein Sofa und ein Schrank und sonstiges Zeug und kein Platz!

Die Umzugstruppe rückt an, Unterricht unwichtig, alles was größer als einen Meter und zwanzig ist, schleppt, zieht, zerrt das Inventar von Martas Zimmer in Headmasters Office. Der ist selten anwesend und sein Platz überflüssig. Hier wird nun getürmt und gestapelt, zwei neue Schreibplätze werden geschaffen: einer für Marta, einer für mich.

Die nächste Runde Umzug geht genauso reibungslos vonstatten. Gemeinsam transportieren wir die Einrichtung von Mister Lutambis Büro zehn Meter weiter in Martas ehemaliges Reich. Mister Lutambi hat seinen Arbeitsplatz an der rückwärtigen Wand mit Blick zur Tür. So sieht er sofort, wer ihn besuchen möchte. Rechtwinklig dazu ein Schreibtisch mit Computer und Zubehör für Mary, an die Wand gegenüber stellen wir das Sofa mit einem kleinen Tisch und zwei Sessel und – unvermeidlich – ein Fernsehapparat muss in die freie Ecke.

Am Abend ist der Umzug fertig, die Kinder haben einen Schlafraum. Eine Matte und ein paar Decken genügen fürs Erste.

Ja, schnelle und spontane Entscheidungen, keine endlosen Bedenkenschiebereien, kein ewiges „Soll ich oder soll ich nicht?" Nein! Wenn die Idee begeistert, wird sie umgesetzt – und zwar sofort.

Die Schocknachricht: In „Number One" gab es am Wochenende drei Todesfälle. Zweimal sind Motorradfahrer mit Bussen kollidiert, eine Frau starb an Malaria, heißt es. Alle drei wurden nur zweiundzwanzig Jahre alt.

Ich fahre mit dem Bus zurück. Wieder ist er brechend voll: mit Menschen, Kartons, Säcken, Eimern, sogar drei widerspenstige Hühner fahren mit. Am Abend sind die Kontrollen seltener als am Morgen, wir kommen ohne Stopp und heil unten in der Stadt an.

Mit Mama K und Karoline auf dem Rücken gehe ich zur Schneiderin. Sie hat einen schönen Laden, hell, sauber, mit bunten Stoffen in den Regalen, einer Ururalt-Nähmaschine, verrostet, man sieht ihr wahrlich das Alter an. Und einer zweiten, nicht ganz so alten und einem großen Zuschneidetisch. Sie selbst erweist sich als eine bezaubernde Frau. An einer Stange hängen die Kleider, die sie genäht hat und die auf Abholung warten. Alle Größe XXXL, mindestens, riesig, Leibesfülle zeigt den sozialen Status. Wunderbar bunte Exemplare. Auch Mama K will sich neue Gewänder schneidern lassen. Sie wird vermessen, die Stoffe hat sie schon ausgesucht und mitgebracht, die Schneiderin zeichnet schnell und gekonnt Entwürfe auf ein Blatt Papier, Mama K überlegt hin und her, entscheidet sich und in einer Woche kann sie zur Anprobe kommen.

Ohne Lektüre fühle ich mich verlassen. Lesen ist für mich so lebenserhaltend wie essen und trinken. Einen Satz von Max Frisch habe ich notiert: „Die Meisten verwechseln Dabeisein mit Erleben." Ich will beides, dabei sein, mittendrin sein, als Beobachterin und als Betroffene, dazugehören, leben und erleben: das Andere, das Neue, das Unbekannte und Unvorstellbare. Trotz gelegentlicher Strapazen, trotz Unbequemlichkeiten, trotz manchen Ängsten und Gefahren. Will den Genuss und den Schmerz, das Leiden und die Freude – das ganze Leben.

UNTERRICHT BEI JULIETTE

„It is like it is!" Heute Morgen gibt es keinen Strom. Kein Licht, kein Internet und kein Fernsehen. Niemand scheint verwundert zu sein. Das kommt öfter vor und regelt sich früher oder später wieder. Die Ruhe „ohne" tut gut. Trotzdem: Es ist nicht mein Tag. Neue Moskitostiche verunsichern mich – hoffentlich nicht Malaria. Dieser Gedankenmüll, als ob jeder Zeckenbiss Borreliose bedeuten würde.

Um halb acht stehe ich an der Busstation in Sae, will nach Number One fahren. Mein Handy klingelt. Ein Anruf von Mister Lutambi. Er hat sein Telefon zu Hause vergessen. Ob ich zurückgehen und es holen soll? Nein, meint er, don't worry! Nicht so schlimm. Jeder der Erwachsenen hat ein Handy: in der Schule ganz sicher, im Dorf ziemlich sicher, in der Stadt – ich vermute, in Tansania – no idea!

Sieben Stunden später, kurz vor Schulschluss, taucht Krister mit Mister Lutambis Smartphone auf. So lange hat sie für die knapp 40 Kilometer gebraucht, so lange musste sie warten, bis der Bus endlich voll besetzt war und gefahren ist. Leider umsonst, der Vater ist nicht da.

In der Schule gehen sie es heute wieder locker an. Der Headmaster zeigt mir seinen „lädierten" Fußknöchel. Ich sehe nichts. Er meint, er wäre angeschwollen und verabschiedet sich. Krank! Mister Lutambi will zu einer Beerdigung ins Dorf und in einer Stunde zurück sein. Wir sehen ihn an diesem Tag nicht wieder. Marta legt sich ins Bett und fürchtet, sie hätte Malaria. Die neue Lehrerin ist seit heute hier: Juliette, groß, kräftig, resolut. Und sie greift durch! Bewegungslos sitzen die Sieben- bis Zehnjährigen in ihren Bänken, fünfzehn Jungen und Mädchen. Bis auf zwei sind alle erst seit ein paar Tagen in „Kelly's School" und verstehen die Welt nicht mehr. Gnadenlos quasselt Juliette auf sie ein, ein Englisch-Suaheli-Gemisch, und will ihnen Politeness, Höflichkeit, beibringen. Please, mother, may I have water? oder Please, father, can I help you? schreibt sie an die Tafel. Die armen Kleinen. Sie können kaum lesen, wenig schreiben und erst recht kein Englisch. Juliette ist unerbittlich. Sie brüllt die einzelnen Worte vor, die Kinder brüllen sie nach, im Chor, einzeln, die Jungen, die Mädchen, dann wieder alle zusammen. Immer wieder. Wer aufgibt, bekommt eine Kopfnuss. Zugegeben: Sanft und sicher gut gemeint. Die Kinder mucksen sich nicht und verlieren trotz allem langsam die Scheu. Ich schmunzle, wundere mich, finde die Situation herrlich komisch: Politeness mit so viel Geschrei und den groben Gesten. Dann das Ganze als Rollenspiel: Vater und Kind, Mutter und Kind. Jetzt sind sie begeistert dabei, schleudern die englischen Sätzchen raus, sind stolz und der Feldwebel ist zufrieden. Und mir wird einmal mehr klar: Es kommt auf den Blickwinkel an. Ja, es gibt noch andere, wenn auch für uns ungewohnte Lern- und Lehrmethoden. Nein, keine ist besser oder schlechter, jede hat Vor- und Nachteile. Wie sagte schon Ovid vor 2000 Jahren: „Jedes Ding hat zwei Seiten."

Immer wieder macht sich Frust bei mir breit. In der Schule läuft es nicht nach meinen Vorstellungen. Der Sandkasten ist immer noch nicht fertig, die Schaukel hat immer noch kein Sitzbrett, die hergestellten Arbeitsmaterialien liegen immer noch unbenutzt zwischen all dem anderen Durcheinander und die Spielsachen, die ich aus Deutschland hergeschleppt habe, stehen immer noch wie Heiligtümer irgendwo im Abseits. Hefte, Stifte, Radiergummis, Scheren, all das, was Kinder in der Schule brauchen und ich eingekauft habe, kann man wie Ausstellungsstücke in einem eigens dafür zusammengebastelten Regal bewundern. Exotische Teile, die Angst machen? Wem? Immer wieder ermuntere ich die Lehrer, die Sachen zu benutzen, sie den Kindern zu geben. Nein, sie haben Schwellenängste, hatten ja selbst noch niemals Farbstifte, Wasserfarben oder Knetmasse in der Hand. Und es ist schwierig für sie, zu verstehen, dass musische Beschäftigungen auch wichtig für Kinder sind.

Noch ist Schule ausschließlich auf Pauken ausgerichtet, selbst bei den Allerkleinsten.

Wie fast jeden Nachmittag, begleite ich die Kinder im Schulbus. Mir gefällt die Off-Road-Tour durch die Gegend zu ihren Dörfern. Ich sitze vorne neben Franzi, dem Fahrer, die beiden Kleinsten, Manka und Anita, auf dem Schoß. Manka, die Zweijährige, schläft und die vierjährige Anita kaut an einem Maiskolben. Neben mir sitzt Marta, zwischen ihren Knien steht Paula, fünf Jahre alt.

Auf meinen Oberschenkeln wird es feucht-warm. Anita pinkelt! Ohne Vorankündigung. Ohne irgendeine Regung. Aus heiterem Himmel. Uff – ich erschrecke, stelle sie vor mich, Manka wacht auf und Marta lacht schallend. Jetzt weiß ich, warum sie die Kinder immer vor sich platziert und mit ihren Knien festklemmt. Ja, sagt sie, genau dasselbe hat sie auch erlebt. Sie gestattet den Kleinen nur noch Stehplätze bei sich.

Vor einigen Jahren, so erzählt mir Mama K am Abend, gab es in Tansania Unruhen, religiöse Kämpfe, die in der Gegend hier ausgelöst wurden. Die Muslime bestanden darauf, dass nur sie das Recht hätten, Tiere zu schlachten, das Fleisch der von Christen geschlachteten Tiere sei unrein. Das konnten die Christenmenschen so nicht stehen lassen und behaupteten dasselbe – nur anders herum. Daraufhin brannten Metzgereien, Kirchen wurden angezündet, die Situation drohte zu eskalieren. Politiker mischten sich ein, versuchten zu vermitteln, luden die höchsten Vertreter der zerstrittenen Gruppierungen ein und konnten beschwichtigen.

Bald darauf entbrannte ein zweiter Streit. Ein muslimisches Kind und ein Christenkind spielten zusammen: Religion. Das Christenkind warf im Spiel den fiktiven Koran auf den Boden. Das Moslemkind erzählte seinem Vater davon, der verprügelte das Christenkind. Umstehende Menschen kamen dazu, stellten sich teilweise auf die Seite des Vaters, teilweise auf die Seite des Kindes. Nun standen sich zwei Gruppen von Erwachsenen gegenüber und schlugen aufeinander ein. Die Prügelei weitete sich aus, wurde ein politisches Problem. Anlass: Das Spiel zweier Siebenjähriger! Glücklicherweise siegte die Diplomatie! Heute gehen Muslime und Christen einigermaßen respektvoll miteinander um, sagt Mama K.

ADRENALINFREI

Händewaschen vor dem Essen

Es gibt Tage, die plätschern so dahin. Minute für Minute, Stunde um Stunde, so, wie eben Wassertropfen einen undichten Hahn verlassen. Heute scheint ein solcher Tag zu sein. Der Mail-Check am Morgen ist enttäuschend. Nichts, gar nichts Interessantes dabei. Die übliche Werbung, nichts persönliches. Dabei sind die Nachrichten der Balsam für meine Seele, die Krücke für jeden Tag.

Die Busfahrt verläuft unspektakulär, die Warterei, das Gedränge und der Gestank irritieren mich längst nicht mehr.

Die Motivation der Lehrer ist heute wie eingefroren. Lustlos, ziellos irren sie von einem Raum in den anderen, hocken eine Weile hier herum, quatschen dort mit jemandem. Die Kinder beschäftigen sich im Freien. Da ich auch nicht richtig weiß, was ich mit mir anfangen soll, bringe ich den Kleinen Spiele aus meiner Kindheit bei. Singspiele, den Text übersetze ich in einfache englische Sätzchen. Sie haben Freude am Singen und Laufen, genau wie wir vor so vielen Jahren am anderen Ende der Welt.

So tröpfelt der Tag vor sich hin. Als um drei Uhr die Meute im Schulbus sitzt und wir losfahren wollen, kommt der Headmaster angerannt. Stopp! Im allerletzten Moment ist ihm eingefallen, dass der April nur dreißig Tage hat – nicht einunddreißig, wie er dachte – und somit morgen schulfrei ist. Feiertag. Erster Mai. Er muss noch schnell ein Elternbriefchen schreiben und mitteilen, dass die Kinder zu Hause bleiben. Niemand von den Bauersfamilien im Dorf wird von dem gesetzlichen freien Tag wissen, für sie ist jeder Tag gleich. Doch es dauert, bis der Text auf dem Papier und kopiert ist. Die Kinder steigen wieder aus, spielen, toben und eine Stunde später steigen sie wieder ein, alle mit einem Zettel in der Hand.

Nachdem alle gut zu Hause angekommen sind, dränge ich mich, wie gewohnt, in Number One in einen komplett überfüllten Bus, halte mich an einem wackeligen, halb abgebrochenen Gepäckträger fest. Umfallen ist ausgeschlossen, kein Zentimeter Platz ist zwischen den Fahrgästen. Es schreckt mich nicht mehr, ich fühle mich inzwischen vertraut mit den afrikanischen Gepflogenheiten, ja, ich mag sie sogar.

LABOUR-DAY

Labour-Day! Frei! Ausgerechnet am „Tag der Arbeit" wird nicht gearbeitet, zu Hause nicht, in Tansania nicht, weltweit nicht. Das hat mich schon immer verwundert. Und besonders staune ich hier darüber. Keiner kann mir den Grund des freien Tages erklären. Es ist frei und gut so – in Number One wie überall. Über Marta breite ich meine Gedanken zu diesem Gedenktag aus, frage, ob sie mit ihrer Arbeit zufrieden sei, auch mit den Bedingungen. Ja, sagt sie, sie liebt den Job und die Kinder, ist froh, dass sie Geld verdient und in eine große Familie – die Kelly's

School-Family – integriert ist. Sie kennt Armut, sieht sie tagtäglich und wundert sich über Leute wie Neema, die ihren Job fahrlässig hinschmeißen und nicht wissen, wie sie über die nächsten Tage, Wochen, Jahre kommen. Aber vielleicht hatte Neema andere Gründe? Wurde sie ausgenutzt? Viel Arbeit und wenig Lohn? Oder mochte sie das hierarchische System nicht? Nachbohren bringt mich nicht weiter. Niemand sagt etwas, nichts Gutes, nichts Schlechtes. Sie verteidigen sich nicht, grollen nicht, urteilen und verurteilen nicht. Es ist, wie es ist. Selbst Marta, Neemas Hausmitbewohnerin, zeigt keine Emotionen. Und neulich kam Neema wieder in die Schule. Zu Besuch, sie leistet uns Gesellschaft, als ob nichts wäre, als Freundin, als Gast, als Interessierte. Für sie und die anderen ist die Welt in Ordnung. Sie macht, was sie für ihre Person intuitiv für richtig hält.

Für manche Erkenntnisse dauert es manchmal lange, sehr lange. Selbst wenn sie ausschließlich das eigene Leben betreffen. Ist auch das ein Grund des Reisens? Dass man nicht nur andere Länder, andere Kulturen, andere Menschen kennenlernt, sondern auch sich selbst entdeckt? „Das Reisen führt uns zu uns zurück", sagt Albert Camus.

Trotz des freien Tages bin ich früh wach. Es ist noch dunkel. Das Krähen der Hähne kündigt den neuen Tag an. Ich habe Zeit. Gedanken ziehen durch meinen Kopf wie Wolken am Himmel. Einer hakt sich fest: Ich brauche Ordnung! Genug von Chaos, Suchen und Zeitverschwendung. Ich will Ordnung, Struktur, Richtung. Ich spüre es nicht nur diffus, nein, ich muss sie haben – eine Ordnung! Dieser Gedanke, dieses Gefühl klammert sich fest. Ich sehe mein „neues Leben" luftiger, freier, unbeschwerter. Nur wenig Besitz, dafür genau das Richtige. Dinge, die ich brauche, die ich benütze, die mich erfreuen. Alles andere empfinde ich plötzlich als Ballast. Wie Schuppen fällt es mir von den Augen, wie gehäutet fühle ich mich. Der einengende Plunder muss weg. Frei schwebt mir meine Zukunft entgegen. Klar, deutlich: Zuverlässigkeit ohne Zwang, Ordnung ohne Pedanterie, Richtung mit wachen Sinnen und offen für alle Richtungsänderungen und Umleitungen, weg die hemmenden Barrieren. Ja, an diesem Labour-Day frühmorgens in Tansania krempelt sich – zumindest in meinem Kopf – mein Leben um. Und so einfach es klingt, so heftig, so wuchtig, so erfrischend wirkt es auf mich. Schön, klar, zuverlässig, übersichtlich, mäßig soll meine Zukunft aussehen. Adjektive, die wie ein Serum durch mich ziehen.

Urplötzlich erinnere ich mich an meine spirituellen Ausflüge jeglicher Art: zu Predigern, Handlesern, Gurus aller Couleurs, Yogis, Heilpraktikern, Seelentröstern, Quacksalbern. Bin ans andere Ende der Welt gereist, habe viel Geld ausgegeben, einiges riskiert, unter allereinfachsten Bedingungen gehaust, geschwiegen, gehungert, meditiert, geputzt, gefegt und mitten in der Nacht aufgestanden, gezweifelt, gehofft, geglaubt – und weitergezogen, um im nächsten Ashram mein Glück und mich selbst zu finden.

Ähnliche Gefühle und Gedanken überfallen mich an diesem Morgen in meiner Kammer. Immer wieder zog und zieht es mich in „Dritte-Welt-Länder", weit weg von Gewohntem, von Luxus und Bequemlichkeit, weg von all dem Organisierten, Geregelten, Sicheren. Ich mag das Leben, die Menschen hier, schätze ihre Geduld, das Hinnehmen von Gegebenheiten, die sich nicht ändern lassen oder die sie nicht ändern können oder nicht ändern wollen, sehe ihre Würde, ihre Lebenslust, trotz aller Last. Und ebenso glücklich bin ich über Fortschritt und über die Fülle, die mir in der Heimat so selbstverständlich erscheinen. Die Diskrepanz von Überfluss und Armut, von Zuviel und Zuwenig, von lästiger (Über-)Organisation und undurchdringlichem Chaos wird mir bewusst.

Reisen und leben in anderen Ländern, auf anderen Kontinenten, in anderen Kulturen lässt mich so viel Fremdes und Neues entdecken – und ich entdecke und finde dabei „das unbekannte Ich". Durch andere, durch die Welt, erfahre ich mich. Ein tiefes Gefühl der Dankbarkeit durchströmt mich: Dass ich unterwegs sein kann, dass ich, auch am anderen Ende der Welt, Menschen näherkomme und „...um zu erfahren, was in diesem Leben möglich ist", wie Max Frisch schreibt.

Ein wunderschöner Morgen, strahlender Sonnenschein. Ich will draußen auf den Eisenbahnschienen meinen Gedanken nachhängen und setze mich auf eine Schwelle. Schnell kommen von allen Seiten Kinder angerannt und lachen, kreischen, kichern, zupfen an mir. An anderen Tagen gefällt mir das, heute will ich meine Ruhe haben, gehe zurück ins Haus. Uff, „dicke Luft"! Ich habe keine Ahnung, was los ist, aber die Stimmung ist „unten". Mister Lutambi sitzt griesgrämig auf dem Sofa und will trotz des freien Tages nach Number One, seine Frau packt schweigend das Baby auf den Rücken, ihr Gesichtsausdruck ist das pure Gegenteil zum Wetter draußen.

Ohne Frühstück zieht Mister Lutambi ab, Cecilia und ich nehmen am Frühstückstisch Platz. Wir haben Zeit, sie erzählt mir vom Heiraten, von Familienplanung und Scheidung in ihrem Land. Sie sagt, dass Zusammenleben vor der Ehe schwierig, eigentlich nicht möglich sei.

Moralische Gründe. Religiöse Vorschriften. Eine Phase des Sich-Kennenlernens entfällt oft gänzlich, es wird schnell und – fast immer – sehr jung geheiratet, Verhütung trotz Aufklärung ignoriert, ein Kind nach dem anderen geboren. Die jungen Väter und Mütter sind überfordert, haben weder Bildung noch Arbeit, kein Geld, keine Perspektive. Ein Auseinanderbrechen der Familie ist die Folge und immer häufiger ist es die Frau, die Mutter, das (Noch-)Mädchen, die Haus und Mann und Kinder verlässt und ihr Glück in einer neuen Beziehung versuchen will, die unter denselben Vorzeichen steht und meist ebenso endet wie die alte. Zurück bleiben viele Kinder, deren Zukunftsaussichten genauso miserabel sind wie die ihrer Eltern. Und viele Aids-Kranke. Das durchschnittliche Heiratsalter liege heute bei 22 Jahren, vor noch wenigen Jahren war es bei 15. Ein kleiner Fortschritt.

Aufklärung wird betrieben: in Schulen, in den Medien, öffentlich. Nur wenig kommt an. Warum das so ist, hake ich nach. Cecilia meint, weil viele Menschen vom Glauben abkommen. Nach Cecilias religiösem (christlichen) Verständnis sind Sex vor der Ehe, Scheidung und Ehebruch Sünde. Und Aids eine Folge des verlorengegangenen Glaubens.

In meinem Stamm-Café in der Stadt habe ich heute auch keine Ruhe. Kaum sitze ich mit meiner Zeitung am Tisch, kommt der Erste angelatscht und bettelt mich an. Nein, ich gebe nichts – den Kerl werde ich sonst nicht mehr los und habe ganz schnell seine „Freunde" am Hals. Wie jedes Mal, wenn ich mich aus dem Haus begebe, hat Cecilia mir eingehämmert, mich keinesfalls mit irgendjemandem einzulassen. Und jedes Mal hat sie eine neue Gruselstory.

Heute sagt sie klipp und klar, dass es alle! ihre Landsleute aufs Geld abgesehen hätten und dass Afrikaner besonders talentiert wären, andere trickreich um ihr Hab und Gut zu bringen. Ja, ich ignoriere die lästige Meute und vergrabe das Gesicht in meiner Zeitung.

Auch hier ein Bericht über Eltern und Kinder. Über Amerikaner, die während des Vietnamkrieges Vater wurden und nun, als alte Männer, gerne ihre Kinder sehen würden. Manches verfolgt einen wohl ein Leben lang.

Schon wieder kommt ein Typ angeschlappt und will sein Glück bei mir versuchen. Mit zwei Plastikmülltüten bleibt er an meinen Tisch stehen, alles Abwimmeln hilft nichts, er packt seinen kompletten Krimskrams – Thermoskanne, Plastikteller, Gummi-Quietsche-Enten – aus, stellt es auf meinen Tisch und vor meine Füße. All meine Abwehrmechanismen funktionieren nicht, der Mensch gibt nicht auf. Aber ich! Packe mein Zeug zusammen und mache mich schleunigst davon.

Um dem Krach, dem Gestank und der Bettelei zu entfliehen, gehe ich zu „Sankt Benedikt", der größten und ältesten Kirche in der Stadt, in einem ruhigen Park gelegen. Die Seitentür ist geöffnet, ich trete ein und sehe die Trommeln links an der Wand. Trommeln in allen Größen. Ich kann es nicht lassen, mag die Töne, schlage verschiedene an. Wähne ich mich doch allein in der Kirche. Nein, vorne, von einer Säule verdeckt, bewegt sich jetzt eine Frau, sitzt auf dem Boden, schaut, lächelt. Ein Paar kommt zur Türe herein, ich beende meine Trommelei, setze mich in eine Bank und genieße die Ruhe in dem schlichten Gotteshaus.

Die Kirche befindet sich innerhalb einer großen Anlage. Zwischen hohen alten, schattenspendenden Bäumen befinden sich diverse Gebäude. Mönche leben hier, Kinder und Jugendliche spielen Fußball, jeweils zwei Bäume dienen als Tor. Ich schlendere an schlafenden Hunden vorbei, ein Mann wäscht das Auto, Frauen tragen Kübel von einem Haus ins andere. Jeder geht schweigend seines Weges, hat seine Beschäftigung oder will nur seine Ruhe. Ich setze mich auf ein Steinmäuerchen, lese. Eine Oase der Ruhe ist dieser Platz inmitten der lauten Stadt in jedem Fall.

Auf dem Heimweg will ich Batterien kaufen, der Verkäufer im Laden spricht ein paar Worte deutsch. Ich bin überrascht und er erfreut. Er hat, so erzählt er, einige Jahre in Deutschland gelebt – ganz in meiner Nähe. In Tübingen hat er Medizin studiert, in Biberach ein Praktikum absolviert. Und jetzt steht er in seinem Heimatland nach Dienstschluss im Krankenhaus in einem Hardware-Laden und verkauft Kabel und Taschenlampen. Sein Gehalt als Arzt – so er welches bekommt – reicht nicht aus.

ORDNUNG MUSS SEIN

Der Spielplatz ist bald fertig

Das soll einer verstehen! Gestern Abend fragte ich Mama K, ob sie heute arbeiten müsse. „Of course", sagte sie sichtlich erstaunt, „why not?" Ich dachte ganz deutsch an Brückentage und langes Wochenende und erzähle, wie das bei uns läuft. Nein, solche Extras kenne sie nicht. Und jetzt, am anderen Morgen werkelt Mama K im Wohnzimmer, sagt, sie gehe nicht zur Arbeit, sie hätte in der Stadt einiges zu erledigen. Als ob es das Selbstverständlichste der Welt wäre, als ob wir gestern nicht über das Heute gesprochen hätten. Na ja, vielleicht fand sie die Idee des Brückentages gar nicht schlecht und was anderswo geht, geht auch hier. Basta!

Mister Lutambi hat es auch nicht eilig und liegt noch im Bett. Nur ich bin startklar und warte. Heute wollen wir gemeinsam mit dem forbaifor nach Number One fahren – jedenfalls war das gestern noch der Plan. Wann endlich werde ich verstehen, dass das einzig Verlässliche ist, dass nichts verlässlich ist.

Die häusliche Stimmung ist immer noch im Keller. Niemand redet mit niemandem. Heute verweigert Mama K das gemeinsame Frühstück und ich sitze mit Mister Lutambi allein am Tisch. Sogar Krister, der Fels in der Brandung, scheint verwirrt. Emotional und gedanklich abwesend, wischt sie mit einem feuchten Tuch den Boden im Wohnzimmer, schaut nicht auf, redet nichts. Alle anderen haben sich aus dem Staub gemacht, niemand ist zu sehen und auch nicht zu hören. Nur Karoline, das Baby, quakt vergnügt vor sich hin. Leichtfertig und scherzhaft plappere ich, dass ich die Kleine vermissen werde, sie gerne mitnehmen würde – und, ich fasse es nicht, alle Unstimmigkeiten scheinen sich in Windeseile aufgelöst zu haben. Vater und Mutter sind ohne zu zögern plötzlich wieder einer Meinung und sofort mit meiner spinnigen Idee einverstanden. Ohne Bedenken würden sie Karoline mit mir nach Deutschland schicken. Ich verstehe nichts mehr.

Im Auto sagt mir Mister Lutambi, dass er mit Marta gestern im Krankenhaus war, dass sie sich schlecht gefühlt hätte und der Arzt erst nach Erhalt von Schmiergeld bereit gewesen wäre, nach ihr zu schauen.

Und er klagt weiter, dass er die notwendigen Papiere für das Ministerium nur bekommt, wenn er den Leuten vor Ort extra „Kohle" gibt. Er hätte gar keine andere Wahl. Wenn er nicht bleche, wie sie vorgeben, bearbeiten sie die Anträge nicht. Korruption pur herrsche in seinem Land, immer und überall!

Unterwegs hält er bei den Krautverkäufern direkt an der Straße. Sofort kommen acht junge Kerls angerannt, jeder mit vier oder fünf Kohlköpfen unterm Arm. Mister Lutambi begutachtet jedes einzelne der Gewächse, dabei sehen sie doch alle gleich aus. Hellgrüne, frische Kohlköpfe. Zwei weitere Burschen flitzen heran, zeigen ihre Exemplare und gestikulieren, dass ihre Wunderwerke doch viel größer wären, besser mundeten. Schließlich entscheidet sich Mister Lutambi für zwei gutaussehende Produkte, gibt das Geld und das Kraut fliegt mit einem galanten Wurf durchs Fenster auf den Rücksitz. Weiter geht's.

In „Kelly's School" ist heute richtig was los! Bäume wurden gefällt, Möbel sollen gebaut werden. Die beiden Busfahrer und der Wachmann sägen, hämmern, nageln. Stockbetten für die „Boarding School" werden gebraucht. Doch wer soll und kann eine Internatsunterbringung bezahlen? Immer wieder werden Kinder weggeschickt, weil die Eltern das Schulgeld nicht aufbringen können. Oder nicht wollen? Aber Lutambi ist ein Mann voller Optimismus und Hoffnung. „Sobald ihr handeln wollt, müsst ihr die Tür zum Zweifel verschließen", habe ich bei Friedrich Nietzsche gelesen. Und Zweifel hat Mister Lutambi keine. Er glaubt an seine Schule, er glaubt an Kelly's School.

Noch kann ich mir nicht vorstellen, für immer hier zu arbeiten. Geregelte Arbeitszeiten – Fehlanzeige. Das erwartet und kennt niemand. Freizeit, Familie, Stimmung, Lust, Laune, Geld, Krise, Kummer oder frische Liebe – all das geht ineinander über und entscheidet über Tun und Nicht-Tun. Prioritäten werden täglich neu gesetzt.

Juliette, die neue Lehrerin, ist mit ihren beiden vier-und sechsjährigen Buben hier. Sie wohnen und schlafen in einem Räumchen in der Schule. Ich kenne den Grund ihres so plötzlichen Auftauchens nicht, weiß nicht, weshalb sie hier sind. Fest steht: Juliette braucht den Job und Geld. Und weil sie in der Schule wohnt und der Busfahrer und der Wachmann auch immer da sind, können auch andere Kinder hier wohnen. Und manchmal übernachten auch Marta, die Köchin Umma oder Mister Lutambi hier, irgendwo, Betten habe ich keine gesehen. Afrikaner können überall schlafen: sitzend und stehend im Bus, auf dem Boden liegend, drinnen, draußen, bei Lärm, Getöse, Blitz und Donner.

Juliettes Tag beginnt um sechs Uhr morgens, mit der Frühstücksvorbereitung für die Kinder. Von acht bis fünfzehn Uhr unterrichtet sie, dann kümmert sie sich weiter um die Kleinen, bis sie abends um 9 Uhr endlich alle wieder liegen. Zeit für sich hat sie keine und will und braucht sie auch nicht. So äußert sie sich zumindest. Auch Marta sagt, dass sie lieber rund um die Uhr in der Schule sei als in ihrer Hütte. Dort und im Dorf gibt es nichts zu tun für sie. Keine Bücher, kein Fernsehen, kein Kino, keine Spiele, kein Strom, kein Licht. Nur Langeweile. Und darum sind beide lieber in der Schule, bei den Kindern und in Gesellschaft, unterhalten sich, haben den Fernseher. Nein, allein sein ist nicht ihre Sache. Ich kann sie verstehen – kann mir aber diese Art zu leben für mich nicht vorstellen. Ich brauche Zeit und Ruhe für meine ganz persönlichen Interessen. „Wer von seinem Tag nicht zwei Drittel für sich hat, ist ein Sklave." Schon wieder bin ich bei Nietzsche.

Es ist ein guter Tag in Kelly's School, auch ein lustiger. Mister Lutambi und der Headmaster sind von meinem Gerede über Zeit und Struktur entweder maßlos genervt oder hell begeistert: Ich soll einen Tagesplan erstellen! Und er wird verbindlich sein – für alle, so ihr strikter Vorsatz. Also male ich einen Stundenplan mit Spalten und Zeilen längs und quer auf ein DIN A4 Blatt, oben die Wochentage, links die Uhrzeit. Und lege fest: Schulanfang, Frühstückspause, Mittagspause, Schulschluss. Mit jeweils kleinen Unterbrechungen zwischen den Unterrichtsstunden. So soll es sein: Von Montag bis Freitag, ohne Wenn und Aber, jeder und jede haben sich daran zu halten. Die beiden Bosse sind ergriffen und erstaunt und begeistert. Mister Lutambi kopiert mein Werk, beordert ALLE in sein Büro, redet über Pünktlichkeit und Ordnung, der Headmaster spricht ein Machtwort. Jeder muss sich genau an den Zeiten orientieren – und zwar ab morgen. Stummes Nicken, ein zaghaftes Okay, jeder bekommt zwei Pläne: einen für seinen Arbeitsraum und einen persönlichen. Ich bin neugierig auf die nächsten Tage!

Mister Lutambis Laune wechselt heute wie das Wetter hier oben in den Bergen: Von hernieder prasselndem Regen ein fast nahtloser Übergang zu herrlichem Sonnenschein, von mieser Stimmung zu herzerfrischendem Tatendrang. Marta fährt am Nachmittag mit uns nach Hause, wir sitzen in seinem Laden, trinken Cola und Bier, Bekannte kommen vorbei, gesellen sich zu uns, plaudern und amüsieren sich.

Danach will Mister Lutambi mit Marta und mir in die Stadt. Vor Tagen erzählte ich, dass ich unterwegs, bei einer dalla-dalla-Fahrt in die Stadt, einen Spielplatz mit tollen Geräten gesehen hätte: Schaukeln, Wippen, Rutschen, Klettergerüst. Heute Abend noch möchte er hinfahren und sich die Teile, von denen ich so begeistert berichtete, anschauen. Das Problem, dass meine dalla-dalla-Tour kreuz und quer durch die Gegend führte und ich absolut keine Ahnung mehr habe, wo sich der Spielplatz befindet, irritiert ihn nicht. Optimismus ist eine tragende Eigenschaft Mister Lutambis. Ich weiß immerhin noch, von wo nach wo ich gefahren bin. Also versuchen wir, den Vorgang genau so zu wiederholen. Wir steigen an derselben Stelle und mit demselben Ziel wie ich neulich ein und hoffen, bei den Spielgeräten vorbeizukommen. Hoffen ist notwendig, es ist längst nicht sicher, dass die dalla-dalla-Fahrer jedes Mal denselben Weg nehmen. Wie die Spechte starren wir aus dem Fenster des Autos, jeder in eine andere Richtung und ich erkenne die Route, die der Fahrer nimmt. Dieselbe! Ich sehe es an markanten Stellen und tatsächlich, rechter Hand an einer Straße, tauchen sie wieder auf, die bunt angestrichenen Geräte. Schnell melde ich es Mister Lutambi, und er signalisiert dem Kondukteur, dass wir sofort aussteigen wollen. Der verständigt den Fahrer. Wir sind am Ziel.

Das Spielgelände ist umzäunt, die Tür abgeschlossen. Innen hämmert ein Mann Nägel an die Wand. Mister Lutambi meldet sich, erklärt unser Anliegen, der freundliche Herr schließt auf und erklärt uns, dass das Spielgelände zu einer sozialen Einrichtung gehöre und Kinder und Jugendliche zu bestimmten Zeiten sich hier treffen könnten.

Meine beiden Begleiter sind fasziniert. Noch niemals saßen sie auf einer solchen Schaukel, noch nie auf einer richtigen Wippe. Wir tollen herum wie Kinder: rutschen, klettern, balancieren. Mister Lutambi möchte am liebsten alles genauso für seine Schule haben: die gleichen Geräte, in den gleichen Farben. Ich dämpfe seine Euphorie, beruhige ihn, überzeuge ihn, dass unsere Schaukeln ebenfalls schön und gut seien – wenn sie irgendwann endlich fertiggebaut und aufgestellt sind. Er verspricht mir, dafür zu sorgen, dass dies so schnell wie möglich geschehe. Ich bin neugierig!

Inzwischen ist es stockdunkel. Die Dämmerung ist nur kurz, schnell bricht die Nacht herein. Wir fahren zurück, die letzten zwei Kilometer müssen wir zu Fuß gehen. Kein Licht weit und breit, keine Straßenbeleuchtung, nicht einmal der Mond scheint. Die schwache Lampe von Martas Telefon zeigt eine Spur, wir tasten uns langsam voran durch die lehmigen Wege mit den tiefen Rillen und Löchern.

Unterwegs bietet uns jemand gebratene Maiskolben an, wir greifen zu, schleichen weiter zum Haus. Marta übernachtet hier, Mister Lutambi ist zufrieden und schwärmt von den Spielplatzerfahrungen und ich freue mich, dass ich in der fremden Stadt den Einheimischen etwas Neues zeigen konnte.

GOTT UND FUSSBALL

„Please, can you borrow me?" Schon wieder soll ich Geld leihen. Viel! Mister Lutambi pumpt mich an. Ich mag nicht. Noch immer hat mir Marta nichts zurückgegeben, sie redet nicht einmal davon – und allmählich werde ich misstrauisch. Bedeutet borrow hier etwas anderes als bei uns? Gilt hier eine andere Übersetzung? Dieses Mal sage ich ohne zu zögern: Sorry, nein! Ich habe nämlich wirklich nichts bei mir. Die Sache ist in Ordnung für uns beide, der Mann schaut nicht einmal enttäuscht oder besorgt. Fragen kann man ja!

Ich fahre in die Stadt, will mir einen Flug nach Sansibar buchen. Im Reisebüro hat von den vier Ladys, die offensichtlich hier zuständig sind, eine den Kopf auf dem Schreibtisch liegen und schläft. Niemand scheint es zu stören. Die Zweite ist mit ihrem Mobiltelefon beschäftigt, die Dritte mit ihren Fingernägeln, die Vierte kümmert sich um mich. Zwei Stunden später habe ich das Ticket, sämtliche Safari-Kataloge durchgeblättert und gesehen, wie kunstvoll Fingernägel bemalt werden können.

Mein Weg führt mich wieder nach Sankt Benedikt, der Kirche im Park. Hier, im Freien, will ich die Zeitung lesen, die ich unterwegs besorgt habe und finde eine rührende Geschichte von einem Ehepaar in South Carolina, das 72 Jahre verheiratet war – und die beide am selben Tag starben. Die Frau, 89 und krank, zuerst. Der Mann, 97, gesund – wenige Stunden später. Ihm brach das Herz. Kurz vorher noch wurden sie nach einem Rezept für eine solch langjährige und glückliche Beziehung gefragt. Ihre Antwort: „Be kind. Lift each other up, don't put each other down." Freundlich sein und den anderen aufbauen. Wie wahr und wie einfach. Und oft doch so schwer!

Genau in dem Augenblick kommt ein freundlicher Mensch auf mich zu. Ein Geistlicher, er trägt eine lange weiße Kutte, wir plaudern. Woher ich komme? Was ich mache? Wo ich wohne? Wie ich mich fühle? Das Übliche eben. Dann fragt er, ob ich an Gott glaube. Ich will nicht mit einem Ja oder Nein antworten, ich will mit ihm diskutieren und wissen, wie er denkt. Was er mit Gott meine, antworte ich fragend. Und bekomme genau das, was ich vermeiden wollte: anstelle eines Gesprächs eine theologische Vorlesung. Ich lasse ihn reden, höre zu, widerspreche nicht. Wir beide kommen miteinander klar.

Nach der Predigt wird's plötzlich weltlich. Ob ich Fußball mag? Ja, natürlich! Er auch, und so lädt er mich für morgen zu einem Fußballspiel hier in Mbeya ein. Zum Länderspiel Tansania gegen Malawi. Beide Teams sind von der Weltspitze soweit weg wie wir beide vom Mond. Trotzdem, die Weltmeisterschaft demnächst in Brasilien interessiert ihn, wir tippen, wer wohl den Pokal holt, warum und weshalb und verabschieden uns für kurze Zeit. Ich solle ein bisschen Geduld haben und warten, sagt er, in spätestens zwanzig Minuten werde er wieder hier sein. Er möchte Eintrittskarten besorgen, gleich, jetzt sofort. Morgen wäre das Gedränge zu groß und vermutlich auch ausverkauft. Nach ein paar Minuten kommt er in Jeans und Polohemd noch einmal bei mir vorbei, bittet mich erneut, unbedingt zu bleiben, der Kartenstand wäre ganz in der Nähe und verschwindet durch das große Eingangstor.

Ich warte und warte im Schatten eines großen Baumes, lese, unterhalte mich ein bisschen mit Passanten, genieße die Ruhe. Meine hochgeistliche Bekanntschaft sehe ich nicht wieder. Nicht nach einer Stunde, nicht nach zwei, schließlich mache ich mich auf den Rückweg. „Hey brother, was hast du mir denn über das achte Gebot erzählt!!!" Ich schmunzle, bin weder enttäuscht noch entrüstet und beschließe, trotzdem morgen ins Stadion zu gehen. Dann eben ohne klerikalen Beistand!

WUNDERWELT

Waschtag im Hause Lutambi

„Im Schatten der Gewohnheit verkümmert das Erlebnis", hat der Philosoph Manfred Hinrich geschrieben. Und wie das zutrifft! Krister, der Goldschatz, bringt einen Kübel voll warmen Wassers. Zur Körperpflege – für mich. Sie balanciert ihn auf dem Kopf in mein „Badezimmer", in das geflieste abgetrennte Räumchen neben meinem Schlafgemach.

Ich tauche meine Hände in das paradiesisch warme Wasser und spüre sofort die Wohltat. Schnell lege ich meine

Kleider ab, mit einer Plastiktasse schöpfe ich die Köstlichkeit aus dem Eimer und im Zeitlupentempo lasse ich Tropfen für Tropfen über meine Haut fließen, genieße die Wärme an Armen, Beinen, im Gesicht, am Körper und wünschte, dieser Luxus, meine Dusche, das herrliche, kribbelnde Gefühl des Wassers ginge noch lange weiter. Zum Schluss nehme ich den Eimer, schütte den letzten Schwall über meinen Kopf und fühle, wie tausend winzige Wasserfälle über meine Haut rieseln. Bis zum allerletzten Tropfen freue ich mich über das köstliche Nass.

Besser hätte der Sonntagmorgen nicht beginnen können. Ich fühle mich frisch, fast wie neugeboren, und ich ahne, wie mühsam es ist, einen einzigen Eimer heißen Wassers vorzubereiten. Ein Blick aus dem Fenster genügt, das Wasserloch befindet sich direkt davor, oft sehe ich jemanden die Wassereimer hochhieven und wegschleppen.

Beim Frühstück frage ich Mama K, ob die Arbeit nicht zu schwierig, nicht zu viel wäre für die Mädchen. Nein, nein, erwidert sie überzeugt, die Kinder müssten vorbereitet werden, um das harte Leben zu meistern. Wer nicht gelernt habe, zu arbeiten, fiele durch, hätte keine Chance, dem Überlebensdruck standzuhalten. Ich denke unwillkürlich an unsere Kinder, die wohlbehüteten, und ihre Eltern, die Curlingmamas und -papas, die, wie bei der Sportart, nach der sie ihren Namen haben, ihren Kindern den Weg glatt wischen. Was würden sie wohl dazu meinen? Und an Erich Kästner, den Kinderfreund, Kinderbuchautor, Menschenversteher: „Ihr sollt lernen, Schläge einzustecken und zu verdauen. Sonst seid ihr bei der ersten Ohrfeige, die euch das Leben versetzt, groggy. Denn das Leben hat eine verteufelt große Handschuhnummer, Herrschaften!"

Nicht nur ich bin frisch und sauber, auch Mama K, Krister, Karen und Kelly kommen nach und nach topgestylt ins Wohnzimmer. Die Kleinen sehen in ihren Blumenkleidchen wirklich hübsch aus, die Haare luftig gebürstet, sogar ein bisschen Lidschatten hat Krister ihnen aufgetragen, die passenden winzigen Ohrringe glitzern im schwarzen Ohrläppchen. Mama K bevorzugt heute afrikanisch. Mehrere bunte Tücher hat sie elegant umgebunden: um den Kopf, als Oberteil, als Rock. Krister liebt es klassisch: wadenlanger Rock und weiße Bluse. Und ich! Uff – Jeans as usual. Ich erinnere mich an meine Kindheit und denke leicht wehmütig an Zeiten zurück, als der Sonntag noch Sonntag war und Sonntagskleidung selbstverständlich, auch für mich.

Zu Fuß marschieren wir zum Gottesdienst ganz in der Nähe. Es ist eine kleine Kirche, die ich noch nicht kenne. Die drei Flügel lassen das Gebäude wie ein T aussehen. Innen alles einfach und schlicht, Schnüre mit vielen gelb-weißen Fähnchen sind in alle Richtungen durch den Kirchenraum gespannt. Vorne quer steht der Altar, rechts davon sitzen die ungefähr fünfundzwanzig Chorsänger, links Jungen und Mädchen im Alter von drei bis zwölf, die zahlreichen Besucher verteilen sich auf den restlichen Bänken. Es wird viel gesungen und geklatscht, der Chor, begleitet von einem Keyboard, versprüht mit seinen Liedern pure Lebensfreude: laut, freudig, ganz dabei. Dann haben die Kinder ihren Auftritt. Die Mädchen, in gelben Röckchen und weißen Blusen, zeigen verschiedene Tänze. Begeistert und herzerfrischend frei und ungezwungen bewegen sie sich. Zwischendurch hält der Pfarrer eine kurze Predigt: über Wunder. So sagt mir Mama K.

Nach dem obligatorischen Opferrundgang lesen Frauen Bibeltexte, dann werden drei Männer nach vorn gebeten. Sie sollen für besondere Verdienste und großzügige Spenden geehrt werden.

Der Pastor nennt ihren Einsatz, bedankt sich bei den Herrschaften und urplötzlich stürzen einige Männer und Frauen auf sie zu. Umarmen sie, drücken sie, ergreifen ihre Hände, ja, eine der Damen putzt ihnen die Schuhe. Wer sitzen bleibt, jubelt mit.

Und weil es wohl so schön ist und die Stimmung so gut, soll ich nach vorne. Der Pfarrer sagt es zu Cecilia, sie übersetzt, ich möchte nicht. Nun fängt die Menge an zu klatschen, muntert mich auf, erwartet es. Mit viel Überzeugungskunst schafft es Mama K, mich zu überreden. Ich stehe vor den Leuten, erzähle ein bisschen. Belangloses: Über mich, wie es mir hier geht, was ich mache. Sie freuen sich, klatschen, reichen mir die Hand. Ich fühle mich angenommen.

Der nächste Redner ist ein Mann, krank, ohne Dach, ohne Geld, ohne Familie und ohne Hände. Er bittet um Spenden für eine Prothese. Die Menschen werfen Scheine und Münzen in seine Büchse. Ich bin berührt. Obwohl die allermeisten so wenig haben, geben sie noch ab.

Noch eine Runde Geld! Jetzt wird für den Kirchenneubau gesammelt. Ich wusste nicht, dass für die verschiedenen Projekte separat gesammelt wird. So habe ich all mein Geld beim ersten Durchgang abgegeben und bleibe während der Spendenprozedur auf meinem Platz sitzen.

Drei Stunden später ist der Gottesdienst zu Ende. Kurzweilig war er, erfrischend, rundum wohltuend für Leib und Seele. Der Kirchenbesuch am Sonntagmorgen ist ein soziales Ereignis und ein persönliches für jeden Einzelnen. Die Unterbrechung des immer gleichen Alltags tut gut.

Draußen, vor der Kirche, beim Plaudern und Händeschütteln, fühle ich mich noch einmal in meine Kindheit zurückversetzt. Die Frauen in ihren sittsamen Röcken, in jedem Fall kniebedeckt, die ich, sollte ich der Kindheit entwachsen sein, nie tragen würde, so schwor ich mir damals. Dank sei den Designern Mary Quant und André Courrèges, die rechtzeitig Erbarmen hatten und den Mini-Rock hervorzauberten. So kam ich um die altbackenen Taille-Abwärts-Klamotten herum. Hier, bei den Afrikanerinnen, gefällt mir das Teil, genauso wie die weiten Röcke der Mädchen. Falte um Falte exakt hingebügelt und schwer vorstellbar, dass Groß und Klein kurze Zeit später wieder in ihren zerrissenen Alltagsklamotten stecken, betteln, tricksen, feilschen werden.

Der Tag ist noch nicht zu Ende. Das Länderspiel! Um 16 Uhr! Ohne Pfarrer, dafür mit Marta. Sie will mich abholen und ich bin neugierig, ob das klappt. Gleich vorneweg: Ja, wir treffen uns. Nicht wie verabredet, aber nach langem Hin und Her, vielen Anrufen da und dort, kommen wir zusammen. Sie hat in Number One einen älteren Herrn, so sagt sie mir jetzt, getroffen, der ebenfalls zum Spiel will, und ihn gebeten, Eintrittskarten für uns beide zu besorgen. Sie meinte, man könne die Karten nicht an jedem Stand kaufen, oft seien sie gefälscht, und er kenne sich aus. Diesen Mann suchen wir nun. Mit einem dalla-dalla fahren wir in die Stadt, Marta telefoniert ununterbrochen und wir treffen ihn tatsächlich irgendwo in Mbeya, fünfzehn Minuten nach – offiziellem – Anpfiff.

Der freundliche Mensch hat die Karten, lädt uns aber zuerst noch zum Essen ein. Mein zaghafter Einwand, dass dann der Kick vielleicht schon vorüber wäre, mindestens die erste Halbzeit, lachen die beiden weg. Don't worry! Keine Sorge, du verpasst nichts! Ja, die Zeit – es gibt sie anscheinend auch hier nicht! So gehen wir in ein Restaurant, lassen es uns schmecken. Das Übliche: Ugali, Bohnen, Kraut und Hähnchen für meine Begleiter.

Martas Bekannter hat vor der Gaststätte wieder einen Bekannten, der ein Auto hat, gefunden. Er fährt uns zum Stadion. Kaum ausgestiegen, finden wir uns mitten in einem unvorstellbaren Chaos wieder.

Heerscharen von Kindern kommen auf uns zugerannt: Kleinere, mittlere, ältere, zwischen circa vier und um die vierzehn Jahre alt, scheinen sich hier versammelt zu haben und auf den Moment zu warten. Sie kleben an uns, hängen sich an, schreien unentwegt auf uns ein. Besonders ich bin begehrt und fühle mich wie ein Baum, an dem viel zu viele Äpfel hängen. Ein Weiterkommen ist trotz aller Abschüttelungsversuche mühsam. Ordner vor dem Eingang kommen zu Hilfe, befreien uns und bahnen einen Weg ins Stadioninnere.

Was war los? Ganz einfach und wohl immer so und weil ich weiß bin und fremd, war die Hoffnung vielleicht ein bisschen größer: Kinder haben nur in Begleitung Erwachsener und mit Eintrittskarte Einlass. Beides fehlt den Kids: Eltern, die mitgehen und Eltern, die Geld für Karten haben. Sie kommen dennoch her und hoffen auf „Eltern auf Zeit", auf „eine Mutter oder einen Vater", auf jemanden, der sie mit ins Stadion nimmt. Haben sie es geschafft, bleibt der Nachwuchs natürlich nicht brav bei „Mama und Papa" sitzen. Sie organisieren sich, machen sich selbständig und sind keinesfalls nur anständig und am Fußballspiel interessiert. Deshalb die Kontrollen am Eingang: Kein Kind unter 14 Jahren ohne Begleitung der Erziehungsberechtigten! Und dass ich nicht die Mama sein kann, das sieht auch ein Blinder. Dennoch – ein Versuch lohnt immer!

Das Stadion: einfach, 50er Jahre, Rasen, Steintreppen um das Oval, eine überdachte Tribüne an einer Längsseite. Wir sitzen auf einer dieser Freitreppen, neben vielen Menschen tummelt sich auch jede Menge Ordnungspersonal um die Rasenfläche: Polizei mit Knüppel, Hundepolizei, viel Militär, Jeeps mit schwarz-rot-goldener Bemalung auf der Heckklappe umkurven das Spielfeld. Sicherheit wird großgeschrieben!

Es ist laut und friedlich! Verkäufer mit Essbarem, Getränken, T-Shirts, Hupen und anderen Krachmachern ziehen durch die Reihen. Mein unbekannter Nebensitzer kauft eine Tansaniaflagge für mich, mein Hintermann Erdnüsse. Und während ich mit den Nüssen beschäftigt bin, läuft ein junger Bursche vorbei und schnappt blitzschnell meine Fahne, die ich vor mir abgelegt habe. Mein Nachbar sieht es, reagiert blitzschnell, springt auf, rennt dem Kerl fünf Schritte hinterher, packt ihn am Ärmel seines Trikots, verpasst ihm eine Ohrfeige und übergibt mir die Flagge ein zweites Mal.

Das Spiel? Ach ja, der Anpfiff war pünktlich! Als wir eintrafen, liefen beide Mannschaften zur zweiten Halbzeit ein. Tore: Null! Es war ein Freundschaftsspiel, fair und ohne Verletzte, die Ordnungshüter hatten einen ruhigen Tag und die Zuschauer, Fans und Ahnungslose ihren Spaß.

SEIDA

Zu Besuch bei Florence

Beim Aufwachen umschleicht mich ein seltsames Gefühl. Kein Laut ist zu hören, kein Kindergeschrei, keine Tür knallt, niemand hantiert draußen am Wasserloch, kein Hahn kräht, keine Fernseher – nichts. Es ist kurz vor sieben und um diese Zeit ist es normalerweise mit der Ruhe vorbei. Ich fürchtete schon, schwerhörig geworden zu sein!

Im Wohnzimmer treffe ich Kristofer, ähnlich erstaunt wie ich. Auch er weiß nicht, wo all die andern sind. Mit einer Semmel in der Hand macht er sich auf den Weg zur

Schule. Ich auch. Und treffe dort Marta, die blitzblank ihren Schreibtisch aufgeräumt hat und Mister Lutambi, der meinen Tagesplan zu einem Stundenplan ergänzt hat. Von Montag bis Freitag weiß nun jeder Lehrer, welches Fach er zu welcher Zeit an welchem Tag zu unterrichten hat. Uff – von Chaos pur auf hundert Prozent Organisation!

Sehr früh am Morgen sind die beiden nach Number One gefahren, haben nichts gesagt und wollten mich wohl mit ihrer Arbeit überraschen.

Wenige Kinder sind heute in der Schule. Die Eltern haben das Schulgeld nicht bezahlt, also müssen die Kinder zu Hause bleiben. Konsequenz ist alles, sagt Mister Lutambi. Und wenn es um Geld ginge, allemal. Dass die Bezahlung „vergessen" wurde, das sei völlig normal. Wenn nach der ersten und zweiten Aufforderung auch nichts kommt, dann müsse er durchgreifen. Er gab den Kindern der säumigen Eltern ein Briefchen mit, in dem er mitteilte: Geld oder Ausschluss. Einige kamen der Aufforderung nach, andere nicht. Dann werden, so wie heute Morgen, die Kinder wieder nach Hause geschickt!

Vor vollendete Tatsachen gestellt, werden die Väter und Mütter das Geld bringen, versichert mir Mister Lutambi. Die meisten jedenfalls. „Und diejenigen, die wirklich nicht in der Lage sind?" Ja, diese Kinder könne er dann leider nicht länger aufnehmen. Dafür, für die Ärmsten, seien die Stipendien gedacht.

Seida, die Sechsjährige, die heute Morgen auch wieder nach Hause musste, kommt mit ihrem Vater zurück. Er bringt das Schulgeld mit. Ihm ist es überaus wichtig, dass die Tochter die Schule besuchen kann und er wünscht sich, dass Seida als Boarding-Kind hier wohnen kann. Es geht ihr nicht gut daheim. Er erzählt: „Seida muss zu Hause arbeiten. Die Mutter ist faul, ohne Verantwortungsgefühl, ohne Liebe. Das Mädchen muss waschen, kochen, putzen, Holz und Wasser herbeischleppen und nebenbei noch den kleinen Bruder versorgen. Manchmal bis Mitternacht arbeiten, bis die Mutter zufrieden und die Arbeit getan ist." Der Vater macht sich Sorgen, er kann nicht eingreifen. Er hat einen Job weit weg und ist die Woche über nicht zu Hause.

Wir glauben ihm die Geschichte. Seida hat zerschundene Hände, nie ein Lächeln im Gesicht, kann nicht ausgelassen spielen und wirkt oft vollkommen abwesend. Mister Lutambi verspricht zu helfen. Ich verstehe, dass für manche Kinder die Schule das bessere Zuhause ist.

Als ich nach Hause komme gibt es die nächste Überraschung! Mein Bett ist frisch überzogen, wunderschön zurechtgemacht, Kissen und Decke kunstvoll drapiert, mit duftendem Öl besprüht. Das „Badezimmer" samt Toilette ist blitzblank gescheuert, ein Eimer voll Wasser steht da. Mehr geht nicht, besser geht nicht. Mein Engel Krister war am Werk.

BLENDA

Blenda als Spielführerin

In Uyole warten wir im Dieselgestank der tausend anderen Schrottkisten, dalla-dallas und boda-bodas auf Fahrgäste. Der Bus will sich heute nicht füllen. Und halbvoll oder voll fährt er nicht, er muss übervoll sein.

Irgendwann ist es dann soweit. Mein Sitznachbar schleppt ein Huhn in einer Plastiktüte mit. Damit es nicht entschwindet, hält er einen Flügel fest in der Hand. Ich sinniere über die nähere Zukunft des Federviehs und vermute nichts Erfreuliches.

Der Headmaster trudelt eineinhalb Stunden zu spät ein und jetzt, mitten am Vormittag, verabschiedet er sich schon wieder. Sein Fuß schmerzt. Aha, das hatten wir doch letzte Woche schon. Er will sich im Dorf Medizin holen. Ich frage mich nur, wo denn dort? Er hat das Arbeiten nicht erfunden, hat leider auch kaum eine Ahnung, kümmert sich um nichts. Er fehlt nicht wirklich.

Ein Unterrichtsbesuch bei Marta ist geplant! Standard 1, entspricht unserer ersten Klasse. Thema: Seilhüpfen! Die Kleinen, heute sind sieben in der Klasse – zwei wurden zur Strafe für einen Tag in den Kindergarten geschickt, sie kamen ohne Hausaufgaben – hocken ruhig auf ihren wackligen Bänken. Alle einzeln. Mit Abstand. Diszipliniert. Mucksen sich nicht. Seilhüpfen allein, zu zweit oder zu dritt sollen sie lernen. Hier im Klassenzimmer!

Aus einem Buch übernimmt Marta die Anleitung, schreibt sie an die Wandtafel. Die Kinder sitzen und schauen und manche legen den Kopf auf die verschränkten Unterarme. Ich frage Marta, ob sie ein Seil dabei habe, die Kinder probieren dürfen. Nein, daran hat sie nicht gedacht! Ob sie es selbst versucht hätte? Marta schüttelt den Kopf, nein, noch nie. Warum dann als Thema im Unterricht? Weil es im Schulbuch steht! Genau so, wie jetzt an der schwarz-gestrichenen Wand, der Tafel!

Mein Einwand, dass man ohne Wasser schlecht schwimmen lernen kann, leuchtet ihr ein. Die Jungen und Mädchen schreiben den Text in ihr Heft. Nein, sie quälen sich mit buchstabenähnlichen Gebilden. Besuchen sie doch erst seit vier Monaten die Schule!

Irgendwann ist die Unterrichtsstunde zu Ende: Seilhüpfen ohne Seil. Theoretisch! Und auf Englisch! Very funny! Für mich! Wie das die Fünf- bis Siebenjährigen sehen? Sie zeigen keine Reaktion, tun, was ihnen befohlen. Es ist zum Schreien komisch, so sinnlos und doch so gut gemeint!

Trotzdem, Marta ist in Ordnung. Sie liebt ihre Arbeit, setzt sich ein, ist interessiert, will lernen. Ohne sie könnte Kelly's School schließen. Und sie ist ein prima Kumpel – ein afrikanischer Kumpel. Ich weiß nicht wirklich, wie und was sie denkt, fühlt und sich unsichtbar in ihrem Hinterkopf abspielt.

Kein Tag vergeht ohne die lästige Bettelei. Fragt Juliette, die neue Lehrerin, doch tatsächlich, ob ich ihr mein Notebook schenken würde. Nicht im Spaß, sie meint es ernst und lässt nicht locker. Ich erkläre ihr ausführlichst, dass ich das Gerät brauche, dass es auch bei uns teuer sei und dass ich nicht zu den Schwerreichen gehöre. Sie lacht, winkt ab, alle Weißen haben Geld, behauptet sie.

Selbst wenn ich es ihr schenken würde, es wäre genau so schnell geschrottet, verlegt, verloren, irgendwo vergessen wie alles andere. Achtsam mit den Dingen umzugehen, sie aufzuräumen und wiederzufinden ist ein Problem.

Juliette kommt aus Kenia, ist die zweite Woche hier. Außer dem üblichen Gruß haben wir wenig Kontakt. Sie ist derb, grob, laut. Kopfnüsse und auf die Finger klopfen gehören für sie als selbstverständliche Erziehungsmaßnahmen dazu. Noch sind die Kleinen hart im Nehmen, zucken nicht einmal.

Nebenan brüllen die Kindergartenkinder englische Sätze im Chor. „This is a chair! This is an egg!"

Und ich sehne mich – nur für einen Moment – nach Ruhe, nach Alleinsein, nach Tisch und Stuhl und Bett, nach warmem Wasser und Messer und Gabel. Und freue mich auf

Neues. Mein Nomadenblut kommt von Zeit zu Zeit in Wallung. Dann heißt es weiterzuziehen.

Die Glotze in Mister Lutambis neuem Büro läuft immer. Non stop. Mary, die ihren Platz im gleichen Zimmer hat, zieht sich ununterbrochen Liebesdramen rein. Während ihrer Arbeitszeit. Noch sagt keiner etwas. Und die Faszination, die dieses Gerät ausströmt, muss riesig sein. Oft hat Mary Gesellschaft. Egal, ob Lehrerin, Köchin oder Headmaster, magnetisch zieht es sie immer wieder zum Fernsehgerät, andächtig verharren sie vor den unglaublich schwachsinnigen Sendungen. Glücklicherweise gibt es stündlich Nachrichten, ein Grund für sie, kurzfristig zur eigentlichen Arbeit zurückzugehen. Und die Schüler? Sie vertreiben sich auch ohne Lehrer die Zeit, wundersam friedlich.

Blenda, die 10-Jährige, war gestern und heute nicht in der Schule. Nach Unterrichtsende fahren alle Kinder, Marta, Juliette und ich mit dem Schulbus zu ihr nach Hause. Sie wohnt zwei Dörfer weiter, das Haus liegt vielleicht 500 Meter abseits der Straße, der Weg dorthin ist extrem holprig, eng, staubig. Ein Durchkommen bei Regenwetter schier unmöglich. Heute ist es trocken und Franzi, der Busfahrer, schafft es. Vor der Hütte sitzt Blenda, barfuß, in ein grünes Tuch gehüllt, mit einer Schar Kinder. Sie sieht krank aus. Ein paar Männer stehen herum. Die ganze Schar steigt aus, begrüßt Blenda, alle mögen sie, Blenda freut sich. Die Geste, das Sich-Kümmern, das Interesse und die Anteilnahme mag ich. Bei der Weiterfahrt sitze ich neben Juliette. Sie sagt, dass wir für Blenda beten müssen, dass sie unsere Gebete dringend brauche, sie sei von einem Geist besessen. Ich schaue ungläubig, kann nicht verstehen, bohre nach. Und Juliette, die resolute, erklärt mir, dass das Mädchen manchmal meine, sie esse Menschenfleisch oder jemand würde ihr den Kopf spalten. Sie, die Erwachsene, ist felsenfest von der Geisterversion überzeugt, auch Blendas Vater sehe das so. Schließlich sei das Kind viermal in Ohnmacht gefallen. Ich reiße Mund und Augen auf, bin sprachlos. Und die Lehrerin redet weiter auf mich ein: „She needs our prayer."

Mit Sicherheit könnte ein Arzt helfen! Ich will es sagen und sage es nicht! Bin ich zu feige? Weiß ich doch inzwischen, dass niemand in den Bauerndörfern eine Krankenversicherung hat und schon gar kein Geld, um einen Arzt zu bezahlen. Und ohne Kohle geht nichts! Da hören Freundschaft, Fürsorge, Mitgefühl auf. Bleibt beten! Vielleicht versetzt er doch Berge – der Glaube. Vielleicht kommt Blenda ja schon morgen wieder in die Schule! Blenda, die quirlige, die kluge, die hilfsbereite und fast immer fröhliche.

Krankheit, Geister oder Glaube, Gebet oder Arzt? Wo festhalten, wenn alles schwankt? Und Lehrer und Kinder singen in voller Lautstärke: „Jesus never felt!" Ununterbrochen, anhaltend, begeistert, überzeugt.

Kleinlaut und blitzartig wird mir klar, wie auch wir, die vermeintlich Fortschrittlichen, Auf- und Abgeklärten, die Gebildeten, unser Seelenheil bei diversen Gurus, Weisen, Erleuchteten und Vernagelten suchen. Viel Geld ausgeben fürs Übersinnliche, nicht Erklärbare. Als da wären: positives Denken, Energiefeldreinigung, fernöstliche Ideen, Horoskope und Handleser, Schriftanalyse, Urschrei oder energetische Bewellungen!

Ich will zuerst vor der eigenen Haustür kehren!

GEDANKEN

Der Himmel ist schön über Mbeya. Sonnenschein. Phantastische Wolkengebilde ziehen durch die azurblaue, klare, unendliche Himmelsweite. Am liebsten wäre ich jetzt ganz nah dran an den Wolken: über ihnen, mitten drin, eingehüllt in sie. Unten in der Stadt ist es stickig und laut.

Dr. Bernhard Grzimeks „Serengeti darf nicht sterben" geht mir durch den Kopf. Seine Bücher habe ich als Kind, als Jugendliche verschlungen und mit ihnen meinen Afrikatraum gelebt. Die Fotos, die wilden Tiere, die Steppe, sind in mein Gedächtnis gemeißelt. Jetzt, Jahrzehnte später, in Tansania, im Land des Serengeti-Nationalparks, denke ich: „Afrika darf nicht sterben." Die Krankheiten, die abgas-verpestete Luft, der verseuchte Boden, die chemischen Stoffe in den Nahrungsmitteln machen nachdenklich, fast Angst. All das wird, so scheint es, arglos und unwissend hingenommen. Für die Menschen zählt bei ihrem Kampf ums tägliche Überleben das Ergebnis: Mehr Chemie und bessere landwirtschaftliche Erträge. Lieber eine alte Dieselkarre mit Abgasgestank und Luftverschmutzung als kein Fortbewegungsmittel. Und gerne ein bisschen mehr Geld durch Korruption als nichts zu essen. In der englischsprachigen Tageszeitung finde ich einen Artikel dazu. Die Probleme sind bekannt, doch wie kommen sie bis zu den Menschen in den ärmsten Regionen?

Noch ein Bericht in der heutigen Zeitung will wachrütteln. Die Jagd auf Elefanten, das Wildern, hat in den Achtziger-Jahren, trotz Grzimeks unermüdlichem mahnendem Einsatz, enorme Ausmaße angenommen. Die Population der Dickhäuter ging in wenigen Jahren um achtzig Prozent zurück – wegen des Elfenbeins. Nun will die Regierung Verantwortung übernehmen: striktes Verbot der Elefantenjagd und hohe Strafen für Wilderer.

Es ist nicht mein Tag! Bin drauf und dran aufzugeben. Natürlich gebe ich nicht auf. Ja ist Ja! Einmal entschieden und zugesagt, ziehe ich eine Sache durch! Dennoch, ich bin frustriert. Alles reden hilft nichts! Die Lehrer können nicht?, wollen nicht!? andere, für sie neue Unterrichtsmethoden ausprobieren, machen weiter mit ihrer stupiden Paukerei. Die Kinder wissen nicht, was sie tun, sie kritzeln sinnloses Zeug von der Tafel ab, verstehen nichts, lernen nichts.

Wirklich nicht? Schon wieder diese Vorurteile ohne irgendwelche Ergebnisse zu kennen!

Gut, die Kleinen, die Zwei- und Dreijährigen, die auch schon Zahlen und Buchstaben und Englisch lernen sollen, lösen das Problem auf ihre Weise: Sie legen den Kopf auf den harten Holztisch und schlafen!

Ich sitze schon wieder auf dem hohen Ross mitsamt meiner pädagogischen Überzeugung. Zumindest jetzt und hier. Doch was sagt Pisa? Wir hängen in Deutschland, international gesehen, mit dem Lernerfolg unserer Kinder hinterher. Und selbst die Skandinavier mit den glänzenden Ergebnissen schwächeln inzwischen. Meine, unsere Überheblichkeit macht mich unsicher. Sollte ich mich zurückhalten? Der Auftrag einerseits und die immer wieder auftretenden Zweifel andererseits irritieren mich.

In der Ford-Zentrale in Detroit steht in der Eingangshalle: " Wether you think you can do it or wether you think you can't do it, you are always right." Großzügig ausgelegt heißt das, dass man immer ein Stück weit recht hat und immer auch ein Stück weit falsch liegt. Jeder! Wir mit unseren Studien und Forschungen und die anderen mit ihrem Bauchgefühl.

Juliette will den Lernstoff in die Kinder reinprügeln. In jedes Kind, ohne Unterschied. Ich versuche, ihr klar zu machen, dass Kinder unterschiedlich lernen, auch nicht alle die gleichen Begabungen hätten, dass sie differenzieren sollte. Üben, motivieren, Neugier wecken – natürlich! Wie sagt der französische Schriftsteller Antoine de Saint-Exupery so genial: "Willst du ein Schiff bauen, dann trommle nicht Männer zusammen, um Holz zu beschaffen, ..., sondern lehre sie die Sehnsucht nach dem weiten, endlosen Meer." Juliette, die mich gestern von Blendas

Geistern überzeugen wollte, soll heute psychologische Erkenntnisse akzeptieren?

Blenda ist immer noch nicht in der Schule. Ich frage Marta. Vielleicht weiß sie Genaueres. Und außerdem bin ich neugierig und will wissen, wie sie über Blendas Krankheit denkt. „Sie hat devils, Teufel, in sich", sagt Marta, so, als wäre es ein banaler Husten. Woher sie das wisse? „Der Vater hat es gesagt. Und Blenda ist ohnmächtig geworden." Martas Diagnose klingt klar und zweifelsfrei. Mein Einwand, dass vielleicht der Kreislauf Probleme mache, dass ein Arzt helfen könnte, weist sie zurück. Schließlich hätte auch der Arzt dieselbe Meinung. Fertig! So einfach ist das!

Ob sie wirklich glaube, was Vater und Arzt behaupten? Ich insistiere weiter und Marta kontert eiskalt. Natürlich glaube SIE nicht an Teufel und lacht. Also braucht Blenda doch einen guten Arzt? Of course – natürlich, erwidert Marta gelassen und: Es ist wie es ist.

In jedem Fall ist es für sie und Juliette ein Spagat zwischen Stammestradition und Naturreligion einerseits und Missionierung, dem christlichen Glauben und westlichen Einflüssen andererseits. Zum x-ten Mal frage ich mich, ob man von außen, vom anderen Ende der Welt, überhaupt eingreifen darf, eingreifen soll? Ist eine Veränderung nicht erst dann sinnvoll, wenn der Wunsch von innen kommt und die Bereitschaft vorhanden ist? Oder schlicht, wenn die Zeit dafür reif ist? Viele für uns ungewohnte Verhaltensweisen treffen zusammen. Mit der fehlenden Organisation und Strukturlosigkeit, der kindlichen Gläubigkeit und dem gelassenen Hinnehmen haben wir, die eher Genauen, auf Nummer-Sicher-Gehenden, Risikoscheuen oftmals Probleme. Selbst Mister Lutambi, der umtriebige und rührige Manager der Schule, macht, was ihm gerade durch den Kopf geht. Spontan. Ich vermute, ohne Für und Wider abzuwägen, ohne Angst vor dem Scheitern. Klappt es nicht – so geht das Leben trotzdem weiter! „Es geht ums Tun und nicht ums Siegen", heißt es in einem Lied von Konstantin Wecker.

Und wie sie tun! Innerhalb einer Woche wird Kelly's School von einer Tagesschule zu einem Internat umgewandelt.

Wenn ich daran denke, wie ewig lange bei uns um die Einführung der Ganztagsschule, um Betreuung, Sicherheit, Finanzierung, Arbeitszeit und viele andere wichtige und unwichtige Dinge diskutiert wird, so bin ich umso mehr von dem sorglosen Handeln Mister Lutambis beeindruckt. Und es funktioniert. Selbst Vierjährige wohnen, manche sogar über mehrere Wochen und ohne jeden Kontakt nach Hause, in der Schule. Afrikanische Kinder kennen kein Heimweh und afrikanische Eltern klammern nicht, erklärt mir Mama K später. Auch ihre älteren Kinder gingen sehr jung ins Internat und kamen nur zweimal im Jahr nach Hause: zu Weihnachten und im Juni, den langen Ferien. Wieder einmal lerne ich: andere Länder, andere Sitten. Die Unterschiede in der Herangehensweise und bei der Umsetzung eines Projekts werden mir jeden Tag bewusster. Haben wir eine Idee, so ist der Weg bis zur Realisierung meist lang: nachdenken, planen, diskutieren, verwerfen, neu entwickeln, hunderttausend Studien durchforsten, Erfahrungen auskundschaften, Testphasen, et cetera. In Number One dagegen: Die Idee ist geboren, dann wird gehandelt, schnell und spontan. Der Optimismus ist grenzenlos. Und wenn es nicht funktioniert? Dann gibt es einen anderen Weg. Don't worry!

BANANEN UND BEHÖRDEN

Regen, Matsch und Schlaglächer stoppen unsere Fahrt

Zahlen und Daten schwirren mir durch den Kopf, private, geschichtsträchtige, weltbedeutende, aktuelle, wehmütige. Erinnerungen. Heute wieder ein Geburtstag und endlich Frieden. Die aufkommenden Gefühle an meine erste große Liebe und das Kriegsende 1945 – beide Ereignisse so weit weg und doch so nah. Solche Gedenktage, das kurze Innehalten, der schnellere Herzschlag, sind für mich trotz allen Geredes über das Leben im Hier und jetzt wichtig. Um sieben Uhr wollen wir losfahren: nach Tukuyu. Mama K zur

Arbeit, Mister Lutambi muss Behördengänge machen, ich bin Beiwerk.

Wann begreife ich endlich, dass um Sieben frühestens um Zehn bedeutet? Wenn es überhaupt etwas bedeutet! Schließlich haben wir die Vereinbarung gestern Abend getroffen und heute ticken die Uhren anders!

Pünktlich bin ich zur Stelle. Mama K rennt halbnackt durchs Haus, der Hausherr schläft noch. So nutze ich die Zeit, um Mails zu schreiben, Grüße an die Heimat. Leider kann ich sie nicht absenden, das Netz streikt. Ist nicht besorgniserregend, zwei Minuten später kann es schon wieder funktionieren. Oder erst in zwei Tagen! Oder in zwei Wochen! Geduld und lockeren Umgang mit der Zeit – ein effektiveres Übungsfeld als hier könnte ich dafür nicht finden!

Inzwischen ist es neun Uhr. Krister bügelt die Kleider für ihren Vater. Als ich sechzehn Jahre alt war, so wie sie, wäre mir das nicht im Traum eingefallen. Ich habe rebelliert: gegen Hausarbeit, gegen Küche, gegen alles. Nicht, dass ich nichts getan hätte, aber ich wollte selbst bestimmen, womit ich mich beschäftige. Anders die Mädels hier. Scheinbar selbstlos und ohne Murren erledigen sie Tag für Tag den Haushalt, alles inklusive: kochen, waschen, putzen, Baby versorgen, Gartenarbeit, Tiere füttern, Wasser schöpfen, den Eltern die Tasche tragen, das Gartentor öffnen, alles übernehmen sie.

Am Frühstückstisch tut sich was, Geschirr klappert. Ein sicheres Zeichen. Der Vater ist im Anmarsch! Mama K ist inzwischen eingefallen, dass sie heute mit Karoline zum Arzt muss, Routineuntersuchung, also nicht zur Arbeit geht. Um zehn Uhr fahren Mister Lutambi und ich dann tatsächlich los. Kurzer Zwischenstopp in der Schule, da hocken sie schon wieder vereint vor der Glotze und lassen Arbeit Arbeit sein. Der Headmaster hat heute wohl etwas Besonderes vor, jedenfalls ist er in Gummistiefeln unterwegs.

Auf der einzigen asphaltierten Straße der Region fahren wir weiter. Noch fünfzehn Kilometer bis Tukuyu. Bananenplantagen links und rechts der Straße, soweit das Auge reicht. Ich mag die Pflanzen mit ihren riesigen Blättern und den Früchten, die wie Trauben an einem stabilen Ast hängen. Bananaplants, so erfahre ich, werden in Vierergruppen angebaut. In Generationen. Eine Pflanze hat erntereife Bananen, eine andere, jüngere Pflanze trägt halbreife Früchte und zwei kleinere wachsen heran. Ist die eine Staude abgeerntet, wird sie entfernt und die Blätter werden als Tierfutter verwendet. Die nächste Pflanze hat dann reife Früchte, eine junge wird nachgepflanzt. So ist das ganze Jahr Bananenernte möglich – kann doch jede Pflanze nur ein einziges Mal Bananen liefern. Ohne jegliche Maschinen, ohne Hilfsmittel betreiben die Menschen die komplette Landwirtschaft, auch den Bananenanbau.

„Hier ist der Flughafen", bemerkt Mister Lutambi. Ich sehe weit und breit nichts Airport-Ähnliches. Nur die kurvige Straße und immer noch Bananenfelder auf beiden Seiten. Mein Chauffeur klärt mich auf. Viele Autofahrer übersahen und übersehen immer wieder die Kurve, durch die er gerade seinen Wagen lenkt, und rasen geradeaus weiter über die Leitplanke, fliegen durch die Luft wie Skispringer nach dem Absprung von der Schanze oder wie ein Flugzeug im Landeanflug und finden sich irgendwo einige Meter tiefer im Gelände wieder. Glücklicherweise kommen die Piloten und Mitfahrer meist mit dem Schrecken davon. Vergessen werden sie ihren Flug und die unsanfte

Landung wohl nie. Humor haben die Menschen hier – trotz ihres entbehrungsreichen Lebens!

Die Hütten in den Bananenfeldern erscheinen winzig, haben keine Fenster, nur einen kleinen, verhangenen Eingang mit einem, selten zwei Räumen. Gekocht wird außerhalb. Wie das geht, bei der fast immer kinderreichen Familie? „No problem", sagt Mister Lutambi. Nie sind alle Kinder zu Hause, viele gehen schon sehr früh, manchmal im Kindergartenalter, in eine Boarding School und sind nur für wenige Wochen im Jahr daheim. Oder sie verlassen früh das Haus, um irgendwo als Kindermädchen, als Hirtenjunge oder Haushilfe unterzukommen. Und gestapelt zu schlafen ist kein Problem und nur eine Frage der Gewohnheit.

In Tukuyu regnet es. Die Straßen sind verschlammt, dreckig, löchrig. Trotzdem, der Flecken wirkt interessant, aufgeweckt. Viele Straßenläden. Viele offizielle Gebäude. Geschäftigkeit. Zweimal wöchentlich findet ein großer Markt statt.

Wir starten den Papiermarathon in einem Büroviertel. Die Gebäude wurden vor etlichen Jahrzehnten von den Deutschen errichtet. Wären sie renoviert und gepflegt, so würden sie gut dastehen. Ein neuer Verputz, ein bisschen Farbe innen und außen und es wären schöne Arbeitsräume. Mister Lutambi weiß auch nicht, warum nichts gemacht wird.

Der erste Besuch scheitert. Die Person, die für die Unterschrift der Papiere zuständig ist, fehlt heute. Wir klappern noch einige andere Büros ab. Nettes Geplauder, das war's. Sieht alles nicht nach Arbeit aus. Kein Computer, kaum Akten, keine Papierstapel. Oder sammelt sich nichts an? Wird alles sofort abgearbeitet? Ich halte mich zurück, sage nichts. Alle sind sehr freundlich, interessieren sich für mich, mein Tun, meine Motivation.

Unverrichteter Dinge packt Mister Lutambi seine Briefe zusammen. Neuer Anlauf an einem neuen Tag! Warum ruft er nicht vorher an? Geht doch sonst alles und jede Kleinigkeit über das ständig und immer präsente Mobiltelefon. Der Verdacht, dass vor allem ich präsentiert werden soll, liegt nahe. Wohl fühle ich mich dabei nicht. Längst ist mir klar, dass ich nicht der „Weisheit letzter Schluss" mitbringe, weiß nicht einmal, wie weit sich Erfahrungen von zu Hause übertragen lassen. Und vom Missionsgedanken bin ich soweit weg wie vom Mars.

Wir landen bei der Chefin des Amtes. Eine stattliche Frau: groß, breit, sehr gepflegt, aufmerksam. Auch hier werde ich als Volunteer vorgestellt, als sehr erfahren, als wichtig. Der weiße Besuch ist gut für das Image der Schule. Ich registriere, dass die Erwartungen an die reichen Länder enorm sind, in jeglicher Hinsicht.

Wann immer ich unterwegs bin, beeindrucken mich die Frauen. Entweder tragen sie ein Baby auf dem Rücken oder im Bauch, oft beides. Dazu befördern sie noch schwere Güter von A nach B: einen Eimer Kartoffeln, einen Sack Mais oder zwei Meter langes, gebündeltes Holz – alles auf dem Kopf! Sicher, nichts fällt herunter, nichts wackelt. Ihr Gang ist aufrecht, wirkt leicht. Oft ist die Last fünfzig Kilogramm schwer. Selbst ganz junge Mädchen, noch Kinder, tragen so die schwere Ware durch die Gegend. Barfuß. Die Wege sind lang, holprig, dreckig, schwierig zu gehen. Nicht selten sind sie stundenlang unterwegs. Eine Frau, vollbeladen, fährt einige Kilometer mit uns. Auf meine Frage, ob das nicht viel zu anstrengend sei, antwortet sie gelassen: „Nein, wir sind das gewohnt. It's normal." Und was ist mit den Männern? Fehlanzeige! Für die Güterbeförderung sind die Frauen zuständig.

Wenn in den nächsten 24 Stunden die Welt unterginge, wenn nur ein paar Wenigen das Überleben gelänge – wer könnte sich eher retten? Die physisch Starken und Geschickten, die Schmerzunempfindlichen, die nicht alles und jedes Hinterfragenden? Oder sind es doch die Nachdenker, die 'Gebildeten', die angeblich Schlauen? Körper gegen Köpfchen! Nobody knows – und ich verstehe wieder einmal mehr, dass der Mensch eben doch ein Ganzes ist, dass Körper und Geist wichtig sind, dass es kein besser oder schlechter gibt.

Bei der Heimfahrt sind die drei schmalen Sitze in der zweitletzten Reihe des Busses schon von drei dicken Frauen und mir belegt. Überbelegt! Ein Riese steigt zu. Der Kondukteur weist ihm den Platz zwischen meiner fülligen Nachbarin und mir zu. Zielsicher schlängelt er sich den Gang entlang, dreht sich bei unserer Sitzreihe um und lässt sich einfach fallen. Obwohl nichts von der Sitzfläche zu sehen ist! Gefühlte 200 Kilogramm landen auf meinen Oberschenkeln. Ich protestiere lautstark, jaule, quetsche mich noch mehr an den Rand. Das Schwergewicht bleibt für die nächste halbe Stunde sitzen. Platz ist Platz und der Kondukteur der Boss im Bus. Noch nie habe ich gesehen, dass jemand nicht auf ihn gehört hätte.

Dafür lassen mich heute die Kraut-, Tomaten-, Karotten-, Kartoffelverkäufer unterwegs in Ruhe. Der Koloss macht mich unsichtbar. Herrliches Afrika!

TRÄUME UND WÜNSCHE

Die Jüngsten

Während des Frühstücks klärt mich Mama K wieder einmal über die neuerdings turbulenten Lebensformen und Veränderungen in ihrem Land auf. War bis vor noch nicht langer Zeit Ehe und Familie etwas Selbstverständliches und Stabiles, zumindest blieb man zusammen, so sind Trennungen heute gang und gäbe. Läuft einem Ehemann eine andere, begehrenswerte Frau oder einer Ehefrau ein anderer interessanter Mann über den Weg, so verschwindet der Angetraute, die einst Verlässliche von heute auf morgen.

Ohne große Worte. Ohne sich um die Kinder – und oft sind es viele – Gedanken zu machen. Ohne Rücksicht auf den Partner, die Partnerin, den Clan. Ohne die Zukunft zu bedenken. Sie hauen einfach ab.

In der Schule erfahre ich von immer mehr Kindern, die kein stabiles Zuhause haben. Manche von ihnen können nie „heimgehen". Keiner will sie. Nicht der Vater mit seiner neuen Familie, nicht die Mutter mit dem neuen Ehemann. So wohnen sie bei der oder jener Familie, bei diesem oder jenem Lehrer oder Onkel oder Nachbarn. Oder in der Schule. Auch Blenda wird hin- und hergereicht, gemeinsam mit der dreijährigen Schwester wohnt sie mal hier, mal da. Ihre Eltern haben sich neue Familien zugelegt.

Dieses Wochenende verbringen wieder einige Kinder in der Schule. Die anhängliche, ganz liebe Ann-Jo, sie ist acht Jahre alt und ihre kleine Schwester Miki waren, seit sie hier in Kelly's School sind, noch nie zu Hause. Die Eltern haben keine Zeit, so die lapidare Antwort von Mister Lutambi. Haben die Eltern Arbeit, so steht diese an erster Stelle. Die Menschen sind arm in diesem Land. Arbeit und Einkommen, verbunden mit möglicher Bildung der Kinder, ist ein Weg aus der Misere. Und dafür werden Opfer gebracht.

Der dreijährige Ibra, der Konstrukteur, der stundenlang mit Bauklötzen Häuser und Türme baut, hat seine Eltern seit Wochen nicht gesehen. Er zeigt keinerlei Heimweh. Bevor er in der Schule übernachten konnte, hat er bei Marta gewohnt. So herrlich unkompliziert ist das Schüler-Lehrer-Verhältnis. Und für einige Kinder ist die Schule das Zuhause überhaupt, wie für Assi, den Achtjährigen. Die neue Frau des Vaters will ihn nicht und der neue Mann der Mutter auch nicht. So bleibt er auch während der Ferien in der Schule, irgendwelche Erwachsene sind immer hier. Es ist nicht der schlechteste Platz für ihn.

Heute ist Freitag und freitags steht Religionsunterricht auf dem Stundenplan. Alle Kinder treffen sich gemeinsam in einem Raum. Sie sitzen an ihren Tischen, manchmal teilen sich drei einen Platz. Die zwei- und dreijährigen Kinder schlafen schnell ein. Legen einfach den Kopf auf den Tisch. Die Älteren singen. Laut und innig. Auswendig. Lieder, die sie gelernt haben. Sie klatschen dabei in die Hände, stampfen mit den Füßen, sind mit Leib und Seele dabei. Die Lehrer sind ebenso begeistert, sind fromm, sehr fromm und gläubig.

Die Anzahl der religiösen Gruppierungen ist enorm. Von den großen lutherischen und römisch-katholischen Kirchen bis zu den Sieben-Tage-Adventisten, von den Zeugen Jehovas bis zu den Pentecost, den freikirchlichen Gemeinden. Islam, Christentum und Naturreligionen existieren nebeneinander.

Ein fester Glaube scheint vielen Menschen Sicherheit zu geben. Ohne kritische Distanz, ohne Hinterfragen werden die neuen Religionen gerne angenommen, manchmal gut vermischt mit der Stammesreligion. Gewertet, geurteilt, verurteilt wird nicht. Jeder Glaube ist in Ordnung und wird respektiert, nach Unterschieden nicht gefragt.

Mary, Mister Lutambis Sekretärin, wird immer vertraulicher. Sie, die 24-Jährige, wirkt deutlich älter. Heute erzählt sie mir aus ihrem Leben: Dass sie mit Marta und Neema in einem Haus in Number One wohnt, ohne Licht, ohne Strom, ohne Fenster. Weil Marta oft in der Schule übernachtet und Neema, nachdem sie ihren Job aufgegeben hat, häufig tagelang unterwegs ist, verbringt Mary die Abende allein im Haus. Kerzen und eine Taschenlampe spenden ein bisschen Licht. Und da sie bei diesen Bedingungen wenig mit sich selbst anzufangen weiß, geht sie früh schlafen. Sie ist die älteste von vielen Geschwistern, die irgendwo, so genau weiß sie es auch nicht, wohnen. Die Eltern sind beide verstorben. Mary träumt von einem freien Leben, von Reisen, von Büchern, von Mode. Doch, so sagt sie traurig, wäre das für sie wohl nie möglich. Sie wäre dem Leben ihrer Wünsche nicht gewachsen, hat Angst vor Veränderung. Und ich spüre die Resignation in ihrer Stimme und auch ein kleines bisschen Wut. Die Kinder und Jugendlichen werden auf ein hartes und angepasstes Leben vorbereitet, auf Heirat, auf kinderreiche Familie, aufs Überleben. Sowohl das Schulsystem als auch die Erziehung in der Familie sind strikt, lassen keinen anderen Blickwinkel zu, kein Sich-Ausprobieren, auch keine Zukunftsträume, so Mary. Mir kommen diese Worte bekannt vor, auch Krister hat sich so ähnlich geäußert. Langsam beginne ich zu verstehen, warum viele Erwachsene keine Phantasie haben. Träumereien kann man sich einfach nicht erlauben. Die Realität und der Überlebenskampf sind immer präsent.

HOFFNUNGEN

Der neue Sandkasten entsteht - alle packen mit an

Nichts mit Wochenende! Mister Lutambi erklärt mir, dass er für heute die Eltern der zehn Kinder, die wir für ein Stipendium ausgewählt haben, eingeladen habe. Ich solle die Gespräche führen, er übersetzt. Und die Entscheidung läge bei mir.

Als ob ich es geahnt hätte! Pünktlich um halb acht, so wie am Vorabend besprochen, erscheine ich im Wohnzimmer, um mit Mister Lutambi zur Schule nach Number One zu fahren. Krister sagt mir, dass ihr Vater weggefahren sei. Wohin, will ich wissen. Krister zuckt mit den Schultern. Ich, leicht irritiert, versuche zu erklären, dass Eltern bestellt seien, Gespräche anstünden, es höchste Zeit zu gehen wäre. Ach, mein Timing! Ich bin in Afrika. Wann endlich kapiere ich!

Zwei Stunden später meint Krister, ihr Vater sei schon in der Schule. So marschiere ich die zwei Kilometer zur Bushaltestelle, warte auf einen Bus und habe Glück. Der erste, der kommt, ist nahezu vollbesetzt, so wird der Aufenthalt in Uyole kurz. Und dennoch lustig! Der Kondukteur springt plötzlich aus dem Bus, rennt auf ein händchenhaltendes Paar zu, verpasst sowohl „Ihm" als auch „Ihr" einige Ohrfeigen, will sie auseinanderreißen und schon ist eine Prügelei zu dritt im Gange. Niemand stört es.

Der Bus fährt langsam wieder an, der Erboste kommt angerannt, springt auf das rollende Fahrzeug und macht seinen Job weiter, als ob nichts geschehen wäre: Fahrgeld kassieren, Gepäckstücke zurechtrücken, Leute platzieren. Weder die zuschauenden Fahrgäste noch der Akteur der Handlung scheinen verwirrt oder gar entsetzt oder verlegen zu sein. Nicht einmal verwundert, höchstens fragend! War es vielleicht seine Ehefrau? Auf frischer Tat ertappt! Oder die Schwester? Oder die Ex? Niemand weiß es. Keiner fragt. Alle amüsieren sich. Und vielleicht ist so der Fall nun auch für die Beteiligten geklärt!

Als ich in der Schule eintreffe, sitzt Mister Lutambi schon vor einem Papierberg. Was war geschehen? Gestern, spät abends, erhielt er einen Anruf. Ein Todesfall in einem Bergdorf. Viele Menschen von Number One möchten heute zur Beerdigung und sind ohne Transportmöglichkeit. So fragten sie Mister Lutambi, ob sie den schuleigenen Bus ausleihen dürften. Und Hilfsbereitschaft wird groß geschrieben! Am frühen Morgen fuhr er mit seinem Auto ins Dorf, um Bus und Busschlüssel zu übergeben und ging anschließend zur Schule. Leider hätte er vergessen, mich zu verständigen.

Ich bestaune das Chaos und wie dann doch immer wieder alles zusammenpasst.

Einige Eltern, Verwandte, Beauftragte, wer auch immer, warten vor der Schule. Keine Ungeduld. Kein Schimpfen. Keine Hektik oder Unzufriedenheit. Es ist wie es ist. Warten gehört zum Leben.

Owens Mutter ist die erste mit der ich spreche. Der Junge besuchte einen Tag Kelly's School und fiel durch seine akrobatischen Fähigkeiten auf. Sieben Flic-Flacs auf einer unebenen Wiese sind für ihn kein Problem. Salto vorwärts, Salto rückwärts, bei Owen sieht es aus, als ob dies das Leichteste auf der Welt sei. Aufgeschlossenheit und Interesse kommen hinzu, er will lernen. Die Mutter erzählt von ihrem Alltag. Sie ist Witwe und hat mit ihrer kleinen Landwirtschaft vier Kinder zu versorgen. Ihre bescheidene Art und ihre Würde beeindrucken mich. Über ihre Armut werde ich einige Tage später, als ich sie in ihrer Hütte besuche, schockiert sein.

Vanessa, die kleine Kluge und Kesse, lebt entweder bei einem Onkel, der mir jetzt gegenüber sitzt, oder bei der Großmutter. Vanessas Mutter starb, als sie noch sehr klein war. Auch sie wächst, wie alle Menschen in Number One, in allereinfachsten Verhältnissen auf.

Eine andere Mama sagt ohne Scheu und Hemmungen, dass sie nicht weiß, wer der Vater ihres Sohnes ist. Jetzt hat sie einen anderen Mann, Ehemann, und mit ihm noch eine Anzahl jüngerer Kinder. Nikki hat Glück. Er kann bei seiner Mutter bleiben und hat eine Familie.

Nicht wenige der Mütter hatten schon mit vierzehn Jahren das erste Kind. Schnell folgten und folgen weitere. Sie haben keinen Schulabschluss, manche waren, wenn überhaupt, nur kurz in der Schule, haben keinen Beruf, kein Einkommen. Und der oft ebenso junge Vater, Mann, Freund, Geliebte, vielleicht Ehemann auch nicht. So leben sie in einer einfachen Hütte, bewirtschaften ein Feld. Mais, Kraut, Tomaten, Bohnen bauen sie an. Gegessen wird, was der Eigenanbau hergibt. Was übrig bleibt, versuchen sie zu verkaufen. Der Verdienst dieser Kleinstbauern liegt bei einem bis zwei Euro pro Tag.

Alle Eltern, die ihre Kinder zur Schule schicken wollen, haben verstanden, dass nur Bildung ihren Kindern aus der Armut helfen kann. Sie alle versichern, dass sie sich für ihre Kinder einen Schulabschluss wünschen. Ein Weg, den Kreislauf der allergrößten Armut zu unterbrechen. Doch Bildung kostet. Auch mit einem Stipendium müssen die Eltern einen finanziellen Beitrag leisten. Alle versprechen, dass sie das Geld aufbringen würden. Wie auch immer!

Aber worauf kann man sich verlassen? Ein Vertrag, eine Unterschrift nützen nicht viel. Wo nichts ist, kann man nichts holen.

Ich bin über das Auftreten der Erwachsenen überrascht. Über ihre durchweg freundliche Art, über ihre gepflegte Erscheinung, über ihr würdevolles Benehmen, keinerlei Hektik, aber auch keine Trägheit spüre ich. Es fühlt sich an, als ob sie in der Zeit mitschwimmen.

Einige Tage später werde ich alle Kinder zuhause besuchen. Will und muss mich überzeugen, dass auch stimmt, was ich zu hören bekam. Haben mich meine afrikanischen Freunde und meine Erfahrungen doch gelehrt: Afrika funktioniert anders. Glaube nichts. Überzeuge dich.

Überall werde ich herzlich empfangen – auch in der allerkleinsten Hütte und der allergrößten Armut.

ON TOUR

Unser Frühstück

Heute, am zweiten Sonntag im Mai, ist Muttertag. Weltweit. Meine Gedanken katapultieren Jahre zurück: an meine Mutter, an meine Kinder, an die Zeit früher. Nicht sentimental oder gar traurig, kein Gewimmer und Festhalten an guten alten Zeiten drängt sich vor. Im Gegenteil, besinnliche Momente der Vergangenheit mit ebenso viel Präsenz. Lust und Last des Heute lassen Freude und Neugier auf Zukünftiges entstehen.

„Reisen ist eine Symphonie der Sinne." Der Autor ist unbekannt, der Satz wahr. Auch meine Sinne reagieren in Afrika anders als im gewohnten Umfeld. In dem ganzen Chaos werden sie geschärft auf Situationen, Begebenheiten und Dinge. Sie sind anders eingestellt, adaptiert an das Leben hier.

Frühmorgens erkenne ich am Krähen der Hähne die Uhrzeit. Höre ich bestimmte Laute, so weiß ich, es ist ungefähr drei Uhr. Das nächste Kikeriki kündigt fünf Uhr an und wenn sich der dritte Gockel meldet, ist es etwa halb sieben und Zeit aufzustehen. Dann gackern auch die Hühner und kurz darauf dröhnen gewöhnlich die ersten Werbesprüche durchs Haus. Nirgendwo habe ich eine Uhr gesehen. Die Natur, die Arbeit, die Umstände und große Gelassenheit geben Orientierung, Tagesablauf und Verhaltensweisen vor.

Meine Augen plus mein Bauchgefühl signalisieren mir inzwischen deutlicher, worauf ich mich einlassen kann, wann ich am besten schnell wieder verschwinden oder doch besser ignorant und teilnahmslos des Weges gehen sollte. Ich bin vorsichtiger geworden, mein Blick kritischer.

Der Geruchssinn wird durch den Smog, den Dieselgestank in der Stadt extrem gefordert. Da hilft nur noch das Tuch vor Nase und Mund. Bei meinen lieben Kleinen erahne und erschnüffle ich das Missgeschick meist schon, bevor es in der Hose angekommen ist!

Bei täglich Bohnen, Kraut und Ugali, dem Maisbrei, sind die Geschmacksnerven nicht besonders beansprucht. Sie schalten in den Gewohnheitsmodus. Das Essen ist eine beruhigende Konstante in dem Durcheinander – jeden Tag, stets dasselbe. Das ist gut so, es vereinfacht.

Wasser ist knapp und mühsam zu bekommen. Wenn es unter schwierigen Bedingungen hergeschafft werden muss, achtet man auf den Verbrauch. Ob bei der Kleiderwäsche, beim Putzen, beim Klospülen, bei allem, immer. Trotz minimaler Körperpflege fühlt sich meine Haut weder verschwitzt noch unreinlich an. Meine schulterlangen ungewaschenen Haare, sie sind keineswegs ungepflegter oder gar schmutziger als nach täglichem Schamponieren unter der warmen Dusche. Der Körper passt sich an.

Sonntage nerven. Noch weniger Absprache. Heute Morgen sind nur die Kinder munter. Die älteren Jungen kümmern sich wie gewohnt um die Tiere, die Mädchen putzen wie jeden Tag den Fußboden im Wohnzimmer. Mit einem feuchten Lappen wischen sie, auf Knien rutschend, den Schmutz des Vortages zusammen. Die Kleineren rennen durch die Gegend oder hocken vor dem Fernsehapparat, das Baby Karoline liegt in Decken eingehüllt auf dem Sofa und plappert vor sich hin. Und ich bin bereit für jede Überraschung – ein Ausflug ist geplant. Nach irgendwohin! Zu einer deutschen Ärztin. Neunzig Kilometer entfernt, vielleicht auch nur fünfzig. So genau wissen sie es nicht. Auf jeden Fall soll der Weg schlecht und schwierig zu fahren sein, bei Regenwetter unmöglich.

Doch die letzten Tage blieb es trocken und heute ist das Wetter in Mbeya bilderbuchmäßig. Strahlend blauer Himmel, wolkenlos, Sonnenschein pur, warm und es ist Muttertag! Den es, wie ich jetzt erfahre, auch im hintersten Winkel von Afrika gibt und den der Vater – trotz seiner sechs Töchter – vergessen hat, genauso wie die Kinder. Mama K nicht, sie richtet für alle das Frühstück. Weil Muttertag ist, sagt sie.

Mister Lutambi, der Boss der Familie, will um zehn Uhr losfahren. Jetzt ist es bereits elf und für hiesige Verhältnisse liegen wir damit prima in der Zeit. Doch Mama K ist noch nicht bereit – dabei hat der Gatte ihr, so behauptet er, bereits um sechs Uhr morgens die Abfahrtszeit genannt. Er ärgert sich, dass wir nicht in time sind. Ist das ständige Ringen der letzten Wochen um verlässliche Uhrzeiten in der Schule doch auf fruchtbaren Boden gefallen? Jedenfalls zeigt sich Mister Lutambi begeistert, achtet inzwischen bei dem Schulpersonal penibel auf die Einhaltung der festgelegten Zeiten – und neuerdings wohl auch zu Hause.

Zwei Stunden später als vorgesehen fahren wir los: Vater, Mutter, alle Kinder und ich. Das Auto ist gut gefüllt, die Jüngeren im Kofferraum, das Baby in den Armen von irgendjemandem, die anderen eng aneinander gedrängt, Mister Lutambi am Steuer. Unterwegs besorgen wir Getränke und Proviant, Marta wartet an der Straße. Als sie zusteigt, wird es noch enger, wärmer, fröhlicher.

Wir steuern Richtung Tukuyu. Bis hierher ist die Straße asphaltiert, danach geht es offroad weiter: durch Dreck, Schlamm, Matsch und tiefe Löcher, über schräge Abhänge und Geröll. Jetzt ist mir klar, warum man nur bei gutem und trockenem Wetter dorthin fahren kann. Obwohl es schon einige Tage nicht mehr geregnet hat, ist streckenweise nur Schritttempo möglich, mehrmals bleiben wir stehen. Mister Lutambi kennt seinen Geländewagen und seine Fahrkünste und vertraut beidem. Er schaltet, gibt Gas, ein Stückchen vorwärts, die Räder drehen durch, Rückwärtsgang, er sucht eine neue Spur, nach einigen Versuchen geht es weiter, bis auf ein einziges Mal! Alle Tricks helfen nichts, der Wagen bewegt sich nicht von der Stelle, wir stecken im Matsch fest. Einige Männer aus einer nahegelegenen Hütte eilen herbei und legen stabile Bretter an die Räder. Weiter geht's. Wieder wundere ich mich über die Ruhe, die Gelassenheit, die Freundlichkeit und Hilfsbereitschaft der Menschen. Ich hätte gerne gewusst, wie schief ein Auto hängen kann, bevor es kippt und bedauere meine mangelnden technischen Kenntnisse. Hätte ich bloß einst im Physikunterricht besser aufgepasst!

Die Landschaft ist atemberaubend schön. Hügelig, Bananenplantagen, so weit das Auge reicht, dazwischen die Hütten der Bananenbauern, kaum sichtbar, klein, das Dach mit trockenem Gras gedeckt. Die Hütten halten ein bis zwei Jahre, dann schwemmt der Regen sie weg, die Menschen errichten sich eine neue Bleibe, wieder für kurze Zeit. Auch hier sind die Leute bitterarm, die Plantagen sind nicht ihr eigen, sie bearbeiten sie und versuchen, mit dem geringen Lohn zu überleben.

Dann wieder Dschungel: Grün in allen Schattierungen, unterbrochen von dem lehmigen Braun der "Straße" und über allem das leuchtende Blau des wolkenlosen afrikanischen Himmels.

Wir halten an einem Kratersee. Er soll sehr tief sein, das dunkelblaue Wasser warm. Ein Ausflugsort für die Einheimischen. Sie baden, waschen die Wäsche, picknicken, genießen die Abwechslung.

Nach einem kurzen Stopp fahren wir weiter, Teeplantagen unterbrechen die Dschungellandschaft, wir überqueren auf wackeligen Holzbrücken kleine Bäche und erreichen nach vierstündiger Fahrt unser Ziel: das Dorf der Ärztin, die schon viele Jahre hier lebt und arbeitet. Leider ist sie nicht zu Hause – und wieder einmal verstehe ich die Welt nicht mehr! Wieso ruft niemand vorher an? Wo doch das Mobiltelefon das wichtigste Utensil ist! Stets griffbereit, immer und überall im Einsatz.

Das Personal, eine ältere Einheimische und ein Mann, lässt uns in den Garten. Sie beantworten unsere Fragen, erklären, dass sie nach dem Haus und dem riesigen, sehr gepflegten Garten schauen würden, dass die Ärztin zurzeit unterwegs sei. Das Haus, wunderschön gelegen, zwischen Bananen- und Teepflanzen, wilden Blumen und unberührter Natur.

Heimwärts geht es schneller! Alle schlafen – außer dem Fahrer und mir! Unterwegs nehmen wir noch einen Bekannten mit. Jetzt wird's noch enger im Auto! Ach, was soll's? Ich mag sie, die Abenteuer, das Unverhoffte, Improvisierte, Spontane. Die Überraschungen sind das Salz des Alltags und fast immer spannend und lustig. Weg mit all dem Komfort und den Planungen – am Ende kommt doch alles anders.

Zu Hause erwartet uns ein leckeres Abendessen, Babysitterin Sessi hatte heute frei und gekocht: Ugali, Kraut und Bohnen!

NUMBER ONE

Spiele mit Florence

Der Count-down läuft. Meine letzte Woche in Kelly's School ist angebrochen. Ein weinendes und ein lachendes Auge? Ich weiß es nicht wirklich, aber es sind wohl ein paar mehr Trauertränen als Freudentränen. Dennoch: Zeit zu gehen. Auch das fühle ich.

Der Tag beginnt vielversprechend. An der Haltestelle in Sae kommt schnell ein Bus in die richtige Richtung angerollt, der Kondukteur springt heraus, bugsiert mich in die fast vollbesetzte Karre, es geht sofort weiter. In Uyole ignoriert der Busfahrer die Stoppstelle. Welch ein Glück, so stehen wir nicht in dem verpesteten, ohrenbetäubenden Verkehrschaos. Und, aller guten Dinge sind drei: In Number One kommt die Freude noch einmal, als der Busaufseher mir signalisiert, ich könne ruhig sitzen bleiben, sie würden extra für mich direkt vor der Schule halten. Ja, ich gehöre inzwischen dazu! Und jetzt soll ich gehen?! Einerseits ist Bekanntheit und Gewohnheit erleichternd, andererseits raubt die Routine den Schwung.

Happy unterrichtet heute die Kindergartenkinder. „Good morning, Madam!", tönt es lautstark nach außen. Zuerst von der Lehrerin, dann von den Kindern hinterher. Die Kleinen sind bei der Sache, lernen gerne, sind wissbegierig. Diese Lernfreude und die Disziplin der allermeisten Schüler erstaunt und erfreut mich wieder und wieder aufs Neue.

Blenda ist immer noch nicht in der Schule. Ich frage Juliette, die Klassenlehrerin, nach Neuigkeiten und sie wiederholt überzeugt die Geschichte von Blendas Geisterproblemen und vom Beten als der einzigen Möglichkeit der Heilung. Und jetzt wage ich es, schlage ärztliche Hilfe für Blenda vor. Und renne gegen eine Wand! Juliette ist felsenfest davon überzeugt, dass für das geisterbesessene Mädchen nur das Gebet hilft, nichts sonst, gar nichts.

Mon Dieu! Die Frau ist vierunddreißig Jahre alt. Ich glaube es ihr, obwohl sie deutlich älter aussieht. Sie hat vier Kinder. Zwei hat sie mitgebracht, zwei sind in einer Boarding School in Kenia. Sie wird zutraulicher, offener, freundlicher und erzählt mir über ihre Heimat, über Kenia. Dass das Leben dort noch härter sei als in Tansania, die Menschen noch ärmer, die Zukunftsaussichten noch geringer. Ich bin irritiert, die Tansanier sehen das genau gegenteilig.

Marta hat heute Geburtstag! Sechsundzwanzig! Niemand nimmt Notiz davon. Keine Glückwünsche, keine Kerzen, keine Geschenke, kein besonderer Tag – nicht für das Geburtstagskind und nicht für die anderen. Und während ich mit den Kindern ein Geburtstagslied einstudiere, erholt sich das Kollegium bei einem Nickerchen im Gras! Arbeit, Pause, Freizeit: So genau lässt sich das nicht auseinanderhalten. Marta freut sich über das Ständchen, die Kinder sind mit Freude dabei, und ich sinniere mal wieder so ganz nebenbei übers Älterwerden!

Über die Träume, die ich mit sechzehn hatte, über die Realität, wie sie mit dreißig war, über die Veränderungen und Ereignisse, die über mich hereinbrachen oder die ich initiierte – und wundere mich, wie Lebensgefühle sich wie ein roter Faden durchziehen. Noch immer habe ich Träume, noch immer kann ich mich verlieben, immer noch kämpfe ich mit Enttäuschungen, noch lange habe ich nicht genug, noch immer sage ich: „Ich will!" Erleben, vorwärtsgehen, hungrig und neugierig sein auf Unbekanntes, nach Abenteuern, auch nach Erfolg. Und doch blitzen manchmal Funken von Angst dazwischen, die Realität. Wieviel Zeit bleibt, selbst im allergünstigsten Fall? Um dann sofort wieder dankbar und glücklich zu sein über mein wundervolles volles Leben. Will keine Zeit vergeuden, nicht so viel überlegen, tun! „Wir müssen unsere Zeit weise nützen und daran denken, dass es immer die richtige Zeit ist, Gutes zu tun." Wie weise dieser Satz von Nelson Mandela.

Ortswechsel. Gedanklich. Real. Ins Hier und Jetzt: Spiel ist ein Spiegel der Realität. Ungefähr sieben Kinder spielen

Schule. Sie sitzen auf den Baumstümpfen um den Sandkasten und Kelly, die Fünfjährige, hat die Rolle der Lehrerin übernommen. Eine von der strengen Sorte, keine freundliche. Eine mit einem Stock in der Hand, einem herrischen Auftreten, einem scharfen und eindeutigen Tonfall, einsilbig, militärisch. Es ist sofort klar, wer hier der Boss ist. Die Schüler werden garstig von einem Platz auf den anderen geschubst, meist unterstützt von einem Hieb mit dem Stock. Die meisten spielen mit, wie Marionetten. Nehmen widerspruchslos hin, was die Lehrerin anordnet. Ein Mädchen, Angie, wehrt sich. Und jetzt wird klar – das ist kein Spiel mehr, das ist Ernst. Angie will ihren Platz nicht verlassen, die Lehrerin wird handgreiflich, setzt ihren Stock ein. Die beiden Mädchen rangeln kurz miteinander – der Gong fürs Mittagessen kommt gerade zur richtigen Zeit!

Die Kinder spielen ihren Alltag, ihre Wirklichkeit, ihre Selbstverständlichkeit. Kein Widerspruch, kein Widerstand, kein Aufmucken, schon gar keine Diskussion wird geduldet. Das Spiegelbild könnte deutlicher nicht sein – und ich spüre, weshalb mir das Unterrichten hier schwerfällt. Weil ich das Nachfragen der Kinder möchte, ihr Mitdenken ist mir wichtig, ihre kritische Haltung, ihre Gefühle beeinflussen mich, führen mich. Sollen sie doch zu verantwortungsbewussten Erwachsenen werden, die hinterfragen und nicht nur hinterher rennen – wem auch immer!

Nach Schulschluss begleite ich die Kinder, die wir für ein Stipendium ausgewählt haben, nach Hause. In ihr Dorf. Heute zu Fuß. Der Schulbus fehlt! Sie wollen mir ihr Haus zeigen, ihre Geschwister vorstellen, ihr Leben außerhalb der Schule. Der Headmaster ist dabei, doch er verabschiedet sich schon nach dem ersten Besuch wieder, und Marta.

Unsere Gruppe, zehn Kinder und drei, dann zwei Erwachsene, spazieren geschlossen durchs Dorf, von einer Familie zur nächsten.

Die Häuser und Hütten sind bescheidener als bei uns die einfachsten Ställe. Und doch sind sie froh und stolz, ein Haus und ein Dach über dem Kopf zu haben. Nicht alle haben das Glück – manche Familien wohnen, oft auseinandergerissen und verteilt, bei Nachbarn oder Verwandten, weil der Regen ihre Hütte weggeschwemmt hat und Geld für eine neue fehlt.

Wir sind bei Owen, dem Halbwaisen. Ein kluger, sehr sportlicher Junge wohnt mit der Mutter und drei Geschwistern in einer winzigen Einraumhütte. Die vier Seiten eines kleinen Rechtecks, vielleicht drei auf vier Meter, sind mit Quadersteinen hochgezogen, darüber irgendetwas als Regenschutz. Keine Fenster. Fast kein Licht, nur das, was durch den winzigen Eingang dringt. An einer Seite steht ein Bettgestell mit Lattenrost, sonst nichts. Keine Matratze, keine Decke, kein Kissen – und vermutlich schlafen sie alle in diesem einen Bett. Zwei kleine Hocker stehen noch im Raum. Das war's! Gekocht wird außerhalb. Drei aufgestellte Steine für den Kochtopf, darunter brennt das Feuer. Vor der Hütte liegt auf einer Plane Mais zum Trocknen. Das Essen besteht aus dem, was der Eigenanbau hergibt – meistens und hauptsächlich Mais.

Vanessa lebt bei ihrer Großmutter. Die Mutter tot, der Vater verschwunden. Die Räumlichkeiten unterscheiden sich kaum von Owens Heim. Ein Wohnraum. Hier brennt das offene Feuer, Bohnen in einem Blechtopf köcheln vor sich hin, der Rauch macht das Atmen schwer, nach fünf Minuten schmerzt der Hals. Hier schläft die Großmutter auf ein paar übereinander geworfenen Decken, hier halten sie sich auf, hier wohnen sie, die alte Frau und die Zehnjährige. Das Mädchen führt uns in einen kleinen Anbau, in ihr Zimmer. Sie zeigt es mit Stolz, es ist ihr eigenes Reich. Auch wenn der kleine Raum am helllichten Tag stockdunkel ist, keine Fenster hat, der Fußboden uneben erdig – Vanessa strahlt. In ihrem Bett mit Matratze, Kissen und vielen Decken machen es sich unzählige Stofftiere bequem.

Die Familie von Hugo, unübersichtlich kinderreich, wohnt zurzeit im Haus eines Onkels. Ihr eigenes hat den Regenfällen nicht standgehalten, ist weggebrochen, eingefallen. Nun müssen sie sich neu einrichten. Doch wie, wenn das Einkommen gerade mal fürs Überleben reicht? Die junge Mutter zuckt mit den Schultern – irgendwie wird es schon weitergehen.

Niksons fünfköpfige Familie wohnt zusammen mit anderen Familien in einem öffentlichen Gebäude, es sieht stabiler aus als viele andere. Hier haben sie ein Zimmer gemietet, hier ist ihr Hab und Gut untergebracht, hier schlafen sie, Tisch und Stühle lassen es wohnlich aussehen. Gekocht wird außerhalb zusammen mit den anderen Hausbewohnern. Eine kleine Gemeinschaft in der größeren Dorfgemeinschaft!

Nein, ein einfaches Leben hat niemand in Number One. Arm sind sie alle. Ich verstehe allmählich die Sorge ums tägliche Brot. Verstehe, wenn die Eltern das Schulgeld nicht aufbringen können, auch mit dem besten Willen und entschlossensten Vorsätzen nicht. „Und warum gehen die Kinder dann in eine Privatschule für umgerechnet etwa dreißig Euro monatlich?" Fast dem kompletten Budget, das eine Familie zur Verfügung hat. Die Eltern geben die Antwort selbst: Weil sie verstanden hätten, dass nur eine gute Bildung den ständigen Kreislauf der Armut unterbrechen könne und wenigstens eines ihrer Kinder solle die Chance bekommen. Deshalb melden sie ihr Kind an, deshalb unterschreiben sie den Vertrag – und manchmal, nein oft, schafft es die Familie eben doch nicht, das nötige Geld aufzubringen. Dann bleibt nur noch die Hoffnung auf Hilfe von außen.

Mister Lutambi erklärt mir, dass in dieser Gegend noch längst nicht die Spitze der Armut in Tansania zu sehen sei. Dass es den Menschen relativ gut gehe. Und er erzählt mir aus seiner Jugend. Der Vater war krank, gelähmt, arbeitsunfähig, komplett auf Hilfe angewiesen. Die Mutter übernahm die Pflege, Tag und Nacht. Seine Geschwister und er mussten sich sehr früh weitestgehend selbst durchschlagen. Die Armut war groß. Das erste Paar Schuhe hatte er mit zwölf Jahren an den Füßen. Das war in den Achtzigern! Und er sagt, dass man mit viel Einsatz, mit Disziplin, mit Willen, den Sprung aus der Armut schaffen könne, sie überwinden könne. Er sei das lebendige Beispiel. Noch immer versuche er, zu lernen, vorwärtszukommen, sich nicht auf dem Erreichten auszuruhen. Und, so fährt er fort, gelingt es einem einzigen Familienmitglied, sich zu befreien, die Armut hinter sich zu lassen, aufzusteigen in ein „besseres Leben", so ist meist auch der Familie geholfen. Dann wird die Ausbildung der jüngeren Geschwister finanziert, den Eltern aus der Misere geholfen – das ist ein ehernes, ungeschriebenes Gesetz!

So war es bei Mister Lutambi, so ist es bei Marta, so ist es bei allen, die zu Bildung, Job und Einkommen gelangt sind. Schafft es einer aus der Familie, so geht es meistens allen Familienmitgliedern besser. Der Teufelskreis der Chancenlosigkeit ist unterbrochen: Bildung, Beruf und

Einkommen ermöglichen ein selbstbestimmtes Leben, einen anderen Lebensstandard. Sichtbar an stabilen und schönen Häusern, bewacht von Security-Personal.

ALLTAG

Kelly mit ihrer Lieblingskatze

„Der verborgene Sinn des Reisens ist es, Heimweh zu haben." Erich Kästner sagt es, ich spüre es. Nicht nur die Gedanken und der Wunsch nach den eigenen vier Wänden lassen Heimweh entstehen, auch Erinnerungen sind eine Art Heimweh. Und wie das Wort sagt, es tut weh, schmerzt, heilt irgendwann und hilft weiter. Dieses Leiden, das Zurückdenken und Sehnen erwischt mich meist am Morgen, wenn ich das Datum des Tages aufschreibe. So fällt mir heute, dem Dreizehnten, das Lied von Reinhard Mey ein.

Nach einem Tag voll Hetze und Stress und bedenklich hohem Blutdruck bemerkt er schließlich, dass doch erst der Zwölfte ist. Man hört in dem Song, wie ihm ein Stein vom Herzen fällt, die Erleichterung schwingt durch Zeit und Raum. Und die Leichtigkeit – alles halb so schlimm – trägt mich weiter!

Schluss mit Nostalgie. Die Schule ruft, heute wollen Mister Lutambi und ich wieder einmal mit dem Auto nach Number One fahren – so hatten wir gestern Abend beschlossen. Ich bin rechtzeitig zur Stelle, Mister Lutambi liegt anscheinend noch im Bett. Ich warte, lese, schaue nach Post und habe mich an den lässigen Umgang mit der Zeit gewöhnt. Nach einem kurzen Frühstück fahren wir endlich los, die Schule hat längst begonnen. Der Unterricht wird schon stattfinden!

Statt den Weg zur Schule einzuschlagen, steuert Mister Lutambi eine Autowerkstatt an. Er fürchtet, so sagt er mir, dass das Auto streiken könnte, wenn er mich einige Tage später zum Flughafen fahren möchte. Und ich bin wieder einmal sprachlos. Soviel Gelassenheit einerseits und soviel Fürsorge und Vorsorge und Bedenken andererseits. Und kann es doch verstehen, wenn ich das Auto anschaue und an seine Geschichte der letzten Wochen denke! Der Wagen wird im Laufe des Tages durchgecheckt. Für uns geht es mit dem Bus weiter. Heute ziemlich zügig.

Ich soll den Unterricht von Happy beurteilen. Und über ihr weiteres Dasein entscheiden, noch ist sie in der Probezeit. Allerdings, so eng darf man das nicht sehen. Man ist spontan, auch mit dem Wechsel des Jobs. Auf Arbeitgeberseite wie auf Arbeitnehmerseite. Da macht niemand ein Drama draus! Mama K teilte mir gestern

Abend mit, dass die schlechtesten Schüler Lehrer werden. Uff! Immerhin, sie müssen selbst in der Schule gewesen sein, danach besuchen sie ein zweijähriges Lehrer-College. Fertig. Sie sind dann knapp über zwanzig Jahre alt, ihre fachlichen Kenntnisse, milde formuliert, mäßig und sie suchen sich irgendwo im Land Arbeit, meist miserabel bezahlt. Häufiger Wechsel, auch während des Schuljahres, ist nicht außergewöhnlich.

Ein Vater wartet mit seinem Sohn. Sie bitten um ein Stipendium. Bob, der Neunjährige, war zum Kennenlernen zwei Tage in Kelly's School und möchte unbedingt weiterhin kommen. Warum? Weil er hier viel mehr lernen kann, weil die Lehrer Zeit für ihn haben und weil es einen Fußball gibt. Der Vater erzählt die Familiengeschichte. Neben den eigenen fünf Kindern leben die vier Kinder seiner verstorbenen Schwester bei ihm, das älteste zwölf Jahre alt. Zudem muss er nach den Großeltern schauen, sie unterstützen. Das Einkommen als Kleinstbauer ist gering, reicht kaum zum Leben, für das Schulgeld niemals. So hoffen sie auf Hilfe von außen, auf Spenden. Und Mister Lutambi, der dem Jungen einen Platz anbietet, hofft auch. Ab morgen wird Bob zu Kelly's School gehören.

Ich schaue bei den Kleinsten, den zwei- bis vierjährigen, vorbei. Happy paukt einer Gruppe das ABC ein, mit Tulie soll die andere Hälfte die Zahlen addieren und subtrahieren. Das ist die Krux – die Erwachsenen, Eltern wie Lehrer, meinen, dass Lernen ausschließlich einpauken bedeutet. Stillsitzen, zuhören, nachplappern. Auch wenn die Kinder dazu noch gar nicht in der Lage sind. Doch die Jungen und Mädels lösen das Problem elegant. Sie legen den Kopf auf den Tisch und schlafen – und sie dürfen. „Wenn alles schläft und einer spricht, so nennt man das dann Unterricht", ein beliebter Schülerspruch auch bei uns, wenngleich der Schlaf nicht so störungsfrei sein dürfte wie hier. Allerdings, so denke ich mir, ist dann das Schulgeld, das die Familie mit viel Mühe aufbringt, gerechtfertigt? Andererseits, möglicherweise haben die Kleinen eben auch Schlafdefizit und hier endlich die Ruhe, ihren Schlaf nachzuholen. Ganz sicher sind es aber auch die unpassenden Angebote, die die Lehrer den Kindern nahebringen. Den Spielsachen, die ich für die Kindergartenkinder mitgebracht habe, stehen die Lehrer immer noch skeptisch gegenüber. Sie kennen sie nicht und wollen sich auch nicht damit beschäftigen. Vor allem können sie nicht glauben, dass Spielen auch einen Lerneffekt hat. Ganz anders die Kinder, ohne irgendwelche Anleitung probieren sie aus: bauen, malen, fädeln bunte Ketten – wenn sie die Möglichkeit dazu haben. Und unterscheiden sich hierbei überhaupt nicht von Kindern der anderen Kontinente.

Die BBC-Nachrichten berichten, dass von den mehr als zweihundert Schülerinnen, die vor ungefähr vier Wochen in einer christlichen Schule in Nigeria gekidnappt wurden, immer noch jede Spur fehlt. Die Entführer zeigen ein Video der Mädchen, jetzt in islamischer Kleidung. Obwohl mehr als die halbe Welt nach ihnen sucht, die USA Satelliten einsetzt und die Regierungen vieler Staaten an die Entführer appellieren, gibt es keinerlei Hinweise auf das Versteck. Und die nigerianische Regierung bleibt hart, trotz der Drohung, die Geiseln in islamische Länder zu verkaufen und zu verheiraten. Sie will nicht erpressbar sein und stimmt den Forderungen der Entführer nicht zu. Religion als Druckmittel – einmal mehr.

Seit Tagen fühlt sich Marta unwohl. Heute ist sie richtig krank, liegt im Bett, nahezu unansprechbar. Malaria? Die anderen, hier kennen alle die Anzeichen, befürchten es. Wir bringen die Kinder früher nach Hause, um hinterher mit Marta ins Krankenhaus zu fahren. Als wir wieder zurück sind, weigert sie sich, will nicht zum Arzt, will schlafen – und denkt dabei vermutlich an die Kosten und das Geld, das sie nicht hat oder nicht ausgeben will. Weder für den Arzt und noch für die Medikamente. Alles Zureden hilft nicht, sie geht nicht, bleibt in der Schule, Juliette und Mary betreuen sie. Auch Franzi, der Schulbusfahrer, übernachtet hier. Kranke werden niemals alleingelassen.

Happy und ich fahren im total überfüllten Bus zurück nach Mbeya. Ich teile einen Notsitz mit drei weiteren Fahrgästen, unübersichtliches Menschen-Wirrwarr um mich herum. Jemand von links hinten spricht mich an, ich reagiere nicht. Gleichzeitig bietet mir einer von rechts hinten einen Maiskolben an, ich lehne dankend ab. Durch die Enge kann ich mich nicht umdrehen, nichts sehen, nur Körper, ganz dicht dran. Dann kommt der Kondukteur und will das Fahrgeld. Ich hole die 2000 TSH aus meiner Jackentasche. Als ich mir später in Sae eine Zeitung kaufen will, ist die Jackentasche leer. Zwei Scheine, umgerechnet acht Euro, hatte ich noch! Nun hat es doch einer geschafft, mich im Bus zu beklauen, trotz aller Warnungen, die ich immer wieder bekam. Und natürlich war ich leichtsinnig. Oft sagte mir Mama K, dass man das Fahrgeld vor der Abfahrt in der Hand haben und niemals erst im Bus aus der Tasche holen soll. Alle haben ihr Geld parat. Heute habe ich es vergessen! Das passiert mir nicht mehr!

COUNT-DOWN

Mister Lutambis Mini Markt vor dem Haus

Noch drei Tage in Kelly's School! Noch vier Mal schlafen!
Noch fünf Tage bis Sansibar! Ich zähle die Tage: Wie früher
bis Weihnachten oder bis zum Geburtstag oder bis zu den
nächsten Ferien und freue mich auf Neues. Bin neugierig
und auch ein bisschen aufgeregt. Man soll gehen, wenn es
am schönsten ist, langweilig wird oder Routine überhand
nimmt. An diesem Punkt bin ich nun. Zwar bringt noch
immer jeder Tag Überraschungen, doch der Schulalltag wird

mehr und mehr zur Gewohnheit und ich fühle mich inzwischen fast schon heimisch.

Unverständlich empfinde ich immer noch vieles. Zum Beispiel, dass Mama K heute nicht zur Arbeit geht, obwohl sie gestern Abend, bei meiner Nachfrage, überzeugend of course gemeint hat. Weshalb sie anders entschieden hat, bleibt mir ein Rätsel. Neuer Plan? Oder kein Plan? Schlechtes Gewissen? Arbeitsmoral? All das, womit wir uns herumplagen, scheint in Afrika kein Problem zu sein. Jeder Tag ist ein neuer Tag, gestern war gestern und ist vorbei – genauso wie die Pläne, Vorsätze, manchmal auch die Pflichten, Wünsche und Träume.

Am Frühstückstisch sitzt ein junges Mädchen, vielleicht sechzehn Jahre alt, vielleicht auch zwanzig. Gestern Abend lungerte sie im Wohnzimmer herum, redete mit niemandem und niemand stellte sie mir vor. Heute sagt mir Mister Lutambi, dass sie in seinem Laden in Number One arbeiten werde. Soda und Bier solle sie verkaufen.

Dorin, die lustige, wohlbeleibte Verkäuferin, die auch im Haus bei der Familie wohnt, – wohnte! – wollte für drei Tage zu ihrer Familie zurück, um den kranken kleinen Bruder zu betreuen. Sie kam nicht wieder, meldete sich bis vorgestern nicht. Plötzlich tauchte sie im Wohnzimmer auf, lachend, laut, überschwänglich. Noch ein bisschen aufgedrehter als sonst, ein Wirbelwind – und verkündete ihre Vermählung! Sie hat ihn getroffen, ihren Traummann, genauso jung wie sie, sich Hals über Kopf verliebt und – ratz-fatz geheiratet. Nun wohnt sie bei seiner Familie und kommt ihren Pflichten als Ehefrau nach: kochen, waschen, Feldarbeit – und vermutlich jedes Jahr ein Kind. So der Plan, so die Sitte.

Mister Lutambis Mimik unterstreicht seine Meinung über Ahnungslosigkeit, Wünsche, Hoffnung, Resignation, Armut – aber auch seine Zuversicht auf Lösungen. Ohne Bildung wird es keine Veränderung geben. Und die wäre bitternötig! Um die Armutsspirale zu stoppen, die Lebensumstände zu verbessern, Familienplanung zu verstehen, Krankheiten zu überstehen, ein würdiges Leben zu führen, ein unabhängiges, freies. Auch die Frauen. Auch Lulu, die Neue im Laden, besuchte, wie Dorin, wie all die Kindermädchen und Hausangestellten und Gartenpfleger und Hausbewacher, nur kurz die Schule. Warum? Weil kein Verständnis für Ausbildung vorhanden sei, Wissen, Glaube, Hoffnung fehle und auch kein Wunsch nach einem weniger entbehrungsreichen Leben bestehe, die Bereitschaft zur Anstrengung fehle und ein Gefühl für Geld nicht vorhanden sei. Es wird – so man ein bisschen hat – sofort ausgegeben. Der Schulbesuch der Kinder steht dabei ganz hinten auf der Liste.

Marta liegt immer noch krank im Bett. Happy muss ihre Schüler unterrichten. Mathematik steht auf dem Stundenplan der Fünf- bis Siebenjährigen. Zahlenraum eins bis zwanzig: eins plus eins, plus zwei, und so weiter, bis plus zehn. Für die Kinder gibt es keine Schulbücher, Happy schreibt die Aufgaben mit Kreide an die Wand. Die Kinder übertragen sie in ihr Heft und suchen die Lösung. Als Hilfsmittel haben sie Steine gesammelt. Mit deren Hilfe sie nun abzählen, zusammenzählen und das Ergebnis aufschreiben. Serafin hat eine Kette mit Kronkorken um den Hals hängen – seine Zählmaschine. Viele, mindestens vierzig Flaschendeckel hat er gesammelt, ein Loch in die Mitte des Deckels gebohrt, alle auf eine Schnur gefädelt und die Enden verknotet. Eine so geniale wie einfache

Rechenmaschine! Eine herrliche Idee! Der Junge ist begabt, interessiert, freundlich, hilfsbereit, neugierig. Und wird von seinem Großvater unterstützt. Bei ihm lebt das Kind, seine Eltern sind verstorben, als er noch ein Baby war. Das Schulgeld bezahlt Mister Lutambi für ihn.

Tränen in meinen Augen. Sie proben meine Verabschiedung. Ich weiß von nichts, habe nichts von irgendwelchen Vorbereitungen bemerkt, keiner hat etwas gesagt und ich wundere mich, dass der ganz normale Schulalltag aufgehoben ist. Alle Kinder versammeln sich draußen, gemeinsam mit den Lehrern. Jeder scheint zu wissen, worum es geht – nur ich steh verloren in der Gegend herum. Zum ersten Mal ignorieren sie mich! Der Headmaster schickt mich in sein Büro, ich habe frei! Und luge aus dem Fenster.

Juliette, die derbe, übt mit den Kindern ein Lied, selbst gedichtet, so erfahre ich später. Danach ein Theaterstück, auch Eigenproduktion. Aus der Entfernung kann ich nur Ungefähres sehen und hören. Doch Juliettes andere Seite fasziniert mich. Jetzt ist sie die Kreative, die Mitreißende, ist die, welche die Kinder begeistern kann. Und sie sind mit Eifer dabei.

Ich ziehe mich zurück, will nicht weiter heimlich beobachten. Zum einen, weil ich schon jetzt mit meinen Emotionen kämpfe. Zum anderen, weil ich mir die Überraschung bewahren will. In Headmasters spartanischem Office google ich planlos durchs Internet und lande bei Zitaten. Wie so oft, wenn mir die Felle davon zu schwimmen drohen. Dann suche ich Weisheit und Trost und Verständnis bei anderen. Ich lese von Marie von Ebner-Eschenbach: „Ein Urteil lässt sich widerlegen, ein

Vorurteil aber nie." Glücklicher macht mich der Satz nicht, aber nachdenklich. Juliette, wie oft habe ich sie beurteilt, verurteilt – nein, vorverurteilt. Ich schäme mich und nehme mir vor – wieder einmal – vorsichtiger zu sein. Ganz besonders mit Vorurteilen.

Mit der so unerwarteten freien Zeit an diesem Mittwochvormittag kann ich immer noch nicht viel anfangen. „Wie bestellt und nicht abgeholt", sagt ein Sprichwort. Ich schlendere zu Mister Lutambis Zimmer, bleibe vor dem laufenden Fernsehapparat hängen und lasse mich von den Katastrophen dieser Tage rund um den Globus vereinnahmen.

In Syrien muss alle sechzig Sekunden eine Familie wegen der Schießereien und Bomben ihr Haus verlassen.

In der Türkei gab es eine unterirdische Explosion. Für die zweihundert Arbeiter in zwei Kilometer Tiefe schwindet die Hoffnung.

Ein Gericht in Südafrika beschließt, dass Oscar Pistorius auf seinen Geisteszustand untersucht wird. Weil er – versehentlich! - seine Lebensgefährtin erschossen hat!

Fußball: Deutschland und Polen trennen sich bei einem Freundschaftsspiel 0:0.

All das, und noch mehr, erfahre ich dank BBC innerhalb von 100 Sekunden.

Freundschaftsspiel. Das Stichwort zu philosophieren. Freundschaft. Ist das in Afrika etwas anderes als bei uns? Nie kamen zu den Kindern meiner Gastfamilie andere Kinder, Freunde. Nicht zu den Kleinen und nicht zu den Teenagern. Nicht, wenn ich zu Hause war. Und weg gingen sie auch nicht, nicht zu Spielkameraden, nicht zu Partys, Geburtstagsfeiern oder einfach zum „Abhängen".

Weggehen, das bedeutet: zur Arbeit gehen, Besorgungen machen, wichtige oder auch weniger wichtige Dinge erledigen, Kirche, Gebetskreis, Verwandtenbesuche. Man ist zu Hause. Um andere zu treffen, geht man einfach vor die Tür oder zum Markt und trifft immer jemanden: zum Reden, zum Bummeln, auf ein Brettspiel, auf ein Bier. Ohne Verabredung, einfach so. Die Kinder finden draußen andere Kinder, zufällig. Auch in der Schule fehlt die „Grüppchenbildung". Jeder spielt mit jedem, nach Lust und Laune, so, wie es für die Situation passt. Und jeder, mit dem sie spielen, ist Freund.

Lange habe ich nicht verstanden, was es mit „my brother" und „my sister" auf sich hat. Allmählich verstehe ich es. Bruder und Schwester geht weit über die leiblichen Brüder und Schwestern hinaus. Mehr oder weniger Nahestehende werden als Bruder oder Schwester oder Tante oder Onkel bezeichnet, die Grenzen sind weit – wenn es überhaupt welche gibt. So ähnlich ist es wohl auch mit der Freundschaft, mit Freunden. Nicht so eng und ausschließlich wie bei uns, sondern locker, unabhängig, frei – und zuverlässig, wenn Hilfe jeglicher Art gebraucht wird.

Die Marktfrau, bei der ich auf dem Nachhauseweg vorbeikomme, wartet. Auf Kundschaft, auf eine Plauderei, auch auf mich. Heute sagt sie: „You are my friend", umarmt mich und schenkt mir einen Maiskolben.

DSCHUNGELTOUR

Hier geht's zur Registrierung für die Tour

Während ich mutterseelenallein am Frühstückstisch sitze, klingelt mein Handy. Mister Lutambi ruft an. Ich soll heute nicht in die Schule kommen, mir stattdessen einen schönen Tag machen. Gut, ich ahne etwas. Die Vorbereitungen für die Abschiedsfeier laufen. Da können sie mich nicht gebrauchen, ich würde nur stören.

Fünf Minuten später ruft mein Boss wieder an, ob ich schon eine Alternative hätte, ob ich schon wisse, was ich heute tun möchte. Ja, ich weiß es. Ich werde zum Lake

Ngoze gehen, dem zweitgrößten Kratersee in Tansania und Ort vieler Legenden. Einige Kilometer hinter Number One geht ein Weg zu dem etwa 2700 Meter hohen Vulkanberg ab, das Schild habe ich gesehen. Dieser Ausflug durch das Dschungelgebiet stand von Anfang an auf meiner Wunschliste. Nun, ganz am Schluss meines Aufenthalts will ich ihn noch wahr machen. Mister Lutambi gefällt die Idee, auch wenn er selbst noch nicht dort war.

Kurz darauf ein erneuter Anruf von Mister Lutambi. Ich solle doch in die Schule kommen. Keine weiteren Erklärungen seinerseits, keine Nachfragen meinerseits. Ich fahre, man will es kaum glauben, mit dem besten und schönsten Bus, den ich hier gesehen habe, dem Kyela Express. Er ist nicht überfüllt, hält nicht ewig lange in Uyole, hat bequeme und saubere Sitze.

In der Schule ist wirklich alles anders als sonst. Die Kinder sind draußen, Marta ist wieder auf den Beinen, Juliette erstellt irgendeinen Plan, Tulie hockt im Gras, der Headmaster steht völlig gelassen und stressfrei herum und Mister Lutambi rennt gehetzt im grünen Arbeitskittel durch die Gegend.

Florence, eine Mittfünfzigerin, für Betreuung und Versorgung der Kinder außerhalb der Unterrichtszeit zuständig und erst seit kurzem hier, sagt, sie werde bei meinem Ausflug dabei sein. Ja, so sind sie! Spontan, fürsorglich, entscheidungsfreudig. Mister Lutambi hat, nachdem er von meinem Plan erfuhr, sie kurzerhand als meine Begleitung auserwählt. Sie wohnt in dem Dorf, in dem der Weg zu Lake Ngoze beginnt und kennt die Bestimmungen. Selbst war sie noch nicht dort, aber sie weiß, dass man ohne Führer nicht hingehen darf. Zu gefährlich, der Trip durch den Dschungel.

Florence hat acht Söhne und einer, Gabriel, ist „tour-guide". Er wird uns begleiten, so haben sie es in der kurzen Zeit besprochen und organisiert. Marta hat inzwischen Proviant für uns Wanderer herbeigeschafft: Bananen, Brot und Cola. Mit guten Wünschen für den Tag, liebevollen Ermahnungen und herzlichen Umarmungen von Groß und Klein marschieren Florence und ich in ihr Dorf. Unterwegs erzählt sie von ihren vielen Kindern, von ihrem Mann und ihrem Alltag.

Gabriel, unserer Führer, hat einen kleinen Straßenladen im Dorf. Heute muss seine Frau verkaufen: Chips, Cola, Kaugummi und Lollys. Ein Baby hat die ganz junge Mutter auf den Rücken gebunden, ein Zweijähriger wuselt ständig um uns herum. Nach vielem Hin und Her, dem Suchen nach Regenschutz, Schuhwechsel, Kinder drücken und diversen Anweisungen geht es endlich los.

Am Anfang des Weges müssen wir uns registrieren, unsere Namen und Geburtsdaten in ein Buch eintragen. Eine Sicherheitsmaßnahme. Würde irgendetwas Unvorhergesehenes passieren: vom Weg abkommen, überraschendes Unwetter, eine Verletzung, Schlangenbiss, niemand würde es bemerken, niemand könnte helfen. Bei der Rückkehr muss man sich an selbiger Stelle wieder abmelden.

Die ersten drei Kilometer wandern wir bequem einen Feldweg entlang. Links und rechts Kartoffelfelder, Frauen, das Baby auf dem Rücken, hacken und rupfen Gras und Unkraut. Für die Feldarbeit gibt es keinerlei Maschinen, alles wird mit Hacke und einem sichelähnlichen Gerät von Hand erledigt. Die etwas größeren Kinder hocken irgendwo am Rand und warten. Ohne Geschrei, ganz gelassen, entspannt.

Wir biegen ab. Der Weg ist jetzt ein Trampelpfad, eng, uneben, mit vielen Wurzeln, Gräsern und abgebrochenen Ästen. Wir sind im tropischen Regenwald. Um uns herum Pflanzen in allen Höhen, von bodenbedeckender Vegetation bis zu zwanzig Meter hohen Bäumen. Dicht aneinander. Grün in allen Variationen.

Im Gänsemarsch trotten wir eine Stunde lang hintereinander her, dann geht es steil nach oben – an manchen Stellen fast senkrecht – über Felsen, kleinere Steinbrocken, Hölzer. Der Weg ist glitschig und feucht, ich rutsche immer wieder ein Stück zurück oder bleibe mit dem Fuß in den Schlingpflanzen hängen, suche Halt an Ästen, hohen Gräsern, allem Greifbaren und ziehe mich so nach oben. Der nächste Wegabschnitt geht wieder abwärts, rutschend, von Stein zu Stein springend, von einem Absatz zum nächsten tastend kommen wir langsam vorwärts. Ein Weg ist nicht mehr zu erkennen, Pflanzen von rechts und links überwuchern ihn, verdecken ihn komplett.

Jetzt weiß ich, wozu wir einen Führer haben! Ein Durchkommen ohne Kenntnisse der Gegend erscheint unmöglich!

Ich mag naturbelassene, abenteuerliche, fordernde, unerforschte Pfade. Wir klettern weiter, es geht hoch und höher, Stunde um Stunde. Gabriel sagt, noch diesen Hang, dann wären wir oben, dann könnten wir den sagenumwobenen See sehen, der etwa zweihundert Meter unter dem Kraterrand liegt.

Ja, seine erste Aussage stimmt. Wir quälen uns den letzten Berg hoch – und sehen nichts! Unter uns, dort wo der See sich befindet, erstreckt sich ein einziges, großes Nebelmeer. Ein Abstieg zum See ist unmöglich. Die Hängebrücke über der tiefen Schlucht ist eingestürzt, der

Fußweg nach unten, laut Gabriel, nicht passierbar, steil und viel zu gefährlich. Inzwischen regnet es in Strömen. Das Gipfelglück genießen wir dennoch.

Ron aus New York ist kurz vor uns mit seinem Führer oben angekommen. Wir teilen unser Picknick mit den beiden, Ron erzählt. Der junge Amerikaner ist für fünf Monate in Afrika unterwegs. Einfach so! Will sich treiben lassen, eintauchen in die andere Kultur. Er fürchte sich vor dem Abstieg, sagt er. Ich auch! Wir können uns nicht vorstellen, wie wir die steilen Klippen hinunterkommen sollen. Doch wir haben unsere Guides, das beruhigt. Für mich sind Aufstiege immer angenehmer als Abstiege. Die Sorge, beim Springen von Stein zu Stein nicht richtig aufzukommen, schwingt im Hinterkopf. Ein verstauchter Knöchel wäre hier das Unpassendste, das man gebrauchen kann.

Und dann geht doch alles ziemlich einfach! Bei Ron und bei mir, bei den Einheimischen sowieso. Florence ist barfuß unterwegs, das ist für sie sicherer als mit ihren ausgelatschten Schuhen. Ron und ich können nur staunen. Wenn ich mich von Ast zu Ast hangele, fühle mich ein bisschen wie Jane, Tarzans Freundin. Die Äste dienen mir zum Festhalten, um nicht auszurutschen, um nicht zu stürzen. Ich genieße die Herausforderung der Natur.

Inzwischen sind wir sieben Stunden im Regenwald unterwegs: keine Wege, keine Zeichen. Nur unsere Führer. Ohne sie, ich wäre verloren. Rüdiger Nehberg, der sich im südamerikanischen Dschungel aussetzen ließ, fällt mir ein. Allein, ohne jegliche Ausrüstung, ohne Nahrungsmittel, ohne Kompass, ohne das Gebiet zu kennen. Uff! Respekt, Achtung und Bewunderung für diesen Mut, diese Besonnenheit, diese Kenntnisse.

Unten angekommen, verabschiede ich mich von Ron, er fährt mit seinem Führer zurück nach Mbeya. Florence lädt mich in ihr Haus ein. Sie wohnt, wie die meisten Leute hier, in einer einfachen Hütte. Fast so wie die anderen! Und doch so anders! Auf dem Dach haben sie eine Schüssel! Und im einzigen Raum ein Fernsehgerät. Und vor dem Haus steht ein Auto. Ein altes – ein besonderes! Philipp, der Ehemann, fährt mich zurück nach Number One. Am Armaturenbrett hat er ein Videogerät installiert, voller Stolz legt er einen Film ein, es wird gesungen und getanzt. Er schaut und fährt und singt mit und kauderwelscht mit mir und ist offensichtlich glücklich. Multitasking scheint er zu beherrschen. Wir kommen heil und ohne Zwischenfälle an.

ABSCHIEDSFEIER

Zum Abschied wurde ich traditionell eingekleidet

Der letzte Schultag in Kelly's School – für mich! Wie gewohnt nehme ich den Bus von Mbeya nach Number One. Als der erste Bus, der in die richtige Richtung fährt, hält, sehe ich, dass er vollbesetzt ist. Die Türe wird von dem Kondukteur vorsichtig geöffnet. Er muss aufpassen, dass weder die Menschen noch ihr Hab und Gut nach außen kullern und fordert mich zum Einsteigen auf. Drückt und schiebt mich in den Innenraum – enger geht es nicht mehr.

Wir stehen auf Maissäcken oder Kisten oder Planen oder auf anderen Füßen.

Nach ungefähr zehn Minuten hält der Bus, keine Haltestelle, keine Anhalter, keine Polizeikontrolle, kein erkennbarer Grund. Der Fahrer sucht zwischen all dem Gerümpel und den Füßen nach Handwerkszeug und deutet eine Reifenpanne an. Er findet Werkzeug, steigt aus, sein Begleiter und ein paar Männer mit ihm. Sie hantieren an den Rädern. Es dauert und dauert. Ein anderer Bus, der in dieselbe Richtung fährt, hält an. Einige Fahrgäste, die kein Gepäck dabei haben, steigen um. Es ist unmöglich, in diesem Durcheinander irgendetwas zu finden, geschweige denn sein Zeug aus dem Gestapel herauszuziehen. Ich bleibe – in der Hoffnung, dass sie gemeinsam den Schaden beheben werden. Außerdem habe ich einen Sitzplatz ergattert, den ich nicht so schnell aufgeben möchte.

Beide Busse versperren die Straße. Und jetzt wird's laut. Autofahrer schimpfen lauthals, weil sie nicht vorbeikommen, die Fahrgäste, weil es nicht voran geht. Vorbei ist all die afrikanische Gelassenheit und der Busaufseher ordnet an, dass nun alle Fahrgäste umsteigen müssen.

Das Gepäck wird kurzerhand von Bus eins in Bus zwei geworfen, die Menschen sortieren sich irgendwo dazwischen ein. Hinten im Bus entwickelt sich Zoff, Frauengekreische, schrill, wild durcheinander. Und wie bei einem Dominospiel, wo ein Stein den nächsten umwirft, wird das Gezeter nach vorne verlagert, von Reihe zu Reihe weitertransportiert. Unzählige Frauenstimmen geifern durcheinander. Unmöglich, dass auch nur einer etwas versteht. Die Männer halten sich raus, schmunzeln, amüsieren sich. Und so schnell wie alles angefangen hat, hat es sich auch wieder beruhigt. Es war wohl so eine Art Dampf ablassen, nun sitzen und stehen sie wieder friedlich eng aneinander. Vieles ist kurzlebig hier – auch Streitigkeiten!

Bravouröser, gigantischer hätte meine Verabschiedung von Kelly's School nicht ausfallen können. Auch nicht, wenn ich die Bundeskanzlerin oder Madonna gewesen wäre – ich kann es mir nicht vorstellen.

Ein Klassenzimmer, sonst naturgegeben ziemlich dreckig und chaotisch, wirkt klinisch rein geschrubbt und penibel aufgeräumt. Die Tische und Stühle stehen sauber aneinandergereiht an den beiden Längsseiten des Raumes. Links sitzen die Eltern, Verwandte, Freunde. Sie alle kommen in ihren schönsten Gewändern. Rechts sind die Plätze für die Schüler und vorne quer ist eine Reihe für die „wichtigen" Leute aufgebaut: wie beim Parents Day: für Ehrengäste, das „Kultusministerium" erscheint in doppelter Abordnung, Schulleitung, Elternvertreter, sonstige Offizielle und mich.

Das Spektakel beginnt. Die Kinder ziehen singend ein, geschniegelt und gebügelt, adrett, herausgeputzt, die Schulkleidung blitzblank strahlend gewaschen. Sie führen ein Theaterstück auf, es handelt von ihrem Schulalltag, sie singen englische Lieder und die Nationalhymne, tanzen, turnen, springen Salto und Flic-Flac auf dem Steinboden. Begeisterter Applaus und ein paar Geldstücke lassen ihre Gesichter strahlen.

Dann die Reden. Viele. Der Headmaster, Marta, der Dorfälteste, alle von der vorderen Tischreihe haben etwas zu sagen! Mister Lutambi übersetzt für mich. Der Inhalt ähnlich: Wie sie sich freuen, dass ich hier war, überschwängliche Danksagungen und dann, im zweiten Teil der Rede, wie arm sie sind und wie wichtig die Schulbildung. Der Appell an mein Gewissen! Dass ich doch in meinem reichen Land nach Spenden Ausschau halten soll, dass sie dringendst finanzielle Hilfe benötigen – und dass sie diese auch erwarten. Um das Ganze noch zu festigen, bekomme ich einen Ehrentitel: „Mother of the School!" Mother – Mutter – ist hier der höchste, der ehrenvollste Titel, den man jemandem zuteil werden lässt.

So viel Aufmerksamkeit und Getue, ein bisschen weniger hätte auch gereicht, denke ich. Natürlich lasse ich mir nichts anmerken und natürlich unterstelle ich die Hintergedanken. Die Reden waren klar und eindeutig!

Die nächste Aktion gefällt mir besser! Ich darf einen Baum pflanzen. In einer feierlichen Prozession schreitet die ganze Gesellschaft nach draußen. Mister Lutambi überreicht mir einen Baum – meinen Baum. Jetzt soll ich ihn mitten im Schulgelände einpflanzen. Behutsam stelle ich das ungefähr sechzig Zentimeter große Bäumchen in das vorbereitete Loch und schippe mit der schweren Schaufel Erde dazu. Sagen wir, ich versuche es. Mindestens hundert Augen schauen zu, ich spüre das Grinsen des einen und anderen Zuschauers und obwohl ich mich, so bilde ich mir ein, gar nicht so ungeschickt anstelle, bieten sie immer wieder ihre Hilfe an. Ok, ich verstehe, für afrikanische Verhältnisse wirkt mein Bemühen wohl eher lächerlich!

Niemand kennt den botanischen Namen des Bäumchens, also nennen sie es „Marianne-Tree". Offiziell soll er so heißen! Wow, eine neue Baumart, die meinen Namen trägt. Mein Baum – mein Name – mitten in Afrika! Und wir vereinbaren, dass ich spätestens dann, wenn er meine Körpergröße erreicht hat, wiederkomme. Mister Lutambi meint, das könnte genau ein Jahr später sein – 172 Zentimeter sollte er dann mindestens messen! Und es könnte klappen, so aller Einschätzung. Wenn sie ihn fleißig und behutsam gießen und versorgen!

Essen für alle! Viele Geschenke für mich! Ich spüre meine feuchten Augen, als die Eltern nacheinander zu mir kommen, mich umarmen, mir ihre Gaben überreichen: einen Sack Mais, einen Sack Reis, ein Huhn, eine Kiste Cola, sieben! afrikanische Gewänder, die ich der Reihe nach anziehen und vorführen muss. Keine Distanz ist zu spüren, kein Fremdsein, kein Anderssein. Der Kloß im Hals wird größer und größer, die Tränen fließen, als die Kinder sich verabschieden. Ja, sie sind mir ans Herz gewachsen, ich mag sie: Blenda, Daudi, Manka, Anita, Rico und all die anderen.

Ein letztes Mal begleite ich meine afrikanischen kleinen Freunde in dem klapprigen Schulbus auf den holprigen Straßen in ihre ärmliche Hütte – und weiß, dass ich wieder kommen werde! Dass ich sie liebe!

NOCH EINE PARTY

Noch ein letztes BBQ bei meiner Gastfamilie

Gleich vorneweg: Ich habe es nicht geschafft. Kann mich nicht um fünf Uhr in der Früh aus dem Bett quälen, um mit Mama K zum Gebetskreis zu gehen. Wieder nicht. Als der Wecker klingelt, drehe ich mich um. Sie klopft an meine Zimmertüre, will mich wecken, ich murmle so etwas wie „sorry" und bleibe liegen.

Jeden Samstagmorgen treffen sie sich bei Tagesanbruch bei einer anderen Familie, reihum. Um in der Bibel zu lesen, um gemeinsam zu beten. Jedes Mal wollten sie mich dabei haben und jedes Mal hatte ich eine belanglose Ausrede. Keine Begründung, nur ein Gefühl. Ich wollte nicht. Möglich, dass Mama K enttäuscht ist, der feste Glaube, Bibellesen und Beten sind ihr Fundament. Darauf baut sie, darauf verlässt sie sich, genauso wie die Familie, wie ihre religiöse Gemeinschaft.

Letzte Tage sind für mich immer etwas Besonderes, sind anders, sentimentaler, meißeln sich im Gedächtnis fest. Wehmut und die Vorfreude auf Neues und Unbekanntes wühlen in mir.

Noch einmal fahre ich mit einem dalla-dalla in die Innenstadt. Zur Haltestelle BP, in dieser Gegend war ich oft, dort kenne ich mich aus. Aber ich kann es heute nicht genießen, nicht den Markt, nicht die Ruhe im Park der Kirche, nicht den Plausch im Straßencafé und „James Bond" ist auch nicht da. An den anderen Tagen hat er mich immer aufgespürt, wenn ich in der Gegend war, zu jeder Uhrzeit, an jedem Tag. Er hat mich begleitet, mir Mbeya, seine Stadt, gezeigt und ich habe ihm anschließend ein Bier und Zigaretten spendiert. Heute fehlt er!

Kaum bin ich unterwegs, zieht es mich wieder zurück nach Sae, in mein Viertel. Auf dem Nachhauseweg kaufe ich Obst und diverse andere Leckereien für die Abschiedsparty am Abend. Da ich die schweren unhandlichen Tüten fast nicht tragen kann, packe ich alles in ein großes Tuch und will mir die Last auf den Rücken binden. So wie es die Afrikanerinnen machen. Trotz aller Bemühungen schaffe ich es nicht, mein orginal afrikanisches Allzwecktuch zu einem Rucksack umzufunktionieren. Ich schleppe das Zeug mühsam europäisch nach Hause.

Die Vorbereitungen für die Outdoor-Party sind in vollem Gange. Der Hof ist blitzblank gefegt, Irene transportiert die Inneneinrichtung, Stühle und Tische, nach draußen. Im Haus und hinterm Haus wird gewerkelt. Mama K ist wieder zurück und rupft mit Marta zwei Hühner, dann zerlegen sie sie. Ich, zeitlebens Vegetarierin, renne sonst bei solchen Aktionen davon. Kann und will sie nicht miterleben. Doch hier schaue ich zu, es wirkt natürlich und gekonnt, fast feierlich und ist es vielleicht auch. Fleisch gibt es nur zu ganz besonderen Anlässen, an ganz besonderen Tagen. Das Feuer lodert heftig an den beiden Kochstellen, die sie draußen mit Ziegelsteinen eingerichtet haben. Auf einer steht ein großer Topf, in dem die Hühnerteile gekocht werden, bei der anderen werden sie danach angebraten.

Jeder, der hier ist, arbeitet. Mary ist gekommen und schält eine Riesenmenge Kartoffeln, ich helfe ihr. Wir sitzen auf einer Getränkekiste, den Kartoffelsack vor uns. Die Schalen fliegen auf den Boden, die geschälten Kartoffeln legen wir auf eine Plane. Die Hühner kommen angewetzt und picken an den Köstlichkeiten herum. Wir verjagen sie, sie lassen sich nicht vertreiben, kehren nach höchstens drei Metern Fluchtweg wieder um, geduldig versuchen sie ihr Glück von Neuem. Auch ein großer Tag für sie – leben sie doch sonst ausschließlich von den mageren Abfällen, die sie irgendwo finden.

Anschließend kümmern Mary und ich uns ums Kraut. Viele Krautköpfe müssen zerkleinert und die Blätter fein geschnitten werden. Sie zeigt mir die afrikanische Art: den Kohlkopf in einer Hand halten, mit einem Messer feine Streifen abschneiden, ohne Unterlage, immer vom Körper weg. Das Messer ist stumpf, ich rupfe mehr als dass ich schneide, der Krautkopf wird kleiner und die Streifen viel zu dick. Sie fallen in eine Blechschüssel, schnell werden drei große Steine pyramidenähnlich aneinander gelehnt. Ein bisschen Kleinholz unterlegen, anzünden, schauen, dass Luft daran kann, nachschüren. Ein weiterer „Herd" ist gebaut und das Kraut kann schmoren. In der Zwischenzeit backt Kristofer in der Küche unzählige Bananen in einer überdimensionalen Pfanne.

Dieses langsame, achtsame Arbeiten gefällt mir: die gemeinsamen Vorbereitungen, ohne Zeitdruck, ohne hochtechnische Küchengeräte oder Hilfsmittel, alles auf einfachste Art, ohne Hetze, stressfrei. Meditation, ähnlich wie ich es aus dem buddhistischen Tempel in Asien kenne. Stundenlang habe ich dort mit den Nonnen Rüben geschält, Kartoffeln gepellt, Gemüse klein geschnippelt. Ohne Hektik, zeitfrei, gelassen, eben meditativ.

Der erste Besuch kommt. Die komplette Belegschaft von Kelly's School: alle Lehrer, Headmaster, Busfahrer, Köchin, Sekretärin. Nur der Security-Mann fehlt, er muss Wache schieben. Dann trudeln die Nachbarn ein. Mit Kindern in allen Altersklassen und alle wunderschön gekleidet. Afrikanisch. Bunt, farbig, Lebensfreude ausstrahlend. Ganz selbstverständlich packen sie mit an, um Essen, Getränke, Musikanlage an den jeweiligen Platz zu befördern, das Baby zu versorgen oder die Kinder zu bespassen.

Unter einem bedachten Platz werden die Leckereien auf einem Tisch bereitgestellt. Man weiß nie, wann der Regen kommt! Auf einem weißen Tuch, zwischen zwei große Bäume gespannt, steht in riesengroßen buntangemalten Buchstaben „Good bye". Viele leuchtende Blüten sind mit Nadeln aufgesteckt, davor ein Tisch und drei Stühle, aufgebaut wie ein Thron. Der mittlere ist für mich bestimmt, links und rechts sollen meine beiden kleinen Prinzessinnen,

Kelly und Alice, sitzen. Die beiden genießen ihre Rolle, mir ist es eher unangenehm. So viel Gedöns um nichts – oder doch? Heute hofieren sie mich, allesamt. Natürlich lieben Afrikaner Feste, natürlich geben sie ihr Bestes und natürlich erwarten sie eine Menge. Das ist mir vollkommen bewusst!

Rechtwinklig dazu stehen die Tische für die Gäste. Mit Musik aus der Anlage geht das Spektakel los, laut und fröhlich. Dann Ansprachen. Immer das Gleiche: Wie toll ich bin, wie traurig sie sind, wie sie mich vermissen werden, wie wichtig Schule ist und was sie erhoffen! Okay, ich verstehe, bedanke mich immer wieder, weine und strahle und freue mich und bin nachdenklich. Meine Emotionen wirbeln durcheinander wie Wäsche in der Waschmaschine. Immer wieder nimmt mich jemand in den Arm, heult, lacht, küsst mich, überreicht Geschenke.

Essen! Zur Feier des Tages gieße ich allen Erwachsenen einen Schluck Wein ein. Wein ist ungewohnt, man trinkt Bier. Jeder bedient sich am Buffet, füllt sich seinen Teller. Noch einmal genieße ich das Essen der Einheimischen: Ugali, Reis, Kraut, Bohnen, Bananen – gekocht, gebacken, frittiert –, Melone, Ananas, Avocado. Noch einmal mit den Fingern essen. Noch einen letzten Abend in Mbeya.

Wir reden viel, tanzen viel, trinken viel. Es wird eine lange letzte Nacht. Unvergesslich wie die ganze Zeit hier. Morgen – nein heute – um fünf Uhr, in zwei Stunden, geht's zum Flughafen!

GOOD BYE

Es ist soweit! Good bye, Mbeya! Für wie lange? Subjektiv nicht geschlafen, objektiv vielleicht ein Stündchen. Um 5 Uhr 30 wollen wir losfahren, via Airport. Um 5 Uhr 40 irre ich immer noch allein durchs Haus. Im Wohnzimmer liegen ein paar Gestalten wie im Koma: auf dem Sofa, in den Sesseln, auf dem Boden. Sie bewegen sich nicht, reagieren nicht. Auch nicht, als Karen und Kelly halb schlafend angewackelt kommen, sich zwischen ihnen durchschlängeln und den einen oder anderen unsanft berühren. Auch nicht, als ich mit meinem Gepäck durchs Zimmer poltere und Mama K aus der Ferne „Haraka! Haraka!" ruft.

Plötzlich geht es schnell. Mister Lutambi kommt aus dem Schlafzimmer. Umarmungen mit Bekannten und Unbekannten, Küsse und Tränen, gute Wünsche und ab ins Auto: Jeder in dem Zustand, in dem er sich gerade befindet – die meisten so, wie sie sich wenige Stunden vorher irgendwo hingelegt haben.

Mama K fährt mit, Baby Karo, Kelly, Karen, Marta, Mister Lutambi am Steuer, ich auf dem Beifahrersitz vorne. Das Auto ist rappelvoll. Die anderen stehen am Tor: winken, weinen, lachen, hüpfen, schwenken Tücher und Bierflaschen, schicken Handküsse hinterher. Nach einem gemeinsamen Gebet verlasse ich tatsächlich meine afrikanische Großfamilie.

Noch einmal den holprigen Weg entlang fahren, noch einmal den Sonnenaufgang von Mbeya erleben. Und obwohl wir in Zeitnot sind, schlägt Mister Lutambi eine andere Richtung ein, nicht zur Straße. Er fährt durch winklige lehmige Wege, kreuz und quer, schräge Hänge entlang. Dann bremst er, hält an – und jetzt sehe ich es auch. Im Halbdunkel steht die kleine vierjährige Alice mit ihrer zwei Jahre älteren Schwester. Die Mädchen halten eine Kerze in der Hand, bringen Licht in den frühen Morgen. Mister Lutambi steigt aus, öffnet die Tür an meiner Seite, die beiden steigen ein. Wir teilen uns den Sitz.

Alice besucht Kelly's School. Ihr Schulweg ist zu lang, der Schulbus fährt nicht bis zu ihrem Zuhause. So wohnt sie von Montag bis Freitag in Number One, entweder bei einer Lehrerin oder in der Schule. Der Mutter, einer sympathischen, engagierten Frau, ist der Schulbesuch ihrer Tochter enorm wichtig – und sie arbeitet hart, um wenigstens einem ihrer Kinder eine gute Bildung zu ermöglichen.

Das Mädchen wollte unbedingt bei meinem Abschied dabei sein. So telefonierte die Mutter noch in der Nacht mit Mister Lutambi, und er versprach, Alice am frühen Morgen abzuholen.

Die Straßen sind frei an diesem Sonntagmorgen, die Zeit knapp: also Vollgas. Handygeklingel! Mister Lutambi wechselt einige Worte, ich verstehe nur das letzte: „Okay!" Er wendet um 180 Grad, fährt ohne ein Wort der Erklärung in die entgegengesetzte Richtung, wieder kreuz und quer, wird langsamer, stoppt, wartet. Ich frage nichts mehr, kein Warum und kein Wieso, sehe die Uhrzeit und denke an meinen Flug. Gelassen. Schon zu oft habe ich jede Hoffnung auf ein gutes Ende aufgegeben, zu oft war ich im Unrecht und alle Aufregung umsonst.

Samura, einer der Schulbusfahrer, eilt uns im Laufschritt entgegen. Er hat angerufen, er will auch unbedingt mit zum Flughafen. Nun freut er sich, und ich freue mich, alle sind jetzt munter und fröhlich – obwohl Samura kaum mehr ins Auto passt.

Jetzt gibt Mister Lutambi Gas. Inzwischen schaue ich doch leicht nervös auf meine Armbanduhr – bei allem Optimismus, der Flieger wird nicht auf mich warten, und es wird knapp werden mit der Zeit.

Der Flughafen ist klein, wenig Betrieb, überschaubar, keine Sucherei. Ich renne mit Karo auf dem Arm zum Eingang – Mama K meint, ich dürfe sie auch mitnehmen –, alle anderen rennen hinterher, jeder hat irgendetwas in der Hand: mein Gepäck oder ein kleines Geschenk, eine Fahne oder ein Taschentuch.

Keine Zeit für Gefühle! Gott sei Dank! Ich muss schnellstens an Bord, werde vom Flughafenpersonal gedrängt. Wir drücken uns noch einmal kurz und herzlich und trennen uns. Ich glaube, kein Auge blieb trocken.

So viele liebe Menschen waren noch nie bei meinen Abschieden dabei. Bei meiner Ankunft sieben Stunden später auf Sansibar erwartet mich ein Kontrastprogramm. Ab jetzt bin ich allein in Afrika!